中国社会科学院近代史研究所《近代史资料》编辑部 编

总141号

近代史資料

Sources in Modern Chinese History

中国历史研究院专项出版经费资助

中国社会科学出版社

图书在版编目（CIP）数据

近代史资料．总 141 号／中国社会科学院近代史研究所《近代史资料》编辑部编．—北京：中国社会科学出版社，2020.7

ISBN 978－7－5203－6840－7

Ⅰ.①近…　Ⅱ.①中…　Ⅲ.①中国历史—近代史—史料

Ⅳ.①K250.6

中国版本图书馆 CIP 数据核字（2020）第 128094 号

出 版 人　赵剑英
责任编辑　冯春凤
责任校对　张爱华
责任印制　张雪娇

出　　版　中国社会科学出版社
社　　址　北京鼓楼西大街甲 158 号
邮　　编　100720
网　　址　http://www.csspw.cn
发 行 部　010－84083685
门 市 部　010－84029450
经　　销　新华书店及其他书店

印　　刷　北京君升印刷有限公司
装　　订　廊坊市广阳区广增装订厂
版　　次　2020 年 7 月第 1 版
印　　次　2020 年 7 月第 1 次印刷

开　　本　880×1230　1/32
印　　张　9.625
插　　页　2
字　　数　247 千字
定　　价　68.00 元

凡购买中国社会科学出版社图书，如有质量问题请与本社营销中心联系调换
电话：010－84083683

目　录

参观欧洲大战记

何　遂 著　蒋铁鑫 整理

编者按：第一次世界大战期间，北京政府军方曾派遣何遂、沈鸿烈、郑桓、徐祖善等赴欧洲观战，本篇即为何遂所作军事考察报告。

何遂（1888—1968），字叙甫，福建闽侯人。陆军大学第二期毕业。何遂早年从军并参加同盟会反清活动，民国后在军界任职，曾参与北京政变，任国民军第三军参谋长、北京政府航空署长，后任黄埔军校教育长、代理校长，国民政府立法院军事委员会委员长、国大代表。新中国成立后，任华东军政委员会委员、司法部长，第一、二、三届全国人大代表。

1916 年末至 1918 年 7 月，何遂奉派以陆军上校身份赴欧观战，不仅亲赴法比前线考察，甚至在意大利军中参加实习。考察报告不仅记录了对欧战的一般观感，更对欧战爆发之后世界军事技术、战术的最新发展变化，如飞机、坦克、军舰、潜艇等新式武器的发展，堑壕战等新型战术的出现以及在战争中的应用，进行了全面具体的考察和论述，且提出："今日战争实为科学之战斗"及第二次世界大战将因日本而起的观点，是一篇颇为罕见的专业性考察报告，不仅有助于更全面地了解中国对一战的认知，于民国军事史研究尤具参考价值。

整理者：蒋铁鑫，四川大学锦江学院教师。

该报告先于1919年11月由北京武学书局以《欧洲观战记》之名出版，并有何遂自序，1921年12月重庆军事日刊社以现名印行，内容略有不同。两书均存世极少。现据军事日刊社本整理并与武学书局版核校，增补何遂自序、徐梦成序及徐梦成致何遂函，以为研究参考。

自序

民国七年夏，归自海外，同学诸君子以演述见闻相嘱。频年奔走，执笔无暇，而时间甚暂，等于走马观花，学识固陋，又厄于语言，知其所述不值大方一笑也。居都门匝月，复奉命南下，匆促之间，潦草卸责。今夏，徐子梦成又谬以付梓为请，亟望海内君子之有以正之也。为弁数语，便灾梨枣云。

共和纪元八年夏，何遂识于厦门鼓浪屿东山草庐

徐梦成序

吾乡何先生叙甫，教授陆军大学有年矣。乙卯春，奉命赴欧观战，既归，举其见闻所及，笔之于书，以昭来者。名山著作，欧陆新奇，世之学者莫不争睹称快也。余因于己未之新，请于先生，付之剞劂，用资世之有志军学者览焉。

中华民国八年秋，福州世倬徐梦成序于都门

徐梦成致何遂函

叙甫夫子钧鉴：

敬禀者。自鹭屿奉上一函，久稽尺候，罪甚罪甚。辰维夫子

宣力闽疆，为桑梓造福，勋祺并茂为颂。

受业前蒙两次介绍校长，又蒙将大著赐印，深沐化雨之恩，感甚。兹呈上原著印便一册奉阅，中如误者，乞斧示，即作正误表为荷。专肃。敬请潭祺，并贺年禧不一！

忠孙师寄声叙意。

受业徐世倬鞠躬谨禀

第一章　参观之经过及列国情形之大要

遂奉命赴欧洲观战，于中华民国五年十二月廿七日出京，七年七月回国，前后约二十余月，经历日、美、法、英、义、比、瑞士诸国，其间经过之概要如左：

第一节　观战计画及实施

观战本无先例，受命之日，曾呈计画书于府部，大要如左：

一、先参观青岛，视察日本经营我国之情状，并参观日本军队，以观察日本之实力。

二、取道美国，视察其对于交战国之情形及其将来之方针，并其军队、国民之实力。

三、分二组参观。

甲组，由美国经荷兰入德，视察同盟方面（首德，次奥、土、勃等国）。

乙组，由美国入法，视察联军方面（因巴里［黎］、瑞士为两方情报之中心，故宜以此为基地而参观之，首法，次英、义、比等国。归途参观东方战场，由西北［伯］利亚归国。）

实施上计画，至美国时，因美已对德绝交，我国亦继其后，遂与郑君同赴法国。六年，俄军单独媾和，该方面参观亦不果。

第二节 各国观战员情形

在欧视察，各国派员之情形如左：

一、连络员 属于大本营及各军内，并随时参观战线，随时将情形报告本国。

二、考察员 有专门及普通之视察二种，前者尤属紧要。

三、谍报员 概以瑞士国为谍报机关，我国对此，一则派员不多，二则责任不专，三则无领袖董其成，四则公使懒于交涉，故无大效果。

四、驻在武官。

第三节 青岛参观及日本

五年十二月三十一日，参观青岛战场，其正面不过六七启罗密达，登依鲁栖司高地，一览了然，对海陆仅小规模的配备，维色守兵四千余名，火炮百数十门。日以一师一旅及攻城炮兵团攻之，英以印度兵四百五十名参加焉。九月二日亘于二十三日间，上陆于龙口崂山湾附近，九月二十四日集结于即墨。九月二十六至二十八日，始为前进支队之驱逐战。此后整顿战备。十月三十一日开始总攻击，仅七日即开城。此战役有称为日本投机事业之一种者。其可评论者，惟航空器之参加及炮击之十分准备，可略记而已。

日本此举用力少而成功多，山东半岛因青济铁路之关系，已成日之自由行动区域，且藉此更肆其破坏之策，良可慨也。

六年一月参观日本军队学校一切之所感：

一、精神之向上（自小学校即养成之）。

二、对于战争之准备，殊不周到。

三、国民器量狭隘，无大国风。

四、国军习惯（教育尚多空论）。

五、不知世界之大势（对我问题）。

第四节　美国参观

两次到美，参观其学校、军队、要塞，前后判若天壤，所感如左：

一、伟大之国民。

二、人种复杂。

三、国防与对日。

四、对于战争之影响。

第五节　法国参观

联合军之中坚，实在法国。六年五月至九月间参观法国，获益不少，用述所感如左：

甲、武装之衰颓

法当那翁时代，尚武风靡一世，军事进步，冠于列国。德国近世军话多用法语，实其一例也。其后军人受政治家之压迫，社会交际上地位低下，至使军官羞着军服立于社会中。普法战后，热心于军政改良，而军人亦稍形活动。一八九〇年，军人又被政治家压迫，遂生官长、军士补充之困难。一九一三年，法军生将校三千、军士六千缺员，其中以步兵将校为最多，如某步兵一团缺中少尉七至十三人。骑、工兵概充实。炮兵于一九一三年缺八十八人；一九一四年缺百二十人。当一八九〇年将校学生之志愿数二千三百二十一人内，仅采用四百六十人（平均合格点为十至十二点）；一九一三年志愿者九百九十八人内，竟采用五百五十人（平均合格点为八点以下）。军士缺乏更多，因此素质不良，教育又劣，连长以下几不能掌握部队。枪之射法，在近距离时极为不良。然在德军之将卒，程度与之判若天壤，故此次国境第一次会战后，德人为猛烈的前进，而法军在距敌四五百密达即行冲锋，致德蒙 Mc 之大损害，如某步兵第三十九团开战一星期间，生千人之补充。又，其战前准备亦不完全，例如开战之前，欠靴至百万双。又如德军由比境侵入，战前已有论者，政府知其然而不改变其准备。

当动员时，我国学生有在其第八军充见习官者，据其所云如左，亦可见其一斑。

一、彼受命赴某村分配宿营地，团长未交该村动员文书柜之钥匙，破之，见其图皆三四年前者，现已多所改正，遂会同村长临时改正而用之。

二、征发之马匹，有彼此错误送至他队者。

三、面包准备不充足（兵员到达有一日未食者）。

四、动员初日，人员甚少，八日以后，忽然蜂拥而来。

欧战中以法军为主干，死伤日多。某等于波尔多上陆时，见一种萧条之状，令人可怖：老兵入营者疲弱不堪；在野则土地乏人耕种，在巴黎市面，少壮者均外国人；男子之数仅女子六分之一，凡诸机关、商店、交通、工厂诸处，均以女子占大多数焉。

乙、生活之困难

法工价本少，而战后物价昂贵，几四倍于战前，生产力均耗于作战上。人民生活非常困难，因之生产之率愈少，即至战后，亦颇难恢复也。

丙、国民性有左述数种特质

热烈、好勇、易馁、亲切、享乐、爱国。

丁、巴黎之情况

首都巴黎者，交通之集会，经济之中心也。巴黎失陷，法国麻木不仁矣。故德国最初之计画，在乘法不意，一举击破其野战军而包围其首都，因法军力战，遂未果。现巴黎之繁仍旧，惟少壮者少，外兵麇集，夜间则飞机时来，灯火甚少，昼间则射远炮弹常至，惨状不堪入目。盖人民多避于外省。外省物价较巴黎为昂，至物资因交通阻碍，由船舶输送而来甚少，故颇缺乏。每星期肉食二次，面包、糖等均用切符。国债日募日多，惟货币信用尚好。

戊、战线参观之概况

由英国境界以达瑞士国境，其间战线参观应说之处甚多，兹仅述一二，以助趣味而已。

一、第一次临战线时，见德人破坏之酷，心为惨然。凡德军退出后之四十启罗密达地面，全行破坏，林墓为墟，人民尽虏。

二、战场空虚。如无兵车来往，及枪、机关枪炮声，与气球、飞机，则如清野也。

三、好整以暇。司令部多居良屋，及时而作，及时而息，兵员则昼伏而夜动。一日在战线上参观炮击阵地后，见炮兵人员除一二留守外，余皆归村休息。

四、通路空虚。运输概以火车及汽车，鲜用马车者，因通路之分配良好故也。

五、首领部人员颇多。

六、战线之调动。Sorsun. Rans. Vtidon 附近，终日炮声隆隆然。a. L. 一带则山深木秀，战斗既少，风景又佳，故阵地上常将久守一地之兵彼此调动，轮流休息，如服勤务然。

七、假装物。多用绘工物以欺骗敌人。

第六节　英国之参观

英国参观系由十月下旬至十一月上旬，凡一月间，所感如左：

一、外交国

1. 见东方司。
2. 每参观后之陪观员报名。
3. 接待有限日，限中皆佳。
4. 监视甚严。
5. 绝对秘密。

二、外交之领袖，以外交与法军实力相对

1. 报纸之鼓吹。

2. 小攻势。

3. 炮击不断。

4. 多派委员。

三、外用外兵，即壕，加及中国工人

四、军需充实，给养佳良

五、以经济支配他国

六、外交上与美国大携手

七、战线情况

1. 外人多。

2. 外交上有宾馆。

3. 旧阵地。

总之，此次之战，英德之战也。

第七节 义国参观

义为新国，其联合政府成立不过六十年。自民国五年十二月至六年二月，又由同年四月中旬至六月上旬之间，均随该国军队实习。义人热心而亲切，受益良多，所感如左：

一、凡百准备不完全，又因同盟军攻击猛烈遂酿成大败，内阁时时更迭，军备问题常为众愚所左右。

二、国民教育及文化，以罗马为界，北则染法、瑞，化育尚良，南则较差，其人热烈，佻达锐敏，而以美术、音乐长。

三、无炭无铁。

四、食品少。

五、人尚多。

至战场，则披山带河，非常坚固，在彼一月间，仅闻炮声两次，其整暇可知。

1. 早衙晚散。

2. 观剧于战线。

3. 道路佳好。

4. 工事伟大（山洞、水道）。

总之，义奥为对手国，议终无攻势之望，此次不过英法所挟制而战也。

第八节　比国参观

民国七年三月中，参观比国，概况如左：

一、国民散处英法各地。

二、借地为政府，设补充所甚完全。

三、战地为比之余土，即 Flandun [Flanders] 之隅湿地。比王驻此，有总督一，司此寸土之行政。

四、战线均在地面，因地为湿地，掘至十密达即水也。工事用沙囊及比顿成之。

总之，现在之比，仅有其名而已，然比战功伟烈，其国人整洁，好工作，富于爱国心，故人多敬之。

第九节　瑞士之勾留

此世界之窗也，一望而知天下，在欧欲通知全局者，非驻此不可。日本驻员甚多，以间接得德军进步之状态。联军皆于此有侦探团。所感如左：

一、真正的自由平等国。

二、德、法、义三人种大不同，捕虏分布亦不同。德人多整饬努力，可以去懦；法人优秀，文美放任；义人又次于法，其国民亦分爱三国。

三、两军之供给，及瑞士之苟免，无利而有损。

四、中立之办法，周围设阵，各国皆尊重之。

由瑞士及各战国所观察者，并论其情形如次：

1. 德国完全军国主义，全国一致，平时即从事于战争计画。其国民教育主眼重在规律训练，涵养绝对之服从心，以养成其忠顺国家，且为有秩序勤俭之国民，即家庭亦然，故国之使民也易，而民亦只知为国牺牲而已。

2. 凡事物均一贯研究之，造兵军事亦然。

3. 先见学低级语。

4. 克己无不可能之事。

5. 计画周到。

6. 凡百皆应用化学。

由是观之，目下世界战后，仅陆则德，而海则英美之局而已。日虽雄峙一隅，第二大战将因之而起，成败殊不可定。将来黄族之废兴者，惟视我国（土地、人民）与土（三亿回教徒）而已。

第二章　战局之过去及将来国家总动员

参观经过及列国国情视察（其详见欧战总报告及其他专篇），其略已述如前矣，兹更就战局过去大势，及将来国家总动员，概述如左：

一、交战国二十一，面积、富力占世界之过半。

二、人口。直接交战国：英、俄、法、义、比、罗、塞、德、奥、勃、土之总人口为四亿五千万。

交战国别	动员总数	与男子数比较	战斗师数
协商［约］方面	2700 万	约 1/5	约 500
同盟方面	2500 万	约 1/3	约 380

三、战线。法国约一一〇〇里，东方战场约二七〇〇里，合计三千八百里，巴义东非之战场尚不在内。以较近古第一大战之日俄战役，总兵力约九十万，战线广百八十里者，何啻天壤也。

四、损伤（除日本）。合约三千〇五十三万，即：

国别	死伤	俘虏	合计
联合军	1539 万	410 万	1949 万
同盟军	858 万	246 万	1104 万
通计	2397 万	656 万	3053 万

五、经济（战费）。自开战至一九十七年秋，协商［约］千五百亿，同盟六百亿，合计二千一百亿，为日俄战之四十七倍。其一日战费，各国总计约二亿元，内最多者，英约五千万元，法约四千万元。

总之，斯战也，为国家国力全力之战，其胜败即国民之胜败，故可由左之诸力决之。

1. 国军之精神力
2. 国家兵员征集力
3. 国家实力
4. 工业能力

（以上四项）一切属于国家，故曰总动员

第三章　兵器之进步

第一节　炮兵

目下欧陆战场之阵地日益坚固，因之攻击器具亦大进步，步炮兵一科竟与步兵并立，若战场之主力炮兵少弱，则军队毫无声气，于是联军及同盟两方面，均极力图炮兵之扩充。据某等见闻所及，列国对于炮兵扩张所用之手段如左：

一、扩充炮兵工厂，或新设工厂，以从事制造。

二、收用民间兵器工厂，并其存库之火炮。

三、向联合各国或中立国购买。

四、使用虏获之火炮。

五、拆卸陆地及海岸要塞之炮。

六、转用海军各炮。

七、使用旧式火炮。

因采用种种材料之结果，及其使用法之进步，故炮兵种类非常繁杂，略举如左：

其一 步兵用小炮

此种火炮口径三十七密里密达，德法两军均用之，因其装解便利，只需二人即可以任意在堑壕内移动，可供步兵破坏机关枪之用。

其二 野炮 Cannon De Compange

此种野炮法军较诸军均为优秀，兹举德法两军所用之种类如左：

法军	57 密里密达火炮（57mm Cannon）
	65 密里密达新式山炮
	75 密里密达现用野炮
	80 密里密达旧式山炮
	90 密里密达旧式野炮

德军	50 密里密达火炮
	【一千】九百十六年式野炮
	山炮
	90 密里密达火炮
	轻榴弹炮（Obusiers Tourelle）

其三　重炮兵

法军所用重炮兵如次：

（a）有运动性者

种别	炮名	挽曳
甲种	95 密里密达火炮	（以马挽曳者）
	100 密里密达火炮	
	120 密里密达新式榴式炮	
	155 密里密达旧式火炮	
	1881 年式 155 密里密达榴弹炮	
	1890 年式 155 密里密达榴弹炮	
	155 密里密达速射榴弹炮	
乙种	105 密里密达火炮	（用自动车挽曳者）
	120 密里密达火炮	
	155 密里密达新式火炮	
	1912 年式 155 密里密达榴弹炮	
	220 密里密达旧炮	
	240 密里密达旧炮	

（b）特种重炮兵

140 密里密达海军火炮

160 密里密达海军火炮

190 密里密达海军火炮……………装甲列车炮

200 密里密达榴弹炮………………装甲列车炮

1834 年式 240 密里密达火炮

1887 年式 240 密里密达火炮

270 密里密达旧炮

280 密里密达旧炮

293 密里密达榴弹炮………………装甲列车炮

305 密里密达火炮

320 密里密达火炮

340 密里密达火炮

370 密里密达榴弹炮

400 密里密达榴弹炮

520 密里密达榴弹炮

其四　对航空机射击炮

此种火炮英国制造最多，兹记德法两军所用之种类如左：

法军三种：

1. 自动车装备炮
2. 阵地配备炮
3. 要塞配备炮

德军四种：

1. 77 密里密达火炮
2. 90 密里密达火炮
3. 100 密里密达火炮
4. 7[①] 密里密达火炮（由法国及俄国野炮转用者）

其五　堑壕炮

此种炮兵专供抛射炸弹之用，因其用于堑壕之内，故有是名。当防御时，与一般炮兵协同，以防攻者之冲锋；当攻击时，与所属步兵紧密连络，以任敌堑壕掩蔽之破坏及人员之杀伤，随步兵攻击之进步，前进于适当之地，以援助其攻击。盖用其巨大近接射击之威力，以补一般炮兵之不足者也。此炮初则利用腕力及弩，递次进步使用弹壳及木筒等，遂至制成种种之火炮。兹记德法两军所用者如次：

① 原文如此，疑有误。

德军
1. 弹壳应用堑壕炮
2. 58 密里密达弹壳应用堑壕炮
3. 75 密里密达弹壳应用堑壕炮
4. 80 密里密达山炮应用堑壕炮
5. 150 密里密达臼炮应用堑壕炮
6. 150 密里密达堑壕炮
7. 420 密里密达短堑壕炮
8. 240 密里密达长堑壕炮
9. 340 密里密达堑壕炮

法军
1. 53 密里密达堑壕炮
2. 75 密里密达堑壕炮
3. 120 密里密达堑壕炮
4. 80 密里密达堑壕炮
5. 170 密里密达堑壕炮
6. 200 密里密达堑壕炮
7. 245 密里密达堑壕炮

我国炮数太少，一旦战事发生，必立于非常困难之地位，诚宜速加研究。其补充方法，兹据大略方法如左：

（一）迅速建立新兵工厂，并据［扩］充改良旧兵工厂，从事新械之制造。

（二）库存旧炮速研究其利用法。

（三）要塞炮之转用。我国沿江要塞概属无用，宜将其炮拆卸，以供野战军之用。

（四）向美国定制。目下有充足制造力及制造品较良而可以购买者，仅美利坚一国而已。

第二节　机关枪

机关枪目下为交战国所用者，有轻机关枪及一般机关枪之二种，乃防者最良之兵器，在欧陆战场之堑壕内，星罗棋布，非常充满。其射击多利用侧射，其阵地宜坚固掩蔽，或置于坚固掩蔽部内，至最后之时间乃使用之（即当攻者离其掩体突进接近之期也）。

方今列国，因历验结果，愈重视机关枪之价值。英、德、法各军，每师机关枪之数，在民国五年杪已达一百五十门以上，近尚增加不已。美国则步兵一师有属以机关枪五百五十门者。

轻机关枪，轻便异常，可以一人携带之，攻击时，步兵每连大概携带八门。机关枪有用两轮自动车及装甲自动车编成之二种，盖附以速力及防御力，即可用以支援骑兵也。

第三节　炸弹

炸弹战斗，在今日堑壕战最为盛行，补充队中至特设科目以教练新兵。其作用甚大，盖目下步兵枪以外，必须有炸弹及机关枪与小炮等，始可称为完全。炸弹之抛射有三法：第一种用弱装药之堑壕炮，已如前述；第二种用枪发射，可达四百密达以内；第三种用手掷，可达二十密达内外。此种炸弹，尚有发烟炸弹以供掩蔽之用，又有毒气炸弹以供杀伤敌人之用。

第四节　无畏式装甲自动车

目下堑壕到处设有据点，内设机关枪座，竟有用比吨者，炮兵既难破坏，即步兵用机关小炮并飞机用机关枪射击，均不大有效力。每次大攻击，辄因此据点受莫大之损失，加之铁丝网密布，壕沟复杂，有若迷宫，致攻击每自［至］无功而罢。英陆军因破坏此据点之目的，设备一装甲自动车。此车应备之性能如左：

（一）须能超越五英尺高之腑墙。

（二）可以突越阔四尺之壕沟。

（三）车辆之重量大小，须能通过陆军部所定之桥梁。

（四）须适合铁路输送之规则。

（五）车不宜太高，免易为敌军发现。

（六）须不为机关枪及枪弹所贯穿。

（七）能破坏机关枪之座位。

英国陆军部参照美国犁用器具车（此种犁具车便于通过种种困难之地），几经研究，遂于民国五年七月间告厥成功。车重四十吨，四周装甲，外观无轮，仅有两小轮，如寻常炮车之架，在车之后尾，其作用如舟之舵。至若运动全体之轮，在装甲之中，环以车辙两道，周而复转，接续不断，其运行颇缓，每点钟不过三哩。车有牝牡两种，牝者装备速射炮两尊及机关枪，专供接近敌时破坏其比吨机关枪座者；牡者仅备机关枪，专供射击敌之步兵及机关枪发射兵之用。在战场上可通过种种困难地形，并能超越堑壕、冲圬堵及铁丝网。

民国五年九月十五日，此种自动车始使用于战场，跋涉敌之堑壕有若平野，炮弹、枪弹无复能损，破坏敌之机关枪座，并由侧方斜射敌人，殊有大效。尔后德法两军亦即效法构造。其内部装有两个发动机，皆向前方旋转，则车直即前进；若发动机皆向后方旋转，则车即后退；若停止其一发动机，则车即停止，作左右向之旋回。乘车之将校及兵员，皆曾受特殊之训练。盖车之内部甚小，宽约九尺，长约十三尺，高则四尺，车行则颠翻动摇，有若行舟于海，其与外部之交通，非常困难，虽有反射镜，常为敌所破坏，仅恃二三通讯鸽为连络而已。又因各种声音关系，指挥困难，只有用记号之一法。车内除发动机及将校兵员外，尚有炮二门，机关枪四杆，及多数之子弹，三日之粮食。人在其中，甚为困苦，故除训练驾驶、射击与修理车辆以外，尚需练成习惯，现时英法均设专门兵科，以为教练将校士兵之用，非无因也。

第五节　毒瓦斯

一、瓦斯之种类。两军所用毒瓦斯大约有四种如下：

1. Chiortui（氯气）

2. Bromide①

3. Phoseue ［Phosgene］②

4. Suepheretted Hydrogen（硫化轻气）

尚有砒酸及磷所造之瓦斯，入人口鼻，非常刺戟［激］。又有一种瓦斯，眼触之则流泪不止。

二、散布瓦斯法如下：

1. 先压榨于筒内，用时开其口，对敌方面压出而发散之。

2. 贮于炸弹或子弹内，将此种子弹集射于一处。

三、实用瓦斯攻击之时机如下：

1. 天气晴朗，无大风大雾时。

2. 风向对于敌人，风速须每点钟约五里时。（盖风太速，瓦斯经过堑壕不能下降，于敌无所损；太慢则瓦斯渐渐上腾，不仅毫无效力，且上腾后，逐渐下降，或至散布于己之壕沟内，不啻自杀也。）

3. 无雨时（因瓦斯见雨即与之化合）。

4. 瓦斯重量必须较大于气压，始能下降于堑壕内时，故瓦斯攻击不能规定时间，设时间已规定，而天气、风速不顺，亦不能使用。如用瓦斯攻击时，宜出敌之不意，效力乃大。民国四年四月下旬，Fpreo［Ypres］之战，德军第一次使用瓦斯之时，法殖民地军团有一师之炮兵全被虏获，是其先例。

---

① 溴化物。

② 碳酰氯。

四、防御瓦斯之法

1. 宜派专员测量风向及其速度，当风向、速度均宜于敌人散布瓦斯之时，则严加戒备。

2. 设置展望哨及探信哨，注意敌之预备及声音。盎［盖］散布瓦斯之时，敌在战线前方行种种准备，可以视察；敌开始攻击前，有运搬铁板之音响；开始时，每有声若蝉鸣也。

3. 使用面具。此面具有二部，甲覆面可保面部、耳部，其两眼处有窗，以资通视；乙系清气之罐，内贮碳素海波等，有吸收瓦斯、消灭瓦斯之效能。此罐以管与覆面相连，用覆面时，口含管以吸罐内之清气。此种面具目下已成战场武装之一，上自统帅，下至士兵，均须携带，刻不离身。此等教练，英国特设一学校，去岁曾参观之。其教练方法，先教着脱，次实演（瓦斯中行教练），以二星期为修业时，将校、士兵均入学焉。

第六节 放焰器

筒内装挥发油，另用水素压出之，以管导于敌方。或负于背，或用一大圆筒埋于地上而放之。其射距离可达三十密达，用以攻击敌之据点或机关枪座。又当占领敌堑壕，用以清扫抗抵之敌，或防御侧面之敌。

第七节 烟雾

此称人造之烟雾，在欧陆战场成一种必要之武器。此种烟雾，有种种散布之法。

甲、用筒法。此筒携行或装备于阵地适宜地点。一筒内有二部，甲部系一球，贮存烟雾原料之化学液体；乙部则生石灰，用时使球内之液散布于生石灰上，即生浓重之烟雾，弥漫百余密达之周围，德军多用之。

乙、爆竹式。将发烟火药制于纸炮内，用时点火，使之爆发放烟。

丙、发烟炸弹。以发烟之原料装入炸弹，因装有自动信管，掷之则管爆发，而浓烟亦立即散布于周围十余密达之处。

此种烟雾，因有遮蔽敌眼之劾［孩］力，故无论攻击、防御皆用之，其作用如左：

1. 攻击突进时，用烟雾以遮蔽敌之步炮兵瞰视，可少受损害。

2. 因有上述之理由，故攻击部队亦可利用烟雾以为阳［佯］攻，以牵制敌之兵力。

3. 交通要点桥梁等，军队经过，有受敌大损害之虞时，亦发烟雾以遮蔽之。

4. 在敌火下实行重要工事时，则放烟以蔽敌视。

5. 后方要点之防御，或交通工事之构筑，恐为敌飞机视察时亦用之。

6. 军队集合，遮蔽敌飞机之瞰视时。

第八节　自动车

现在战场有废马匹而用自动车之势，兹述自动车之利益如左：

1. 速力大。

2. 动摇少，可在车内从事勤务。

3. 输送力大。

4. 加以装甲兵器，则具有攻防之二力。

故目下自动车使用极广，每军团多至六百辆。其种类如次：

1. 司令部用以供指挥、连络、传令、通信者，如寻常车。

2. 供充运搬用者，概为四辆［轮］之大车，可载重三吨，以供兵器、粮食、军需品之运送。

3. 兵员乘用车。

4. 勤务用车，各卫生队用伤者搬运车、无线电信车、系留气球观测所用车等。

5. 装备机关枪及炮兵之装甲自动车。

6. 挽曳炮车用车。

第九节 夜间战场之照明

关于夜间战场之照明，通常用探照灯。此灯在日俄战役已盛用之，目下战斗，多在夜间，尤属必要，故此兵器已成为一种规定之编成，由军、军团、师均属有照明之部队。其用途如下：

1. 照明阵地前方敌之行动。

2. 在河川防御，对于敌有渡河公算方面之监视。

3. 空中之照明，以供航空机射击炮目标之搜索。

探照灯之用于野战者概如左：

种类（以中径为电灯之名）	射光距离
60 生的	1200 密达
75 生的	1500 密达
90 生的	2500 密达
120 生的	3000 密达
150 生的	5000 密达
200 生的	8000 密达

但此照明距离，依空气之透明与否而有变化，故在含雾之天气，不问探照灯之中径如何，其照明距离甚可［近］。

用探照灯照明之方法，要在先用束光搜索目标，至目标在我照明界内，则逐一观测其运动甚为容易，故有多数之电灯时，即可发现阵地前方前进之敌，俾我步炮兵对之行有效之射击。

探照灯之缺点在于距地太近，致其束光迫近，地面遭小障碍即无效力。为图补救此缺点，有拟装置此灯于高柱之上者。然在近距离，其成绩虽较佳，而远地带之照明，仍不能得良好之成绩，故夜间战场之照明，实无完美之方法。

探照灯之外，尚可用火箭火［光］弹为补助，其照明之距离虽属有限，然善用之，亦可收莫大之利益。即如步哨于暗夜顾虑敌之来袭，或闻有可疑之音响时，可发射光弹火箭以探明其确否，如不确实，亦可使安心再就其勤务。

军队当发现敌来攻击之时，不仅可借探照灯之力以索攻者之所在，且可以强大之射光眩惑敌眼，使之行进困难，并使我军知敌之行动，成精神上之效果不小。反此，敌军为我发现，其锐气已大减矣。

探照灯之编制，据遂在义大利军所实见者，即每军有一队，直辖于军工兵司令部，每军团更有一队，其他一军内尚有预备电灯队一个，每队凡十余灯。

第十节　枪

各国现用之枪，如附表第一，即目下所使用之枪，大同小异，皆属无烟装药之小口径。枪弹被甲，近来多采用尖弹（S弹）。此弹之特征，其重量较轻，初速较大，自转力较强，弹道之直进及射程较巨。据巴尔干战役之经验，土国尖锐弹之创伤，其通路及创口虽甚狭隘，然尖弹之重点在于中央后，故辄生摆动或转倒，致肉部及骨为之破坏，且屡致弹丸不能贯穿焉。

各国步枪之细部如左表：

国名	枪之口径 密里	弹丸	弹长 密里	弹量 密里	初速 m	射程 m
法	8.0	有镀铜被甲之重铅S弹	29.1	12.8	720	
英	7.7	丹铸形旧铜被甲弹	31.5	14	713	
俄	7.6	S弹	25	9	860	
比	7.6	同英	30	14		
德	7.9	白铜被甲之硬铅S弹	28	10	885	4500
奥	8	S弹			620	

第十一节　关于兵器制造之意见

今日战争实为科学之战斗，上述兵器，均所必需，非有绵密精细之准备，兵员虽多，仍不足以言战。英国素以工业见称于世，犹新添工厂，收用民有工厂，维日孜孜，犹恐不敷供给；法则素属军事设备之邦，今日全国工业已倾于兵器之构造；若义大利远逊英法，亦尽其国力以准备军械；比国则土地殆尽，沦于敌手，亦设置必要之工厂。各国并为兵器设立专部，以利进行。我国兵器之缺乏，不足言战，无可讳言，若徒从他邦采购，在欧陆战事方殷，自顾尚且不暇，至我东邻，因关系太切，万难藉助，故非我自为谋，殆无一而可。若谓兹事体大，非一朝一夕所可能，然势在必需，无可苟免。今试以比国为证，比国仅余湿地一隅，实无设计之余地，一切皆仰给于法，经费一节，不俟烦言，然于制兵亦竭力设备，应有尽有，其前敌所需，概可自给。我国观此，亦可以兴矣。兹仅陈管见，以最少限度（即以比国、义大利为例）立论，今我国方参加欧战，藉此充实军备，诚千载一时之良机，一逸即不可复得，诚宜倾注全力，补我国家数百年来之缺点也。

一、设立兵器总监部，专司兵器之行政。其勤务如左：

甲、造兵计画之策定及实施之监督。

乙、造兵人材之罗致及养成。

丙、兵工厂之设置。

丁、旧兵工厂之改良扩充。

戊、私立工厂之奖励（一般工厂，如电气、铁厂等战时均可充军用）。

己、新兵器之设计。

庚、存库旧兵器之应用。（一）存库兵器之应用，（二）要塞兵器之转用。

二、造兵厂之设置。其最重不可缺者如次：

甲、炮厂。我国本已自有，然目下趋势，炮兵愈多则战斗力愈大。英国炮厂已多，尚且添设，我国亦知所取法矣。至炮之方式，应以法国为准，盖法之炮兵，实出于他国之上也。至制造之种类，野山炮以外，应造以下各种，以应急需：

A. 十生五长炮、一五五密里密达榴弹炮。此二种在西方战场已大显效用。

B. 炸弹炮。此炮种类太繁，应选定最良之一种仿造。

乙、炮弹厂。此厂专造炮弹、人力炸弹弹壳，最初即应设备极大之规模，盖目下战争使用极多也。

丙、炸药工厂。此厂应设备者如下：

1. 炸药、火药制造工厂。

2. 装填子弹、炸弹工厂。

丁、信管及瞄准器具工厂。

戊、光学器具工厂，制造远镜及瞄准观测器具。

己、自动车厂。目下战场使用自动车极多，其应制者多为司令部用车及运搬用车也。

自动车专为军用制造时，价值甚贵，故宜奖励民间普为使用，如街道公共乘用自动车及商店转运车等，战时均可辅助军用。法军麻耳奴河会战之役，巴黎卫戍总督集巴黎街道公共乘用自动车，一夜之中，输送第六十一师于战地，击退德人之包围，此其最著之例也。

庚、枪及机关枪厂。目下使用机关枪为数骤增，步兵每营约有二十三门，轻机关枪尚不在内，是宜设规模最大之工厂造之。至于步枪，则因步兵之数动至百数十师，战争之中，时有增兵之举，故亦宜多造以待。此种厂之规模不宜亚于炮厂也。

三、造兵之人才。美国参加战团，法人希望极大。当美国参战后，法国派遣将校至美担任造兵及教育者多至数千，英、比、义均有派遣。我国果决然出兵，并允出其原料制械，既供己用，复可应欧军之需，则得此人才，正属易易。英国对于吾国关系已久，尤因人种之特性，不易为我用，故仰给此项人才，最良者无过于比义二国，关系于我既少，其国人性爽直，国小而易就范，造兵经验亦复良好。法国虽与我颇有关系，然其人之种性同于比义二国。法政府已疲于为战，如我为助联军而设备，则法人自然尽力从事。故此项人才宜藉助于法、义、比三国，严其权限，优其待遇，更用知外情者管理之，无不就范矣。然徒仰外来人才，非久计也，同时应由造兵总监部设置造兵学校，搜集已在国内国外具有机械学识之人才，即令聘请之各国技师、将校，任其教授，则一二年后，我国即可自备此项人才，而造兵之基础立矣。千载一时，机不可失，战事之后，即有此项计画，亦恐不克施行也。

四、造兵之机械、材料及其资金。我国原料虽多，然非有工厂制造，亦无以为。唯工厂主干之机械，欧洲则不能输出，而日本不仅自给不惶，即有，亦与欧美相去大［不］啻万万，购求尤艰于欧美，故我国兵工厂始设之机械，非仰给于美国不可。美素忌日，我能善用其术，则照欧陆联军之成例，以一张国债票而购械之事已了。此种便利，唯在今日，诚千载一时之良机也。

我国煤铁各矿，遍地皆是，欧陆正缺乏此种，宜以援助联军为名，借款开发，限定战期以内供给联合诸国之用，则我造兵之原料既多，存于地下之宝藏尽发，有援助友军之实，与复得经济充裕、国防充实之效，于国际上、国计民生上，实有百利而无一损也。

第四章　筑城之现状

此次战役，兵器、筑城实为共同之进步，一千九百十四年末，两军已构筑阵地，由瑞士境界绵延直至北海，成为堑壕之一长线。德据平时之计画，其阵地编制已有成竹，所谓第一、第二、第三阵地者，实由德军发其端，联军各国相率从风焉。兹将遂等所亲历及见闻所及者，摘要如次：

第一节　英军之阵地编成

1. 阵地之最要者，在于有棱铁丝网，凡占领新阵地，首先构造之，次机关枪座，次始及于步兵之掩体。

2. 堑壕之位置，首宜避敌人炮兵之瞰视，发扬火力尚在其次，故步兵线于位置在射界难以扩大之时，有百余密达之射界已可。此堑壕常设堑棱线生篱等之后方，以便遮蔽。

3. 堑壕之断面，其幅宜狭，约四十五生的，深九十生的，废去胸墙。其除土宜撒布成平坦，或以之作假工事，或作背墙，以防因爆裂榴弹从后方所受之损害。每十八呎设方五呎之横墙，以限制炸弹、炮弹等炸裂之损害于一区域内，故堑壕成为锯齿形。

4. 堑壕因欲对于子母弹及爆裂榴弹等掩护守兵，并避飞机之视察，及掩蔽炮兵之观测，故通常设为数线。附图第一，即英美两军所用堑壕编成之概要也。①

(1) 最前者为铁丝网，其与第一线堑壕之距离凡五十乃至百码，盖太近则敌可由铁丝网之彼端抛掷炸弹于堑壕也。

(2) 次探听哨（如战斗前哨，专以探听敌之动静，如开掘坑道等）。此哨以交通沟与第一线相连。

(3) 第一火线堑壕。其与铁丝网之距离，已如前述，但不可成为平行。

(4) 因火线堑壕太窄，侧方之交通非常困难，故另设交通沟以连于后方。此交通壕在第一线后方相隔数码之处，有一壕以相连络。

(5) 在火线直后及交通沟左近，设有保护第一线守备部队之掩蔽部。

(6) 第一线附近设有多数之机关枪座，其位置以能侧射火线之前地为宜。

(7) 在第一火线堑壕后方约百至二百码之线设有堑壕炮（抛射炸弹用），以交通沟与前后方相连。

(8) 在第一线附近便于展望之所，设展望哨。

(9) 第一火线后方约百乃至四百码，设有支援堑壕，其断面与第一火线略同。该线附近设有坚固之掩蔽部，以供保护军队之用。

(10) 堑壕线上每相距八百至千五百码之远，设置支撑点，用数层防御线编成之，配置多数精锐兵器于其内，以其侧防火及正面火为全线防御之枢要。

以上所述，系每一阵地概略之编成，在最前者称第一阵地。

---

① 原文如此。篇末附图所绘为德军之例。

该地后方二千乃至五千码之外，设有第二阵地，其编成与第一阵地同。

附图第二①，示英军二师编成之一军团之配备。

第二节　德军防御阵地之编成

甲、自开战至去年七月间之筑城

此种防御编成，即今日英法各国军所采用之筑城方案也。凡分全部为三层防御阵地，每阵地相距凡三启罗密达，每阵地均由堑壕二线与交通沟、掩蔽部、复廓等编成之。而各堑壕前方均有厚密之铁丝网。

此种阵地之防御法，实以第一层为防御本阵地，受敌攻击时，则守兵、防材咸集于是，以为抵抗。至于不能支持，始逐次变换于第二、第三层阵地防御。其防御时间以能使后方及他部援兵可以悉集援助为度，故敌非三层阵地全行夺取不能奏功，且愈进则守兵之增援亦愈多云。

乙、最近之防御编成

自去岁七月以还，德军防御编成从新更易，改各阵地为堑壕之集团。其堑壕经始，或成一线，或断续不接，成为多段；或横或竖，或成斜向，有相通者，有不相通者。每堑壕前均密布铁丝网。每一阵地之纵深，有达于数启罗密达者。每层备有堑壕（成一线或断续不接者）八线，至于重要区域，有多至十数线者。其各阵地之防御法略如次：

第一阵地（第一战斗地境）

德军称之曰 Vorfeldg one ［Vorfeld one］，法译 Zonede Converture ［Zone de Couverture］，亦译 Zone pe Conbot Ordinaire ［Zone de Combat Ordinaire］，直译为被覆阵地，或寻常作战阵地，系用

① 原文如此。篇末附图所绘为德军。

寻常之防材（如木、石等）建筑之。其最高线专司展望，较为薄弱，愈后则堑壕愈深，亦愈坚固，所用防守材料及守兵等亦愈增加。此线任务专在展望，确知敌来攻击时，则妨碍其前进，使后方军队得有集结之余裕，并以使攻者疲乏。

第二阵地（第二战斗地境）

此阵地德称 Grossk ampfgone［Grosse amp gone］，法译称 Zone de grone Conbat［Combat］，即防御本阵地也。编成法与第一阵地略同，堑壕愈后，则愈坚固，唯防御材料较为坚实，中置多数之机关枪。此枪用法凡分两部，其一部专以火力互相交叉，以供正面之侧防，其地［他］一部则置于交通沟内（目下该沟之构筑，亦已改与正面之堑壕相等），以供敌侵入时侧射之用。盖此阵地为全局之枢要，无论敌如何攻击，总须集全力以击退之。

第三阵地（第三战斗地境）

此部分德称 Rnekwoerti gekompfgone，法译 gone［zone］de Combat arrieros，直译为后方战斗地境或后援阵地。其编成与第二阵地略同，盖以供敌万一通过防御本阵地时，至此部分定能阻止之也。

其各属阵地之防御编成，略如附图第二。

丙、结论

最近德军所用之防御方法，与去年七月以前所用者，互相比较，则其战术大生变迁。即在千九百十六年，德国参谋部以第一层阵地为必须坚固纵深，第二、第三层阵地亦然。目下则各阵地不必定成三线，每层各成一集团，堑壕之战斗地境 Zone de Combat，其各地境之距离，尤须适宜。所谓适宜者，即使两地界境不至同时受敌炮袭也。至其防御材料与守兵等，则须愈后而愈多，即所以使敌愈前进，则阻力愈大。即前方地境必须坚固，俾能与敌之炮击相抗，不致为所破坏，而后方地境，则但须纵深。

其第一阵地由各师计画命令，即用其兵力构成之；第二、第三阵地系军参谋部规定防御编成，由工兵组成之筑城团任之。

其各线堑壕，并非同在平地上，宜有高下，如第三附图在 A 之高点，专司观测展望；B 点稍低，则步兵及机关枪之火线也。

总而言之，德军目下非用第一层阵地为防御本线，其主要变革之点，则在引敌进入第二战斗地境，始与之行真正之战斗。故第一战斗地境，其目的但在使敌疲劳，并确知其攻击方向，使第二战斗地境之守兵得有准备之余裕。其防御要领，则在使敌每进一步，则阻力愈大，守兵、防材亦愈多，即使敌能攻击达于第三战斗地境，亦已疲乏不堪，损害甚巨，且与其主要炮兵阵地之距离太远，不易得步炮相需之效，则其溃退，势所必至。唯此种防御编成，尚未经重大之实验，吾辈当更需若干时日，始能确下定评也。

第三节 法军及阵地编成

1. 法军现在之阵地，大致由三层阵地或四层阵地编成。第一阵地之第一线与第二阵地之第一线，相距三乃至四启罗密达，第三或第四阵地，亦以此距离前后重叠。第一、第二阵地由第一线军团并第二线军团构筑之，第三阵地由野战筑城团或兵站诸部队建筑之。

2. 第一阵地更区分为第一线阵地及第二线阵地之两线。每线阵地之后方五十乃至百密达之距离处，更设支援阵地一线。

3. 第一线阵地全与德军之阵地相触接，不能任意选择地形，非贯穿森林、谷地不能构筑。第一线阵地之后方相距八百乃至千密达有第二线阵地。此阵地全据战术之目的与地形，应用筑城之原则以构筑者。其大体之构成，概用据点式。各据点之轴心间隔，最大限约千二百密达，而中间地带侧防不易之时，即设中间堡，故第二线阵地实为每阵地中之抵抗主线也。

4. 在每线阵地后方之支援线，其设置之原因，为受瓦斯攻击时第一线守备部队避难之所，今则成为连续之一线，又为连援队休息所之散兵沟焉。

5. 交通沟为各阵地各线之交通路，大致由第二线阵地至于第一线之支援线间。对于每营，设二条交通沟，一充往路，一充归路；由第一线支援线至第一线阵地间，每连之每排，各设交通沟一条；又由第二线即由团本部向后方师司令部之交通，则每团设往路一条，另设归路一或二条。其由第一线与前方探听哨之连络，则每一哨所设有一条。

6. 法军特于侧防，或利用战线之曲折，或利用地形，设机关枪座。

7. 亚拉斯、勃那奈（Alace deroine［Alsace Obernai］）方面之山地，仅以铁丝网连系为一线，亦有仅设机关枪座，不用接续堑壕之所。

第四节　义军之阵地编成

义军之编成，大致与英法相等，每阵地均成三线或数线，所谓展望线、抵抗线、支援线是也。三线皆为连续不断，前方皆有铁丝网。义军阵地，迩来似仿法军之防御编成，其第一线沿山地及白弗（Piave）河而设，更沿其后方四道之河流，每道均设防御阵地。其各阵地之中间，则依山脉、河流之纵贯于中间者，设立防御阵地。除各阵地设有支撑点外，并有阵地后之要枢，如威生（Vicenza）、白打（Padova）等城市，设立数层堑壕线以围绕之。如此配备，则战线一部虽为敌所破，仍可依然封锁，且可依纵阵地之侧面援助，以反攻驱逐敌人也。

第五节　比国军之筑城

比国占领之区为法兰德（Flanders）之湿地，掘深四五十生的即水，故其防御编成甚难。其每阵地亦为三线，第一为探听哨线，第二为抵抗线，抵抗线后二三百密达更有支援线。

比国阵地均筑设于地面上，其阵地线上，每隔七八百密达设有支撑点，系比吨制之角面堡，内置机关枪、小炮等。

比军因地形上构筑困难，各线均用土囊建筑于地面，且地形为湖，防守较易，故设备亦无英、法、义之周密也。

第六节　地中战

两军在堑壕对峙间，地上攻击不易，于是用坑道接近敌人，在其堑壕下施爆发，以行攻击。英军去岁在亚勒丝（yhres［Ypres］）之役，曾用多量炸药爆发，以驱敌于堑壕之外。此种动作，协商［约］、同盟两军时时行之，攻者设坑道，守者亦设防御坑道以图破坏之。此破坏系用炸药作坑于地下，以塞敌之坑道，并杀伤敌之作业兵。有时坑道相会，则在地下搏战，故坑道教育为目下必要之件，宜常施行之。

第七节　要塞之价值

要塞在此次战争殊不能观其声价，以精锐著名之亚米斯（Anvers）要塞，仅二星期即陷落，其他要塞，对于数多重炮之强大野战军，殆若摧枯拉朽之势。威尔登（Verdun）以防御著名于世，然仍于要塞前方设置数层野战阵地以资守御，特有诸炮台作为阵地之据点而已。现在世界军事家纷纭辩论，每以改良要塞之素质，则其价值仍不减少为词。然我国将来因是役之趋势，筑建要塞，似可毋庸，其理由如左：

1. 虽时能增大要塞之抵抗力，然兵器日新，此固定之配物，不能随之一同进步，终至不能为用。

2. 经费甚巨，不若以此经费养成活动之野战车。

第八节　假装物

现今火器日精，侦探发达，加以飞机时时侦察，致我一举一动均被敌人发觉，预为准备，或立加集团火力，以图破坏，遂生假装物之必要。各单位之工兵部内，甚至另设一科以司其事，并有工厂专事制造。其种类大致如左：

1. 草帘。草帘取与地面同色之草，结于铁线上编成之用，以掩盖炮兵阵地掩蔽部重要之建筑物，及掩蔽交通路之重要之露天炮台者也。

2. 假装树。战场内原有之树，其位置可供观测所展望哨之用者，均以假装树易之。此假装树仿照原有树木之形状、大小构造者，内中装有装甲哨所及电话等一切之设备者也。

3. 涂色。凡炮车、自动车、通信鸽车、家屋及战场之建筑物、用具、兵器、往来战场之车辆，均用黄、绿、黑等色相间涂染，使与地面同色，以避飞机之侦察。

4. 天然物之遮蔽。家屋、炮车、车辆等，采伐天然树木及枝草以掩盖之。

假装物在今日战场中为必要，其原因如下：

(1) 攻击之前必有种种设备，如铁道及重要交通路之敷设等，因欲避敌之侦察，故沿工事之线上先设遮盖，然后于其下方工作。

(2) 构筑重要之工物，如桥梁、车站等，亦当先行遮蔽，非特可免飞机之侦察，且可避敌之炮击。

(3) 炮兵阵地、机关枪座、重要交通沟等工事，亦宜先以假装物遮蔽而后工作。

第九节　结论

德军作战计画，于若干年之先业已预定，故马呢（morne

[Marne]）之役，能以疲罢之师，整然而退就益美预定之线。义军自去年大败之后，察觉其战线危险，乃于现阵地后方筑设阵地四层，更依地形之便利，筑设纵横交错之阵地。当奥军大举攻击之际，遂得有利之状况。由此足证从前“防御阵地有妨攻击精神，非目的确定，不可预行设备”之说，已成过去之谈也。

我国军备未能完全，国防计画尤宜预定，凡对敌国重要之地点，宜先派员侦察，妥定计画，蓄备一切材料及需用品，一旦有事，立可依照计画施行。此乃今日趋势，国防不易之良图也。

第五章　航空勤务

开战以还，飞机之航空勤务日见进步，迄今竟为军之耳目，“无航空机不能战斗”之说，遂为各国观战将校之口头禅。兹记目下各国航空机现状之大略如次：

第一节　法国

法国航空机分为三种：

甲、侦察及射击修正用航空机为飞行之基准，每军团均有一队（约四十机）。其任务如左：

1. 阵地之照相。每日行之，藉此以知敌地之变动、我炮兵之效力等，并由此照相以绘成细密之敌阵地图。

2. 目标之监视。大致区分空中为若干监视区域，每四启罗密达以一飞机任之，司目标之监视及远距离射击之效力观测。

3. 射击之观测。约每启罗密达使用一机，主任射弹之修正。

4. 通信连络。步炮兵及司令部间之通信，以飞机任之，最为确实而迅速。

乙、驱逐用航空机。其任务如左：

1. 驱逐敌机，妨害其侦察。

2. 对敌机之战斗。

3. 防护我飞机之侦察。

丙、爆击用飞机。其任务如左：

1. 对敌战线后方动作目标，如铁道、重炮兵、行进中之敌辎重炮兵等之爆击。

2. 敌阵地后方要点，如司令部、仓库、车站等之攻击。

3. 远距离都市之攻击。

法国航空总监部，专司航空机、气球等之制造、供给、教育等。

第二节 义大利

义大利飞机任务之区分同于法。其编制大致如次：

1. 陆军部外另设航空部，专司航空机、气球等之制造、供给、教育等。

2. 飞机之教育，分为观测及驾驭二科，全国共二十余校。

3. 每军设航空部，内分飞机、气球、材料三课，有将校、校官以下四员。

4. 军有专属之飞行队，行侦察及远距离之爆击及空中之警戒。

5. 每军团有炮兵射击用并侦察飞机一队（十二机），以供军团之炮兵射击、侦察敌况及警戒之用。

第三节 比国

比国采用英法之飞机，其种类全同，其编制，凡侦察用、驱逐用，每队均十二机。

第四节 德国

德国飞机约二百七十队，区分如下：

甲、猎机队。每队官长以下百三十人，及飞机十八架。

乙、警戒队。每队飞机六架。

丙、侦察队。每队官兵一百二十员名，飞机六或七架。

丁、炮兵使用队。编制与侦察同。

戊、攻击队。每队飞机六至八架，官兵凡九百员名。

此外尚有左述三种飞机队：

A. 要塞飞机队。

B. 补充飞机队。

C. 海军飞机队。

又在一军之内，有一军航空厂，内存飞机之材料、预备飞机及预备员，此外尚有多数兵站航空厂。从一千九百一十六年十一月二十五日以来，所有德军全部飞机队统属于一总监之令下，而于每军设航空队集团司令官（le esmmandanf［commander］des forces aeriennes）。其在军之后方区域，则分为若干地段，每一地段设一航空队团，团有长。

又在每一大军（以数军组成为一大军）司令部内设一参谋官（少校或资深上尉），司关于该大军内航空队结合上之战术问题。此外，直接于大军参谋长尚有一将校，职为校官，专任关于航空谍报事宜。

第五节　航空队种类

甲、飞机

于商①之种类如左：

1. 猎机形式，为单叶式，装备一或二门固定机关枪。

2. 侦察飞机、炮兵用飞机，双叶式，二百四至二百六十四马力，有一机关枪在后方，由观察者司之。

① 原文如此。

3. 爆击用飞机，可载三至四人，机为复叶式。

乙、气球

是为固定之观测所，各国均于每军团设一队，有气球二三个。

丙、航空船

航空船在战前颇有倾动一世之概，然欧战战场中使用之者殊不多见，因其使用困难，制造力不大，故各国航空事业均倾注全力于航空机也。

第六节　意见

目下趋势，航空业务不整顿即不能战斗，殆已成为格言。我国所有飞机久已等于博物馆之陈列品，一有战事，必致非常困难。其急救之术，则在藉参战之时机，借材于先进之国，著手之初，即为大规模之计画，庶几一蹴而底于成。兹述管见如次：

1. 设航空总监，专任航空事业之进行。

2. 航空制造厂之设置，最初即宜为大规模之计画，我尽可以该厂之设，即用于参战为名，借用机械于美国，借款采购，与兵器设厂同一办法。至于技师，则应由法义二国选聘。

3. 我国虽有航空学校，而为数唯一，规模不宏。目下航空一科使用之途既夥，损伤之数尤多，教育补充不可不妥为筹备。兹述学校之设置如左：

（1）航空制造学校。

（2）航空观测学校。

（3）航空驾驭学校。

学校之教官、技师，商之法国及义国政府，派遣多员，兼资航空队之教练、设计。盖开战四年以来，航空机实日日进步，月异而岁不同，我国于此毫无经验，故惟采用以下二法，始可追随世运之进步，而后可以言战也。

（一）不惜经费，扩充设备、航空诸校，与法义政府切商，遣派有经验之将校、技师，妥为训练，学成则遣往战场、工厂，以助战为名，得经验之实。

（二）遣派学生、技匠入法国各工厂、各学校练习。此项学生，须择有意志坚确有为之才，为数不可数人、数十人，宜以数百人、数千人为率。此项学生学成，即使服务于欧陆，如此则有欧陆战场应有之航空技能智识尽为我得，一年以后，庶几可与他国同其进步。

以上二种办法，费款甚多，且既派员助战，则损伤颇大，然试观美国为充实军备以御日、墨起见，悉举全国之生命财产，以入战争旋涡之中。我国废武弥兵为日过久，所有情状有如世外，一旦与外国遇，则予取予求，国久不国，若不乘此人方有需于我之时，以图充实其力，战争完了，恐国际席上且无吾辈立足之地，区区生命财产，宁足计也！

第六章　战术之革新

战争已历四年之久，兵器、筑城均大进步，旧日之典范、教令，已不能悉数使用，故各军时按其鲜血所得之教训，发为训令，以补典令之不足。某等遍历战场之全部，虽见闻有得，不敢自信，唯非战后，则无成书以供研究。我国参入战团、派兵之议已兴，则对于目下战斗情况，宜先为研究，始不致临事无措，故不惮草率，编次一二，以资采择。

第一节　要领

战争攻守之要领

1. 在于统一指挥。德人以其能力为奥、土、勃所信仰，故一切计画，均由德军规定。每次行大攻击，均由德任其指挥，所向得利，此利害唯一之理由。联合军则英法不相能，七年，威塞洛（Viesaille［Versailles］）大会战，英军仍不让步，遂酿皮居得hicudy［Picardy］之大败，前车已覆，乃使福士（Foch）任总司令官，而战况于以回复。

2. 攻击宜择远而弱之点先行攻取，以后各个击破敌人。德军自开战以来，均用此法，塞尔维亚之破灭，罗马尼亚之扫荡，去岁义大利之大攻击得大胜利，均以此策略收效。若今年四月之大攻击，德之攻击目标，第一在于英法两军接界之区，次则英葡两军相接之线，均属此意。

3. 作战计画宜按世界大势预定于平时，且宜预加研究，一旦战兴，始可为战。此次德军一切攻击、防御计画，已久定于平时，一举入法，措置裕如，马尔诺（Marne）计画之败，以疲劳之余，仍能整然就碍瑟（Aisha）阵地者，预有计画故也。法早知德有通过北境之征兆，仍缘不改，至以兵力集中于东境，至闻德人入比，始仓皇失措，转向北境。若非比国抵抗甚力，则联军方面早已不成问题。作战计画之宜预定，其效有如此者。

除以上之大原则外，其他攻防之要领，兹就访问中所闻于各重要将领、幕僚者如次：

甲、关于攻击

1. 法第五军司令官之谈话

法第五军之司令官，其为将军时，年不过五十四岁，为法军军长中最少者，其任军团长不过十五日即转今职，可以知声价也。一九一七年九月七日，饭于其司令部，饭后彼自述其意见如左：

一、大战之计画。今日之战，殆合世界而为一，非仅关系于一国以内而已。攻人之要领在于攻人弱点，英法若日在现在阵地攻击，是徒费时日，杀伤人马而已。今同盟军之弱点，实在于义大利方面，故为联军计，宜先合全力由义大利方面击破奥国。奥国破灭，则同盟国人心胥乱，稍事攻击，即可奏凯矣。

二、目下之战法。今日战争，非炮战奏效，竟不能前进攻击。一九一七年四月间，本军亦曾进攻，因前进过速，炮兵不能援助，遂至仅达敌之第三线前方，即不复能前进攻击，故现在战术宜如下：

（1）步兵前进至炮兵有效射界之尽端，即稍停止，待炮兵将阵地变换完毕，开始有效射击，乃可续行前进。如此逐次跃进，则奏效确实，成功迅速。

（2）将军于琐木（la Somme）之役任军团长时，其攻击方法，即以半数兵力前进攻击，前进一段即收回休息，以他之半数代之，兵既新锐，费时复少，其奏效每较他军为速。

（3）目下守备阵地期中，小战竟可不必，即炮击亦属无意味之举动。将军现在所守备之地段，除德人炮击，彼亦加倍反击外，其余悉行禁止。至于小战，其目的在于侦探敌况，故获若干俘虏，即行退去，彼意竟不必抗抵。彼谕其部下，见德人小战则退至第二线，待其去，再回第一线，竟至德人亦效其法，故目下将军所辖之战场，每日死伤多者十余人，少者数人而已。

2. 三〇四攻击之实例

三〇四高地之攻击计画，去岁九月九日，由第六军团作战科长于实地说明，其要领同于前述。其可记者有二：

（1）攻击以前先行准备炮击，每日均由飞机前往，将射击效力情形照相，由参谋部绘入地图，每日如此。至第四日，则地图上之所绘敌阵地，以［已］为炮弹完全破坏，德军于此旧防御阵地内，无复可存身之地，遂对于部下宣告该地已无敌人，使之待命前进。

（2）准备射击，虽已成功，然犹未前进，先行攻击准备射击及拦阻射击（详后）多次，使敌怠于防备。

至第六日，一令之下，士气百倍，长驱直达预定之攻击目标，敌已无踪。军团长得此情报，遂下令再进战线，遂达于忙瑟（Meuse）河岸。

乙、关于防御

由防御阵地移攻击之法已如前述，兹但说明关于敌人进攻之大要，即一九一七年九月十一日访问一二七师时，由该师参谋长所说明者即如左：

1. 该师所守为困难之山地，山高而多树林，故不能准备进攻敌人。

2. 师之防御，分为三个地区，以一团或其以下之兵力任之，各地区内分配有各兵种。师长与地区司令官之连络，用左之种种方法：

（1）电话；（2）无线电；（3）地下无线电；（4）传令鸽；（5）传令。

因战斗时电线屡断，故宜并用多种连络线。

3. 各地区分为三阵地，每阵地设有三线，大致前线配置仅少之监视兵，其余在后方休息。

4. 防御之经过：

（一）敌人炮兵行攻击准备射击时（即射击我战斗员），监视兵即行报告，我炮兵亦射击其战斗员，使其攻击终止。

（二）敌若仍行前进，则监视员死守其占领之位置，以待后援，一面报告。此时第二线兵队前进援助之机关枪及炮兵，均行拦阻射击，以阻止敌之前进。

（三）敌仍然前进时，而我第三线兵力亦已前进增援，如仍无效，则第一阵地失矣。

（四）第一阵地既失，则该方面之守兵，仍守第二、第三阵地，由高级指挥官调集预备队，以反攻击退敌人。

（五）以上防御之要领，平地、山地皆同，惟在山地，则交通困难，接济军械、粮食，以及军队连络、交通均不容易，故非交通设备完全，则难作战，即须设备以下诸件：

（1）增设道路；（2）铁路；（3）电绵［线］搬运机；（4）

电缆挽曳小铁路；（5）骡、牛、犬。

此外，则山地炮兵阵地之位置多选定于侧面是也。

总之，目下战争皆属阵地战，至于运动战，均可利用前者之原则，惟宜注意以下诸点：

1. 计画宜绵密，连络宜确实，并宜预想将来情况，预为计画（德军马尔诺之役可以为鉴）。

2. 前进时，机关枪愈在前方愈好，遇敌时，尤宜速进至侧面有利位置，占先机以射击敌人。

3. 射击时，不可举全队但图猛进，宜井然有序以施行之。至若急退，宜用有力骑兵，附以装甲自动车之机关枪、炮兵及飞机，则两者可以并收其效。

4. 包围包翼之战法，经此次大战愈见其价值。

5. 虽运动战之攻击，亦采用工事，以图减少损伤。

关于运动战之原则，大致与战争以前相似，且本回战役运动战之实验颇少，故兹仅就阵地战各兵种之用法试述之，而于骑兵之部，略叙运动战之大概云尔。

目下战斗虽倾于阵地战之观念，然于阵地战之攻击，实为运动战之第一步。即阵地之攻击，目下大致用楔状攻击，其兵力用三角形之配备，以期突破敌之阵地后，分断其两方，而行最后追击之大运动战也。例如，最近德国四月十七日皮嘎儿得（Picardy）及弗朗代儿（Flander）之大攻击，德将吕当窦夫（Ludendorff）举八十师之兵力，配置为两三角式，以其尖端对于衣布儿（Ypres）及阿拉（Arras）方面楔入，以图隔断英法两军，而压迫英军于海，一面将法包围于南方，战线已被遮断至三十哩之遥，运动战已开始。幸也因左之原因竟致失败：

1. 兵力太老，疲劳已久，一受抵抗，立即停止。

2. 纵长配备甚深，军队一战，立即混淆，甚至指挥官不知其军队之所在，士卒无所从命，盲进无已，故稍受抵抗，立即失败。

3. 追击太速，毫无秩序。

由此最近之决战，可得如次之教训：

1. 阵地战之攻击，实为运动战之先导，故定阵地攻击计画，即当同时设立奏功后之追击计画，且宜顾虑万端，精密有序。

2. 阵地攻击计画既分二步，而充第二步（追击及运动战）之军队，宜蓄存新锐未战、编制井然之军，其中宜有有力之骑兵兵团，则乘机急追与秩序前进同时并作，始可收决胜之利。

3. 不可要求军队以过度之运动，而攻击成功，尤在士气之饱满，精神一衰，功且败于垂成，德之失败可为殷鉴。

第二节　步兵

第一款　攻击

第一　法军

其一　攻击之准备

（一）攻击计画。法参谋上尉拉内（I. Roiner）之论：

1. 攻击部署之第一著，在选定攻击目标。此种目标须选能多用兵力，且各兵种均能使用之地，或交通枢要及其他与敌最关紧要【之地】，敌一失此，即使弃去阵地之区。

2. 攻击点既定，参谋官即按之制作攻击计画。此事颇为困难，必须仔细讨论，无论细微末节，亦须注意，盖稍不留心，或因此极小之点，蒙莫大之损害。此次战争，能从详细谨慎上用功，必得胜利。

3. 参谋官应悬拟攻击战斗开始后，敌人应出如何之动作，预筹其防备之法。

4. 参谋官最宜注意者，在于“士卒之体力”。盖人之体力有限，虽有勇敢之士时建拔萃之功，然非尽力皆能，故参谋官应以最小限之程度要求士卒，调制计画。

5. 攻击计画之起草，须在攻击前二个月即行齐备。此计画内容之大要如左：

子、攻击使用之兵种、兵力及其配备补充交代。

丑、弹药、军械之计画。

寅、攻击目标及将其区域分担于各部队。

卯、攻击担任部队之休息舍、营地及演习场规定。（现在攻击战斗均须预定计画，从事演习长官之指挥、兵员之动作、军队之交代等，拟制敌阵地而施行之。）余（拉内上尉自称）在爱司讷（Aisne）大攻击之役，约演习四个月之久。此演习即参谋官亦应参加之。

辰、通信设备。此为军队之神经，最宜完备，用电信、电话、无线电、传令通信鸽、信号火等。

巳、交通路设备。铁路之修筑，道路之建设、修理及其使用区分等。

午、情报之搜集。使用飞机并依小战及间谍等行搜索，务得其详。

未、土工作业。其作业如下：

（1）超越胸墙；（2）指挥掩护部之建筑；（3）设置坑井之小库于堑壕附近，以贮存子弹、材料。

（二）交通设备。攻击时交通灵便最属紧要，故须多费时日，以求完备。交通之大要如左：

1. 轻便铁道（二十八吋）。

2. 中口径以上火炮运行之铁路。

3. 辎重车辆、炮车等通行之道路。

4. 步兵之通过路。

以上种种，均按照预定之计画、图式，或需修理，或需新造，以备各兵种分途行进，始不致延缓紊乱。盖大攻击时，军队辎重麇集于狭小区域之内，设有一部分交通不灵，必致拥挤。步兵本系鱼贯前进，且背负手携，非常重累，若使久立，是使之先疲于道，不堪任战。若在战线内拥挤不堪，则发生声响，不但使敌知我之行动，且受敌炮击，以自招紊乱。

（三）土工作业

预备攻击军队超越胸墙之动作，大非易事，建筑地点，宜以战术上需要而定，大致在最易于掩蔽我攻击部队之处。此种工事称曰“超越沟”，愈高愈妙。此沟与火线堑壕不同之点，在胸墙上不设臂座，其深约六尺，到处连以直沟。为使兵卒超越此沟，有左二法：

甲、于侧面上作阶级。

乙、使士兵自以携带土工具作阶级以登。

甲法兵卒须鱼贯而上，既已缓慢，至胸墙上又须重新散开，殊为不便；乙法则各人自行动作，同时攀登，既速，且可保持散开队形。

开始攻击地点之超越沟，其纵长与梯队之深相同，且必设有掩蔽部分，以掩蔽敌炮火之射击，因敌为反抗我攻击必行炮击，其炮弹常落于超越沟之内也。此掩蔽部有三：甲、军队之掩蔽部。乙、指挥官、参谋官之掩蔽部。因攻击之时，参谋官亦在第一线任指导也。丙、子弹、军需品及饮用水之掩蔽部。因此时子弹、军需品均集积于此。超越沟有交通沟以与后方连络，因平常所有交通沟为数太少，故宜多设交通沟，使军士得以迅速进行，又不乱秩序。

交通之工作，宜以不参与攻击之兵工作之。盖守兵有种种勤务，非常忙碌，而攻击部队未战斗之前则在后方宿营也。此项攻击部队，每日夜间均至超越沟内演习。法军爱司讷之役攻击以前，由正月直至三月中旬，每夜均行演习，务使攻击动作及各种细则、土地状态及一切配备，均极纯熟。

作业之分配，大致步兵构筑超越沟及交通沟，工兵则担任掩蔽部之构筑。

工作之经始，由指挥官于白昼准备完好，即依侦察之结果，于预定之线上，以白粉示其位置。至夜间，步工兵即按此白粉之线开始作业（每人担任一密达），以一夜中作成之为目的。作业时，由参谋官监视，务求工事悉依计画之图式。超越沟之位置，务求对于敌掩蔽，或用假装物以掩蔽其位置。若超越沟之位置，白昼必至为敌发现者，则应于开始攻击之前夜作业，即任攻击之第一波，于开始攻击数点钟前，至经始线之位置。此时各兵先掘一洞以自卫，兵卒皆知天明即有蒙炮弹之危险，故工作异常神速。作超越沟，即应同时埋设电话线，以与第一线相通。此线须完全埋于地下二密达处，以避炮弹破坏。次则展望地点，尤须加意选择。因当攻击战斗之时，指挥官以能通晓全局之变动为要。此等展望所之构筑，应力求坚固，用比吨或铁造成者。此种多用分段造就之材料，携至火线而结合之。其最要者，则用假装物以自掩蔽。此展望所将校，用听之电话与司令部相连。

（四）攻击部队之休养

攻击计画决定后，应即选择任攻击之部队，送之至后方休养。此时指挥官宜使其部队于攻击以前备有左之要件：

1. 身体强壮。宜选择良好宿营地，最好有床，否则宜有丰富之稻草，使之安眠。更整其服装，充足其食品。天候宜择寒暖适宜之时，并时行游戏及体操运动等，则疲劳自易恢复。身体既壮，自然忘却前者之劳苦及战斗中悲惨之情况。

2. 精神之壮盛。为指挥官者，宜接近士兵，助其兴趣，设法与战友非常团结，并对上官非常信仰，并示我军计画之周密，准备之完全，兵力之充足，粮械之充实，使兵皆存战则必胜之心。其尤有效之法，则在挑动士兵对敌人之恶感，使之有得敌方甘心之希望，并其一生荣辱皆系战胜与否，如此万众同心，未战已先有胜算矣。

3. 知识充足。即令士兵非常勇敢气盛，然若不先熟练战斗之法，是谓驱之就死。盖目下之兵器、筑城，若不先行训练纯熟，未到敌之阵地前已尽歼灭矣。

（五）攻击预行演习

此演习之第一步，即抽选兵卒，担任特别勤务。各队均选择若干人，如掷炸弹兵、轻机关枪炮兵等。其兵员之使用，及攻守之法则等，均应分各科教练之。而各科每日各个教练后，令各科合一，以教练其共同之动作。

训练时，将校、军士应同时训练，军士并须练习代理上级职务之法。且每次战斗后，必有新方法及新材料之发明。诚以目下战法，非有一定不易之成规，应每次按其鲜血所得之实验，应用较良之法。此法不宜空成纸上计画，应在实地施行教练，设战术问题而作业焉。

参谋官亦应实地预行演习，并想定各种战术问题而与该次会战相仿佛者，讲求解决之法。如上准备之后，乃将军队召集于与会战地地形类似之区，按照实战之情况，配置假设敌，参谋官、军队指挥官及士兵均如实际施行演习。到攻击开始时，上下熟知其所分担之任务，则其动作必不致紊乱矣。

其二　攻击之实施

攻击预行演习既已纯熟，次乃移于攻击，其顺序以飞机战为第一次，炮兵准备射击次之，继则步兵之冲锋。

（一）飞机战。飞机队当攻击前，应先将优势飞机密布空中，将敌飞机悉数驱逐，使我军动作不为敌悉，而我可自由侦察并与炮兵协同动作，以使准备攻击之射击得以速收良果。

飞机应突入敌之阵地后方，将其重要交通路、铁道、车站、仓库、桥梁、栈道、重要掩蔽部、宿营地、兵舍等，抛掷炸弹以破坏之。

（二）炮兵之准备射击，详于炮兵节，兹但记其大略如下：

1. 对于敌之第一线，用堑壕炮射击之。

2. 对于敌之掩蔽部及阵地之诸设备并障碍物等之破坏，则由师炮兵任之。

3. 对于炮兵之破坏射击，以军团炮兵任之。

一九一七年在答模路（Chemin de dame）及商巴讷（Champagne）英法两军攻击之役，于十五日内，两军各发射子弹一千四百万发，一密达之地，有数吨之铁（有一处一密达存弹四吨）。如此猛烈射击，可将一切地物一扫而空，敌之战线内，一切防御机关均夷为平地，掩蔽部悉数崩坏，或被堵塞，守兵之惨痛，于此可见。德人以三年之久精密配备，十数日之间，已成弹巢密布之地面。当是时也，炮声隆隆，日以继夜，烟气充塞，损失之巨异常，敌之神经无一分一秒之间不存我军来攻之念，且因炮火之拦阻，其交代部队、粮食接济等均已断绝，未至我之来攻，久已如死矣。

（三）前进前之准备。炮击既有结果，乃将军队带至前线。此时最易受损害，不可不注意。故当于前进前，由前线各连中抽出若干人为向导，以导新来之部队于其应占之位置。

攻击前应用小战，即派少数之兵，侵入敌之堑壕内，捕俘而归，以备审问。又派侦探潜至敌阵地前，侦察我炮击之成果。

当攻击准备炮击将终之时，其炮火应更加猛烈，使敌之后方支援部队不能前进。而当攻击之前夜，机关枪亦对敌之后方射击，以便将敌之守兵包围于前方。此时军队前进准备已了，咸待司令部之命令，应派展望者以待命令之发出。此种命令皆预行规定，通知军队非常单简，例如 P. M. 规定用 D. H. 二字，D 者指五月五日，H 者指午前九时是也。

当我军袭击至敌第一线之时，则炮兵对敌后方拦阻射击，将薙射之线一步一步移向敌第一火线之后方，以阻敌预备队之增援，并封锁其掩蔽部。其一部对于敌之炮兵行猛烈射击，又不参拦阻射击之炮兵，则对于敌人之第二线射击，又以一部向敌两翼为包围射击，则敌不能向后方或侧方逃避，只有待毙而已。

（四）冲锋区分并其实施。以下所述系琐木之役法军之战术。本会战以前，法军改正其部队之编成，每团三或二营。每营二百人之连三，八门编成之机关枪一连，三七密里密达小炮一门。每连四排，每排轻机关枪两门及掷弹兵一班，枪弹兵并作业兵若干。又每团近于战线有三连编成之补充队，以维持战斗力。

法军之第一线营，通常以二连为第一线，一连及机关枪为预备队。每连区分为冲锋队及援队之二种，距离约五十步。各队构成二线，约间二十步，名之曰波，以此区分，互相连系，向攻击目标突进焉。

冲锋队宜接近拦阻射击炮火，由该炮火之诱导（详炮兵节），且超越敌之堑壕，并向攻击目标直进。其掷弹兵班，则宜将敌阵地之堑壕绵密区分其分担之任务，以使从事堑壕内残兵之扫荡。援队之排迅速增援冲锋队，确候其占领阵地。第二线之连与追击炮兵、步兵小炮，同任敌阵地中顽强抵抗据点之攻击，或增援第一线，击退敌之恢复攻击。

冲锋部队应与炮兵之拦阻射击保持最绵密之关系，即步兵应于最后之炮弹到着敌之阵地，则炮击间深存于掩蔽部内之德军至于不受射击出就火线时，冲锋队已通过其堑壕，遂受援队堑壕扫除班及第二线连之攻击。

是役也，第一线某营未达目标以前，殆损失营长以下干部之全部，而不失连系，遂行预定之攻击，且击退由二方面所来敌兵之恢复攻击，完全达其任务。盖是营于攻击前在其演习场构成与敌阵同一经始之阵地，对之熟练其攻击之方法，故能收此效果。攻击预行演习之必要也如此。占领敌之第一阵地带后，则坚固维持之，增加所要之兵力，推进炮兵，更对第二阵地带行准备攻击射击，次依前述同一之要领开始攻击。此时间以速为妙，华

[毕] 数层阵地迅速攻击，实为最难之举也。步兵达攻击目标，停止前进后，即挖掘堑壕在该处暂守，并掘交通沟以通于后方。

（五）飞机在冲锋间与步炮兵之协同。冲锋队前进时，飞机应在第一波之空中作低飞行，向尚本 [未] 退却之敌，用机关枪射击。在此飞机之上，尚有一种飞机阻止敌飞机之接近，如此则敌之炮兵失其耳目，不能对我行有力射击也。又另有一队飞机，飞超敌军战线之后方，射击敌之前进预备队。

步兵达预定目标停止时，飞机即撮取我步兵占领位置相片，归于师司令部。其照相之法，则因凡法军步兵各携有白布一块，伸卷自如，当步兵停止掘壕以前，将其布置于预定之经始线上，则飞机可依此照相，以明白其位置。

步兵停止之时，飞机应在顶上游弋，注意步兵之记号。如要求军需品、弹药、材料之供给，即可飞回报告，请后方机关应其要求。又如要求请炮兵之拦阻射击援助时，或要求增援时，均可以记号，请飞机代其要求，则迅速而确实。又当此时，飞机并应侦察我占领之前方，如有敌军反攻，立即报告己之部队，使之预备。

（六）据点之扑灭，唐哭（Tank）及放焰器之使用。敌军阵地虽受猛烈之炮火，然机关枪座及坚固据点每每存在，我步兵因此不能前进。此时步兵宜包围之，用放焰器攻击之，而最为有效者为唐哭。盖此唐哭可以接近敌之机关枪座，以炮及机关枪攻击之。若敌之机关枪座薄弱时，则竟冲突之，使成齑粉。

（七）新阵地之占领。步兵最难之任务，在于占领新阵地，盖敌炮对此行猛烈射击，其瞄准甚为的确，我又无堑壕以自蔽，又无良法以牵制敌之炮火，其损失甚巨，故此新阵地之构筑，以迅速为妙。为达此目的，在未攻击前，必先熟练各兵以占领新阵地之法，并将预备兵送至前方，以备敌之反攻。

堑壕须构筑数条，并作子弹库、交通路等，以备存贮我辎重兵送来之材料接济等。

攻击部队与后方之通信机关，须确实保持连络，盖可以随时报告前方之情况，及要求应用品及援队等是也。

炮兵应即将新占领地点之距离测定，以便如有必需之时，即行拦阻射击，以保护新阵地。

辎重兵、老弱兵在攻击队后方追随，其责任在于修理道路、桥梁、交通路等，务使其车辆能通至新阵地之线，并援助步兵之土工作业。

步兵行工作之时，其前方须置掩护队。此时一刻千金，愈速愈妙。

（八）俘虏及救伤。俘虏当步兵停止前进时，即送之后方，由攻击之参谋官审问必要数语后，即送至师参谋部详细审问，有时立即押令俘虏在后方修理道路。

伤者务使立刻送之于后方。如白昼危险，不能办到，则待夜间卫生队来到，然后送之，因敌炮见有人行动，立即开始炮击也。

（九）追击。敌退却时，不可自由追击，宜听司令部之命令。盖司令部必预备多数之军队在后方，专供追击之用，或占领第二次之目的地也。长距离追击之时，非在将敌阵攻破一大段时不能行。此追击务须迅速，不使敌得整顿休息之余暇。尤须压迫之，使其预备队与退却部队混淆，以至全师紊乱败走。盖敌如有整然之预备队，尚可用反攻以夺回所失，故追击之要领，在同时击溃其预备队，则敌之抵抗力失矣。

炮兵迅速前进，对敌之后方射击。所有道路应迅速修理，将步兵用大型自动车送往前方。步兵既到，即尾随敌人。此时沿途应收集敌所遗弃之炮车、弹药等。盖我军果能用大队之兵、多数之炮，跟随敌后，则能令敌散开退却，以陷于溃败。此时敌军只有远退后方，会合新锐之军队构筑堑壕，始能再行抵抗也。

追击时，大队飞机应追随退却部队，既以侦察其退却方向，亦可以机关枪射击扰乱之，迫令其散开或掩蔽，迟延其退却时间，以使我军追击之。

第二　德军

其一　攻击之部署

一九一六年德军威尔丹（Verdun）攻击之役，其军团、军概为二师编制，师概为三团编成。

其攻击部署第一线军团常并列其师，一师通常以二团为第一线，一团为预备队，亦有三团并立为第一线者。要之，此等之纵长区分，与所攻击敌阵地坚固之程度，并其地域之广狭，均有关系。至于师预备队之任务，似以与疲劳且损害过多之第一线各团交代为主。

担任第一线之军团或师，连日攻击、损害过多时，则由他军团或师交代之，而自则后退，休养整顿之后，再出于第一线，或服他方面之守备。此际其炮兵仍然留于战线，与交代之军团或师继续战斗，又或以属于他地区。机关枪之使用法亦同。

每团之攻击部署，在于主攻击方面，则以三营连叠为三线，是为通则。第一线营主任攻击；第二线主任增援，或对于新目标准备攻击；第三线多为攻击营之交代用。此营当团之主力，攻击中亦有送至后方千乃至三千密达休宿者。

其二　攻击目标

德军在威尔丹攻击之役，其对于第一线团队指定攻击目标之法，概给予以敌之筑城地带中有若干纵深之目标，即通常选定于威尔丹市街或本防御线。而各团队授予其目标之一段于任第一线各团。又因对于第一线各营，通常命其占领一线或二线之散兵沟。易而言之，则攻击团队者，依其应占领敌之阵地区域，依攻击各营之交代，逐次夺取每一或二线散兵沟，以达于目标点。

其三　冲锋区分及其要领

德军步兵每营冲锋之区分依情况而定，不可概论。在威尔丹，攻击通常每营以二连为第一线，第一线之二连通常分为三冲锋波（为冲锋前后重叠之各梯次称之曰波），而行冲锋之前，先由第一线各连派遣有力之将校侦探群，使先侦察我炮兵破坏射击之效果。盖德军以破坏射击完全收效乃行冲锋为主义，故其射击尚未十分，则侦察者以记号报告，后方闻停止于现地，炮兵再实行射击，至其收效后，冲锋第一波乃发起前进。

冲锋第一波者，冲锋之主力而浓密之散兵也，必要时则与工兵编成之破坏班同进。攻击目标为敌之第二散兵沟时，则先投掷炸弹于第一散兵沟，跳跃之，达第二散兵沟前停止，投入炸弹，察其爆裂，然后突入占领之，防备敌之逆袭。如此一举直向冲锋目标，其途中之抵抗，则以后方之冲锋波任其攻击。破坏班随其后方，携带放焰器、爆药筒、更破坏爆药筒，破坏不完全之障碍物，或使用于敌之侧防机关、坚固之据点等之攻击。而放焰器工作用于攻击侧防机关及据点，最为有效。

武装用轻装各兵，除携带枪、炸弹、小器具、土囊、口粮及水筒外，更携行多数之锹。

冲锋第二波之任务，在任第一波之侧方及背后之掩护，故其动作，在扫除第一波所已超过之敌堑壕内之守兵，扫荡顽强抵抗之敌兵，处置捕虏，闭塞占领阵地之侧方，击退敌之恢复攻击者也。故其兵员，应于占领阵地之广狭，与预想之敌抵抗力而定。应详细区分其任务，并设侧面掩护班，使携行多数之手炸弹、放焰器、爆破筒、大土工具等。

冲锋第一波与第二波之距离，为避无益之损害则宜大，然过大则有第一波、第二波中间受敌拦阻射击阻绝之虞，故以约五十步为适当。冲锋第三波为第一波之增援，故携带机关枪、迫击炮、野炮等及多数弹药并作业材料，随从第二波攻击之后方，是因第一波占领攻击目标后，须对于敌之恢复攻击，确保其占领之阵地也。第三波有援队性质，有为前二波补充增援之任。又此二波中间，有营长之预备队之连前进。

营长之预备队，用于当第一线冲锋之连不能为预想进步时，则推进之，又为备敌之恢复攻击，或以应意外之变化。

任攻击之营，达其任务后，则坚固维持占领之阵地。此时友军炮兵，更对于敌人之新阵地行准备炮击，而第一线之营则任该阵地之攻击，超越第一线营而前进。旧第一线营损害甚巨时，则以第三线营与之相交代，使其后退，整顿修养。此时第三线营代服第二线营之任务。例如威尔丹攻击间，位置于琐木之巴威里第十师冲锋区分之一例，然有时亦与之少［稍］有不同者。

第三　英军

其一　攻击目标

英军在琐木攻击之役，对于敌之散兵沟，每次占领一线，同时占领二线者甚少。又在该会战中，有少变更如前所述之要领者，但其授予第一线团队目标之如何，则未详悉。

其二　冲锋区分及其要领

英军第一线营用二连，每连区分二线，相间约百乃至百五十密达之距离。其各连每排区分为四散兵线，前后重叠，形成冲锋之四波。各波间隔五十乃至百密达之距离前进。

冲锋之第一波，有多数掷弹兵，任投手炸弹于敌阵地。第二、第三波为冲锋之主力。第四波称作业队，任冲锋队所要之弹药及作业团材料等之供给。

攻击目标通常在敌之最前线之一散兵沟，投手炸弹而突入之，闭塞前后方之交通沟及侧方之堑壕，确实占领之。至夜间则于其前设障碍物。又对于前面之敌堑壕，更准备攻击，依同要领占领之。而对于坚固之据点，不用真面之进攻，以逐次占领，接近其侧方之堑壕。依此堑壕之侵略，从两侧遮断该据点之后方而包围之。英军依此方法，在瑣木会战之初期大收成功，然其第三阵地带夺取后，稍变更其攻击要领如次：

从攻击开始约一星期前，英军大中口径曲射炮对于敌之阵地实施破坏射击，中小口径火炮对于阵地守兵与以损害，大口径火炮对于阵地内及其后方之要点加以炮击。冲锋时机到，则大中口径火炮仍然续行破坏射击。此间，野炮、迫击炮进出前线，任障碍物之破坏。待其成功，炮兵对于新攻击目标集中约十五分间之火力。此间，步兵于其阵地前之障碍物开进。殆至十五分后，冲锋步兵匍匐前进到敌阵地前十五密达，则炮兵延伸五十密达之射程。乘此机会，步兵踊跃突入敌之阵地，以占领之。至确实占领后，则炮兵更延伸五十密达射程，步兵再行冲锋前进。如此且受炮火之诱导，且逐次占领敌阵地。

此方法大可减少攻击步兵之损害，从来每次攻击，一师约死伤三千人，现仅死伤七八百人而已。

第二款　防御

第一　法军之防御

其一　法军防御之指挥关系及第一线团队交代法

法军虽在三大司令官之下各有数军，然大军及军之战斗序列屡次变更，大军内之军、军团、师等，仅可谓之军队暂时之附属而已。商巴讷、威尔丹、瑣木及最近之弗朗代儿、皮嘎儿得诸大战役，每次必有军司令部之移动，如第十、第二、第三军是也。又在军团及师，其交代移动更繁，盖因任务之轻重不同，地方之苦乐有异，故瑣木、威尔丹等之守兵，时与在阿鲁萨司（Alsace）、罗连（Lorraene）山地之兵相交代，以轻减军队之疲烦。故在法军正面数百启罗密达中，军团及师之移动，有若弈棋，而往岁威尔丹之防御，其最要之处置，即师之交代移动，其目的在于防师战斗力之全灭。因此威尔丹之役，除军司令部不变外，军团则分割其建制，故编成由 A 至 H 个之师集团。师集团司令官之成绩良好者，则使之久在其任。然该司令部常每三个月交代一次。每师集团之兵力，因地区而异，大致以三至八师编成之师之交代，大约二星期即行交代，多则三星期耳。

与敌相隔数密达交战不止之第一线团队，其交代法依以下之要领实施之：

甲、军司令官之交代命令

1. 新到师之宿营地。

2. 新师关于交代之规定。

3. 新任师干部之阵地侦察开始及终了时日（通常二日）。

4. 交代开始及完备时（通常四日间）。

乙、以上命令之外，新旧两师互相协议之要件，举其一二如左：

1. 师指挥之交代期（依协议而定，通常为交代之中央日）。

2. 步兵任第一线堑壕勤务之营，其交代之夜，应由原任之营留一将校为新任营长之顾问。

3. 炮兵之交代，概每营施行之，每夜行一连之交换。然如此则交代中每日减少一连之战斗力，尔后致为全团同时实施交代，每连每日交代半数，故二日中即已完毕，而炮车、材料等，则交给新部队，仅携马匹、行李、车辆而已。

4. 工兵之交代甚为不利，至若从事坑道勤务之兵尤属不利，唯因不破坏建制之主旨，亦同时实施交代。

炮兵日夜连续从事战斗，故不能与步兵同时施行交代。又，在正面炮兵太少，不能交代时，则师及军团中之他兵虽已交代，而炮兵亦有仍于战线一二个月者。

接近敌人交代时，大要戒备，通常用炮击，或实施攻击，又以夜袭欺骗敌人。德军亦采用如此之方法。

交代师之输送，用铁道或自动车，惟马匹则用陆路行军。

其二　威尔丹会战所得之防御上教训

法军总司令部据威尔丹防御战之实验，一千九百十六年四月发布关于此战役所得之教训如左所述。是役也，法军使用于此方面者凡约一百五十万人，苦战奋斗，死伤无算，仅能保其位置，则此篇之声价，可以见矣。

甲、指挥

军司令官应策定当受敌攻击之际，后方军团插入战线中间之计画。对于所占领正面之宽过于其兵力之军尤为必要。即应顾虑者如次：

1. 在兵力插入前及插入中，须不终止战斗。

2. 须不害步炮之连系。

3. 须不混杂且不分割建制。

军团应顾虑恢复攻击计画，及后方所要之阵地编成，而此阵地细部之构成，则步兵师长之任也。

乙、筑城

筑城上应改良之概要如次：

1. 散兵沟应连续构成之，盖如此则敌于我空中照相甚为困难，且间隔中不致为敌兵侵入，守兵不致怀孤立之感。唯阵地带内之据点，则依情形或设或否。

2. 掩蔽部宜具二性能如左：

A. 掩蔽。宜在地平下六密达。

B. 进出。为便于进出，宜如左之处置：

a. 斜坂构成之完全；b. 监视哨之配置，且须与掩蔽部内确实连络；c. 出口要二处以上。

掩蔽部之构筑，应养成专门作业兵，每团约六十名之谱，内部准备崩土、取除器、手炸弹、警报用火器等。

3. 障碍物在重要地点之前方，深须二十五密达乃至三十密达，不可与散兵沟平行，且应设置数线，而加大其距离，以使敌推广其射击地带。其理想上之设置地点，则在于反对斜面凹地森林内等敌炮兵破坏困难之处。

4. 侧防应配置机关枪，大部置于近旁之安全掩蔽部内，待敌炮击完毕后，即可进入阵地或无盖之火线。又在散兵沟之前方，设机关枪之孤立阵地，由暗路以与后方交通，亦可奏意外之效果。

5. 交通沟宜深，其数宜多，盖敌炮击激烈时，每至交通沟断绝，故此处置为最要也。

丙、炮击之效果

依敌军炮击之效果，阵地每至破坏，然守者尚可依破坏之散兵沟阻止敌人。总之，敌之炮击，不过能减少我有形设施之效力，而精神力亦一时稍为减退，然决不能根底破坏我防御力也。

丁、连络

因执行战斗指挥在紧要之团本部上，其交通之电话线应通于护管内，埋没在地下二密达处。然虽如此，亦不能保绝对的安全，故宜并用传令火器、传令鸽、发光信号、无线电信等。而传令火为最确实之手段，火箭则为各队长间连络，或步兵要求炮兵行拦阻射击时之用，传令鸽在炮击间亦有效力，故至营长为止，均配布之。

依携带探照灯发火信号之通信甚为有效，唯须注意通信所之选定。

要之，在防御时，其最上权实为精神力，此精神力之活动，对于一切之物质力，为最终之优胜者，故有阵地设备不完全而抵抗力顽强出人意外者，尤有占领坚固之阵地反速归于敌手者，指挥官于此应哑然自失矣。

要之，防者对于自己，又对胜利上有紧要不可缺之信念时，则防御必能达其目的。

第二 德军之防御

其一 琐木会战所得防御上教训

搜索一切谍报，综合琐木会战之结果，德军所得之防御教训如左：

1. 防者预知敌之攻击，应增加兵力于第一线，使防御炮火之防备臻于完全，略等［筹］应机之处置，故此，敌情监视之缜密与警报传达之迅速等特为必要。

2. 防御区域内各部，应常用同一部队守备而规定其交代，然因此理由，预备队竟成小单位之混成部队，但至少亦须保持至营单位之编制。

3. 阵地最良之保存法，在于有完全之防御配备，此目的可以轻炮及机关枪达之。

4. 法军攻击成功之原因，在于优势之火炮及飞机，故德军亦宜习惯与飞机协同之动作，纵地上观测所扑灭，然亦得依飞行机指导之。

5. 第一线被敌突破时，须依猛烈之攻击恢复之，故援队宜常准备攻击。防御指挥之妙，在确实掌握预备队与敌之突入同时决行逆袭。

6. 对于法军之烧夷弹，维持村落殊为难事，是因大口径炮之烧夷弹，一发命中于村落，立起猛烈之火灾，而驱逐守兵于村落以外，故村落不可用为阵地、交通路、观测所、电话交换所等。

7. 交通沟有被敌利用为近接路者，故宜施以阻止，并须能用我炮火扫射之。

8. 炮兵之掩盖。由炮弹爆破之震荡，常致崩坏而将炮埋于土中。又爆弹之多数，常为炮击埋于地中，阵地构筑上应加注意。

9. 阵地内所设之桥梁，虽时为敌炮击所破坏，然战斗间临时架设者，亦得收其效果，此临时桥唯被飞机观测而已。

10. 守者应备多数修补阵地之材料，而第一线部队用以资新设障碍物及修理之材料，尤宜多备，是因战斗开始后，后方输送机关悉用为全部兵员之集中，殆无暇运送材料也。

德军在琐木会战中，关于恢复攻击之实施，自认其属缺点。其 IA、IIA 关于恢复攻击之实施法，皆有所教示。兹记其要点如次：

其二　恢复攻击实施之要领

防御之根本要义，无论受如何损失，亦须保持第一线，故对于敌突入之部分，不可不立即击退。而对于敌军之猛烈炮击，绝对保守第一线，实属难能。然即失之于一时，宜即用预备队施行恢复攻击，故有保持该方面责任之指挥官，及其比邻地区之指挥官，一旦见敌突入我阵地，立即用预备队决行恢复攻击。依琐木会战之经验，恢复攻击，仅以下记二种时机可期其成功：

甲、基于第一线下级指挥官勇敢之决心，在敌占领我阵地未坚固之时，尤宜当其配备其机关枪以前，决行恢复攻击。

乙、以高级指挥官之区处，十分准备计画，然后施行有秩序之恢复攻击。

甲之时机，专在于下级指挥官独断决行之者也，宜不失机宜使用预备队。因此目的，故开始攻击敌人时，后方部队要接近于前线。然此接近之时机，乃在指挥官之活眼，过早则多疲劳而受损害亦多，迟则失却时机。又为预备队之接近，要绵密侦知敌炮之炮击地带，是因沿炮击地带之外侧前进，及攻击时损害得以较少也。

若因他之理由，不能行此种恢复攻击，或行之而失败时，则以后之恢复攻击，应依乙法行之，即如左：

实施秩序井然而统一之恢复攻击，实为此次欧洲战役特色之一，何则？非有坚固数线之阵地带，即如在野战时，则此种攻击不能行也。以下所述关于施行恢复攻击必要之条件：

1. 各级指挥官应坚固维持新战线，又与邻接部队保持密切之连络，从地上及空中绵密侦察敌情，报告之于高级指挥官，并通报于炮兵。

2. 高级指挥官依此报告，先决行恢复之地点，对此地点应费之牺牲，宜有重大之价值。阵地恢复后，须不致大受损害而保持之。

3. 指挥官为行恢复攻击，对于各团队应声明左之诸件：

子、攻击使用之兵力。现在应从该队供给之兵力，新区处之兵力，从邻接团队协力之炮数等。

丑、但要计算恢复攻击后，击退敌人再度之攻击，其损害太巨之团队应行交代等。

寅、工兵连之特种兵器（放焰器、手炸弹等）、弹药等诸要素。

恢复攻击之计画确定后，即当行实施上必要之准备，尔后之处置与阵地攻击法无大差异。

要之，秩序的恢复攻击，因其必要，全然发生于他动力，故不能先事预备适于情况之计画，而此攻击之实施，尤贵迅速，故第一线指挥官对于高级指挥官所策定计画，要尽全力求实施之准备，迅速完成。在其实行以前，须能绝对阻止敌之攻击。此秩序的恢复攻击，第一线指挥官之动作，与一般阵地之攻击无所差异。

第三节　骑兵

据欧战目下之情况，则骑兵任务仍与战前之趋势无大差异，约而言之即如左：

1. 搜索敌情。

2. 警戒我军。

3. 掩蔽我军之行动。

4. 军中间隙地之闭塞。

5. 威胁敌之侧翼，并对于敌之威胁掩护我侧翼。

6. 参与正面之战斗。

7. 追击。

8. 掩护退却之军队。

搜索依飞机之利用，较前为易。又因附以自动车、步兵及装甲自动车、炮兵等，独立战斗之能力增大，遂得窥全局之情况，作有利之活动，尤以追击时称唯一有利之兵种，具有卓越超凡之功能。例如在开战初期，德国之麻奴威起骑兵团，又在东方战场之俄德骑兵团是也。

将来骑兵之战斗手段，应以乘马战为主，抑以火战为主，或并用二者之战法，目下尚非下定评之时机。然依欧战实验，足证乘马战在所常有，而火战之价值，尤出于吾人之预想以上。故依欧战之经验，将来我国对于骑兵徒步战训练宜大加注意。

作战上之最良方针，在以迅速猛烈之行动，突破敌人，务须避阵地之战斗，以速结战局为唯一之要件。故骑兵之要著，在以优势之骑兵，编成大集团，行迅速之运动，扑灭敌骑，以制战场搜索行动之自由，而以情报迅速，使我军得事事占敌先著。战斗之幕既开，则乘机胁威敌之侧背，以速结战局，尤宜有以猛烈追击，使主力省作战之劳等之决心。而在东亚交通不便，军之运用，究非欧洲所可同日而语，故对于利用骑兵之移动力、持久力，尤关紧要。而战局推移上，时有迫于行阵地战之情况，此时骑兵参与正面之战斗，或胁威敌人，或与步兵协同攻击，冲破敌阵地而突入之，俾再引发运动战，均为骑兵之重大任务。总之，目下欧陆战场骑兵运用之时机甚少，然骑兵之效力价值仍然俱在。我国蒙古民族，其人之勇壮善骑，属于天性，诚宜练成良好之将校，仍蒙古国民皆兵之旧制，聚而训练之，一旦有事，其效用诚非浅鲜。兹仅就欧战经过中所得关于骑兵之教训，及战场实地所得之资料，按左之次第以述之。

第一款　兵力及编制

交战国中，除英德外，他国骑兵平时皆以师为最大单位，而战时英德亦编成师，俄国则用军团编制。

第一　兵力

开战初期及在现时骑兵大单位之数概如左：

国名	俄	法	英	义	比	塞	德	奥	土	
开战初期	82	10	1	4	1	1	11	10	6	2
开战初期骑兵师与步兵师比例	1 : 4	1 : 4	1 : 4	1 : 6	1 : 6	1 : 10	1 : 4	1 : 4	1 : 4	1 : 5
现在师数（1915 年 12 月）	38	10	4	4	现时复改为1.2	1	13	11		

由上述观之，开战已久，马匹多所缺乏，然尚能大体维持现状，或更扩张之。但师数之增，有用军团及所属骑兵之三大部以集成之者。又据此表，则步兵四至六师有骑兵一师之比例。

骑兵兵力应至若干程度，列国概依预想敌国军之状态、经费之关系，并顾虑我国将来作战之方针，及预想战场之状况而定。

第二　骑兵之编制

兹列开战之初与现今各交战国骑兵师编制之比较，盖如第一所述矣。

由上表，则开战之初与目下编制之比较，骑兵师独立战斗之能力大见增加。又在该表之外，骑兵有战事时，各国均有更加以他种机关者，即加步兵及机关枪之外，亦有配属以重炮兵者。俄办［军］前此每三师之骑兵军团，常附属以十五生的榴弹炮一连，因之竟等于以骑兵为基干之诸兵连合支队。而在西战场，法军之骑兵军团参与正面之阵地，战时配属有步兵机关枪、重火炮等，构筑坚固阵地，与敌对峙。德保尔斯德上尉谓，骑兵师应编入左记之附属机关：

飞机	十二（内任侦察者四，任战斗者八）
搭载自动车之机关枪	八
骑炮兵连	四
机关枪排	四
自动车步兵队	一
自动车电信队	一
自动车队（枪八百枝）	四

第三　编合为大集团之趋势

此次大战，为增加骑兵之独立战斗能力，改正骑兵师之编成，同时更集结之为大兵团，使增进其能力。盖各国军在开战之初，多配属一二骑兵师于一军，骑兵集团仅有一个而已，然渐次以各师集结为一。如一九一五年商巴讷法军攻击之役，在第一、第四军之后方，集结八师兵力之骑兵，以任战胜后之追击。

其他集合军团骑兵及师骑兵编成骑兵师之例，亦常见之。例如，比军第二骑兵师之增设，法军向巴黎退却之际第六军临时骑兵师之编成，德军之编成利伯骑兵师。又在西方战场，英军集属于地方军之骑兵各团，编成约二师之骑兵等是也。

骑兵集团之兵力，除特例外，每一指挥官指挥二乃至四师为通则。

第四　配属于他部队之骑兵

有以骑兵小部队定规附属于高等司令部及其他兵种者，例如左：

（法）步兵每团三营编成者，属以军士以下十二骑，二营编成者八骑，猎兵每营六骑。

（俄）步兵每团属乘马侦察队一队（一百乃至一百二十人）。又为军团司令部护卫有骑兵一连。

（奥）师司令部以上之高等司令部，属以骑兵一排（三十人）。

如上所述，骑兵规定之配属，于维持骑兵战斗力上，其效果颇为良好。

第二款　据欧战经验骑兵战术所得之教训

第一　乘马战

此战役中两骑兵冲锋之乘马战甚少，兹举福来煦（Fresues）德法骑兵团之乘马战示其一例。此役也，法军配备之要义，在张广正面以包围敌军，德军则以整结之战列与敌冲突，而以梯队备敌之包围，其实施状况颇可寻味。

德军当攻击前进也，以步度最缓之马匹力为基准，完全队之速度。法军则以勇敢之骑卒，并其乘马之良好者挺进于前方，故全队有若散群焉。实则战史上两军骑兵之冲突，从未表示用如墙壁之密集战列之先例，仅有突贯敌军间隙之事实。故法军用疏散战例，以图包围攻击敌军也。德军与之相反，鉴于古来历史，以密集完全之墙壁压倒敌人之原则，故两翼军士向内压迫，以保持密集之坚确，甘受教［敌］之包围攻击，或以梯队防备之。

法军之横队与敌冲突即溃乱落马者为数甚多，此与胜败大有关系。且法军之马匹，未与德军接触，已先恐怖，作旋回动，兵卒必勒马更向敌方，乃用其固有之能事，策马而逸。德军则不然，整然前进，至突入法军战列之际，德军将校见敌战列发生间隙，即行突入，以其骑冲突敌骑之侧面，而扩张其缺口，战列随之而进，如风之催浪，瞬息之间，法军溃散败走矣。

法军此役取包围之理由，苦于寻索。盖骑兵战斗经过迅速，正面一经突破，即存两侧包围之部队，亦不能于一刹那间转移胜势，只有随之败退而已。

由此役所得乘马战之教训如左：

1. 骑兵团以互相连系之一线，行乘马战，其一战列部队不过一旅。

2. 彼我兵力相等时，密集坚确者得胜利，疏散队伍，欲图包围者，势必失败。

3. 袭击当时之速度，宜以不乱队伍，按整顿之程度而伸畅之。

4. 冲突前后落马者多。

第二　骑兵与第一线步兵之协同动作

骑兵应于第一线步兵战斗之进步，从侧翼参加战斗，或任追击，或任退却之掩护，是为通则。目下堑壕战中，不能如欧战以前之简单，各交战国军时用训令以补其典令之不足。兹录一千九百十五年六月十八日，法军元帅霞飞·饶富尔（Loffre）将军关于法军在阵地战中，步骑兵协同动作之训令，以为参考。

其一　要领

步兵对于第一线之冲锋常有成效，然此后对于敌后方阵地续行突进之际，每致半途中止，虽攻击力之消耗可称为其原因之一，然其大原因则在于不乘最初之奏功，迅速实施追击，而能迅速实施追击之兵种，实为骑兵，故宜预行研究在攻击正面骑兵之使用法。

敌军阵地一为我冲锋，则通过其阵线收入其后方殊非难事，因敌之阵地后方地带之堑壕据点，非尽皆配备守兵也。故我步骑兵宜以其胆力侵入敌之后背，有若纯然之野战。故骑兵位置务须接近战线。又依此理由，骑兵应与步兵相同整顿预备，俾于一令之下，立即可以出发。

其二　准备

高等指挥官应处置者如左：

1. 预行分配关于攻击地域及敌之防御编成（散兵沟据点、机关枪、敌阵地等）之精确要图于部下。

2. 规定连络方法及攻击指导法、骑兵之任务、骑兵之远距离目标等。

3. 在我散兵沟及铁线网间，应预备骑兵便于通过之路。

骑兵应知左之诸件：

1. 详细研究攻击地域之前方及后方之地形、道路等，并宜熟知之。

2. 详知敌情及其野战炮兵、重炮兵之阵地。

3. 使部队熟练通过炮弹所破坏倾覆之散兵沟及铁线网地带内，且得维持秩序。

4. 研究在未破坏之散兵沟，迅速构设通路（以器具作斜板及用柴草木料塞之等）及破坏一通路于完全铁线网上之手段。

5. 研究在敌火线下得以迅速运动之适当队形。

6. 预行指定担任特别任务之部队（任破坏敌之机关枪炮兵者，及占领据点，待我步兵之来着等）。

7. 准备关于破坏敌军机关枪、火炮所要一切兵器（火炮爆发罐、手榴弹器具等），并教育其用法，使兵卒熟习掷弹之法。

8. 研究埋塞敌之机关枪及散兵沟等所用束囊诸件之驮载及搬运之法。

其三　前进之实行（军团骑兵）

骑兵为避损害，在前线后方，每一连或每一排作为一团，取适当之距离，而对敌遮蔽。位置于得急速加入战斗之距离（中速步，以五至十分间可以到达前线之位置）。

至友军步兵之突破敌阵地也，立即以前进记号，告知骑兵。骑兵队长尤须选定得以展望前方之位置，躬自视察战局之推移，见有前进记号，立即取迅速之步度，使其部队用能适于地形，且得避敌火损害之队形前进。

骑兵以预行教育之方法通过散兵沟，然后超越友军，速向所命之目标前进，实行其固有之任务。

指挥部队之袭击敌炮兵阵地者，以预行准备之手段，即使用爆发罐及分散其主要之机关部，以破坏其火炮，并以白兵及手【掷】炸弹杀伤敌之炮兵。此种手掷炸弹（装于杂囊内），对于存匿于掩蔽部内之人员特为有效。

既达目的，即占领其位置，施行防御编成，发扬火器之效力，排百难以维持之，以待步兵之来者。

敌所施行妨害我前进之射击，对于前进迅速之部队，殆属无效，是因此迅速之运动，对射击中之敌炮兵，得以直接威胁之也。

如上述，与步兵在同一径路前进之骑兵部队，其主要目的，在使敌线内混乱狼狈。此等部队之动作，应与战况之变动，取极适于时机之行动。凡在近旁之部队及材料等，均应破坏之，以直接援助步兵，扩大敌线之破口，次则骑兵师亦继续突入于此破口内焉。

其四　骑兵师之任务

宜由全班作战计画上筹略之，即应指定在远距离若干之目标，若兵力在数师以上时，尤当如此。

高级指挥官有下适合于我目的之训令，分配于各骑兵各师之任务。兹举骑兵师以上对于其指定目标应用之处置如左：

1. 铁道电信线等主要集合点之破坏。

2. 术工部之破坏。

3. 夺取敌之粮秣或烧弃之。

4. 袭击远隔敌炮兵或破坏之。

5. 捕获护卫不周之敌军高等司令部。

6. 与敌招致之增加队交战。

以上等等，既烦且难，复宜迅速奏效，故不必用多师集结，宜用运动轻快之部队，用其特有性能之速力及奇袭，以收最良之成效。

骑兵若发现敌线之破绽，不必顾其幅之宽狭及其近接之难易，宜迅速利用之。若敌线之破口广至数十启罗密达，则不必待骑兵施行突破矣。至于突破敌线以前，并宜预想将来敌况之变迁，而预筹对此情况之处置。

骑兵集团长及师长，务须使其部下位置接近于战线，并应与前线指挥官保持密切关系，且躬自侦察预想之行动地域。若知军团骑兵已突过战线时，宜迅速追及之，以侵入其阵之后方。总之，骑兵上下一致应有之决心，则在不顾虑破口之幅员，立即突入敌线是也。

第三　徒步战

骑兵在堑壕战时，其徒步战殆与步兵同，其手马在战线后数启罗密达长久之驻营，每致因马匹管理上减少第一线之兵力。据法骑兵上尉方古郎所著《弗郎代（Frandres）会战骑兵任堑壕战之记事》云："以多派兵力于第一线之目的，故每连可达八十乃至百名之数。"此兵力对于一连全员约百三十人者，其数已多，盖除侦探之人员外，仅能以一人管理约十匹之马，致马之运动甚为困难，而战期中马之保育，因以不易云云。

或谓俄军骑兵善于诱导马匹，因之骑兵师之兵卒，有百分之九十加于战线，因以对于敌步兵抵抗之时间得以较长。其退却要领亦与德奥不同，将校先指示或预行指示一退却后之第一集合地点，然后乃令退却。其时各兵卒即至马匹之位置，各自随意取最近之马匹，不顾虑战友，迅速至指示之地点。

第四　追击及夜间行动

航空机之发达、火炮之进步，及要求军队急速之移动力等，势必多行夜间行军，骑兵亦与其他兵相同，而尤以追击运动时施行夜行军为多。此虽在此次战役之实例不多，然将来之趋势，上极宜详密研究者也。

第五　通信

目下骑兵所用通信机关，述其一二应注意者如左：

一、无线电信。交战各国在师以上之单位闻皆附属之。去岁九月间，参观法 I. C. A. K. 之时，曾亲观其演习。俄军骑师所附属者为驮载式，通信距离约一五〇启罗密达。

二、传令鸽。此通信机关在本战役中收甚大之效果，法军使用者甚多，盖此鸽对瓦斯之感觉甚钝，战斗极激烈之际，凡百通信之手段俱绝时，尤能使用传令鸽，保持安全确实之通信。今日直至于至近距离之通信，亦复使用之。兹记法军配属于军团骑兵者如次：

休息笼	二
有肩带之笼	八乃至十
其他饲料器具	若干

每休息笼收容各八至十头，有肩带之笼，亦具有同等之收容力。用有肩带之笼，兵卒可负担各二头于肩，附着拆叠笼各一个，为驻留于一地稍长时，使鸽休息之用。又此笼备有饲料用袋及通信用函。骑兵每连传令鸽之兵至少二名。

三、飞行机。此法甚便，目下至设连络专用之飞行机焉。

此外则欧战中通信虽大发达，然用传令使之必要，尚属存在。

第六　对于飞行机之处置

据法国齐志鲁上尉所著《一九一四年战役对于骑兵干部之实战教训》云，为避免航空机之发见，应绝对严守不动，且利用掩护物，如林缘、生篱、斜面、束台堆、树丛等，或利用掩蔽部，分散为每排或每班以行存匿。此分散当闻发动机之声音，立即以简单记号，于航空机到着以前实行之。指挥官应注意认识飞机之国籍，须一见立辨，使施行此分散不致迟延。若在开阔地，则迅速使用极稀薄之队形，即各排距离三百密达、间隔百密达之纵队散开，非有将校命令，不许对敌飞机射击。

第七　工具

骑兵因在欧战中行徒步战、阵地战之时期不少，故不能不自施工事，即有附工具之必要，不必详述其理由也。欧洲战争之始，附有工具与否虽不可知，即有之，其数亦甚少，故当实战，不可不藉他队之援助，或以征发之工具充之。

第八　持久力

在欧洲战争中，骑兵之马匹多过早疲劳，至有用之时，不复为用之例不少。是因要求于骑兵之程度过大，及骑兵于马匹之保育及使用法不适当也。然其最大原因，则在平时通度爱惜，实战之练习不完全。德军目下要求于骑兵不在袭击，而在于能耐长途行军，及使马匹习惯露营等。兹举骑兵行军之一二实例如次：

1. 开战初期，将官方麦尔威池所指挥约四师之骑兵，从八月二十三日至九月三日，约十二日，从法比国境多勿黎附近，经亚密安（Amiens）至于巴黎东北约二百八十启罗密达，且交战且前进。

2. 据德军兽医威斯顿亚能伯爵之言，则德军近卫骑兵师由一九一四年八月二十日至九月十八日之三十日中，连日以三十乃至五十启罗密达之速度行进，且无一日不行战斗，至远距离搜索，有达八十启罗密达之距离者。

第三款　结论

兹举德法两军骑兵最近运用之教示及实验，以示目下之趋势大凡如次：

甲　法军

兹举千九百十六年一月，在法国北方大军参谋将校教育所讲演之大要如左：

A. 搜索骑兵。

B. 警戒骑兵。

C. 直接警戒骑兵。

A 搜索骑兵者，以骑兵师或数骑师编成之骑兵集团充之，其任务如左：

1. 会战前。求与敌接触，搜索其纵队，详悉其行动方向。

2. 会战直前及会战中间。其任务有若任支作战之支队，使之迟滞诸兵连合有力敌人之前进，闭塞战线之间隙，及从外翼参与攻击等。

3. 会战后。追击及退却之掩护。

如右所述，骑兵之任务，在大战期中，仍与前此无大差异，唯为达其任务，每至参与战斗，即置重于战斗兵种之意义也。

B 警戒骑兵，以属于军团之骑兵一团充之，其任务以在军团之纵队前方距离约半日之行程前进，以掩护其行动，而其动作，在此范围内，与搜索骑兵之要领同。

C 直接警戒骑兵，由军团所属之骑兵一团中，以一或二排附属于步兵师，使之警戒不意之敌袭，通常在师之前方六乃至八启罗密达处前进。

前此本有派遣一连或数连为师骑兵之规定，故师之警戒行军，其前锋兵以骑兵充之，以不用步兵为通则。

在阵地攻击，法军骑兵之用法述如左：

兹摘述一九一六年一月二十六日法军总司令官之训令所定“在大部队阵地攻击时之统率法”中，关于骑兵者如左：

骑兵应扩张作战之效果，并确实保持连络，及侦察勤务之一部，供给情报于指挥官。

军司令官之最重要者，至得全然突破敌线之时，扩大其突破口，计画攻击，适时使用其骑兵。盖突破敌军最终阵地之师，为行长距离追击，每致无必要之部队，故每使用骑兵充之。

追击骑兵不可待军团长之命令，应自详察情况，能见一突破口，立即向之突进。此时在骑兵后方第一线各师尚可使用之部队，直向攻击命令所示之方向突进。

当是时也，军团务须集结步兵、炮兵以警戒两翼，且为确实占领所得土地，应使追击部队在骑兵之后方推进。

敌阵地之破坏口，非有相当之正面，不得扩张之。故军团长须使此破坏口发生于我前面敌军作战正面之各所。

邻接军团应勉力奏同一之效果，以充溢于全正面之骑兵，从师之后方，行最猛烈之追击。

在司师令部之观测所，配【适】当观测之人员非常紧要。此观测所之人员，以徒步或乘马传令，以任与该所连络者。此等人员，由师所属之骑兵取之，并宜预施以特别之教育。师之骑兵不充堑壕勤务时，师参谋部以使用骑兵将校、军士为有利。

乙　德军

（一）西战场方面。德军之初入比国也，侦探搭乘装置机关枪之自动车（十乃至三十名），不意进入市街，或威吓居民，拘留人质，且强求粮秣之供给。

霞飞·饶富尔将军训示中，亦示德骑兵师常与乘自动车之步兵若干营同进，骑兵之主力迄某地点，与支援步兵同行；次使必要之骑兵，侦探挺进。此侦探受敌压迫，则退却于后方，受支援步兵之增援。

此种方法，实为材料丰富、交通便利地方所施之一良法也。

马尔诺会战之际，德军骑兵搜索不良，致使左翼受法军之包围，尔后则与法军之用法相同，即以之扩张阵地，以競进于海岸。

（二）东方战场。其运用法大体附属以猎兵营或步兵部队炮兵等，以增大其独立之能力，依此支援，突破俄军优势之骑兵团，或急迫之于某地点，乃留步炮兵若干，以对俄军骑兵。其骑兵团主力，则进出于本来目标，即俄军主力之侧背，以使友军主力之攻击容易。因其行动适当而确实，虽对俄军优势之骑兵，其成效卓著，盖亦俄军指挥之无能力，运动之不敏捷，有以助长之，致使俄军骑兵于此战争中独蒙无用之名焉。

第四节　炮兵

在两军据有坚固之数重堑壕阵地，炮兵之作用，竟凌驾于诸兵，盖开攻击之进路，援助步兵之夺略敌阵地，及对追击时防敌反攻等。阵地战中，无论攻防，殆不可以须臾离也。开战以来，转瞬四载，两军各久滞于其阵地，阵地因以愈固，攻击、防御两方面，均设立非常周到绵密之计画。其便利也，至少以一二字之暗号，使百万之军同时并进；以一二数字，使全军之炮聚集火力于一点。唯其准备甚繁，故其实行甚简。某等因此着关系重要，排除百难，在义战场中各军、军团、师诸司令部之炮兵部，实习多日，略知大凡。且由其情报，并知德奥及联军方面之大要情形，爰综合大要，编次为是篇云。

第一款　关于炮兵之统率

战争中各交战国原来典令多不适于阵地战，因其事务甚繁，用人较夥，凡百准备，均由司令部，各部队事务因以轻省，而炮兵司令部则甚繁重。以此理由，致其编制无一定之规则，由炮兵司令官之意旨，而内部之编制亦各有不同。兹先述某等曾经随习之义大利军各级炮兵司令部之编制。

甲、军炮兵司令部

其事务较简，其编成大要如下：

（一）炮兵阵地事务局者，专司敌炮兵阵地之测定，并其历史照相等，由此局绘成附有方眼之敌军阵地详图。

局长有大梯尺之方眼图，应于敌炮兵之种类，作种种之符号，以针贯之。每日接前方观测所及飞机之报告而改正之，并通知于各队。每半月印刷敌阵地图一次，分配于各部队。

局中对于敌之每一阵地，则照一相，每日行之，并附以记事，将敌之动作一一记明于记事录上，至其阵地迁移为止。此局之任务非常重要，凡百计画，均由此而出。

（二）射击局者，以敌炮兵阵地事务局之图为主，将我军炮兵阵地悉绘于图上，更按地形之遮蔽，及炮兵之射程，规定炮兵阵地之任务，而每敌我阵地，每附以号数，然后依此号数及任务，调制大方眼图。射击某点时，但命令其射击种类及其号数于负有该任务之诸炮兵队，数秒之间，立可集中火力于彼矣。

（三）材料局。此为战前炮兵部之主务。今则修理、交换，补充炸弹、信号火等亦属此局。

（四）人事局。司关于炮兵将校、兵卒之人事。

乙、军团炮兵司令部

此部较大于军，盖其事务较多，一面直接指挥，一面供给情报于高等司令部。其编制大概如左：

法军在开战初时，其炮兵照原来编制即如左：

师炮兵　野战炮兵一团（三十六门）

军团炮兵　野炮兵一团（四十八门）

军炮兵　重炮若干

然其后重炮兵增加甚多，堑壕炮盛行采用，遂致于一千九百一十五年九、十月商巴讷会战间，将炮兵之配属及指挥之关系变更如左：

步兵用炮兵　小口径火炮及步兵用迫击炮。

师炮兵　含有原来之野炮兵一团，师迫击炮半连。此外更以军团炮兵、野炮兵一团中七十五米里密达野炮，及属于工炮兵中之曲射重炮兵，属于军及军团之迫击炮等，均附属于师，以师炮兵司令官统一指挥之。

军团炮兵　属于野炮之旧式野炮，及重炮之中等口径火炮之营，及对航空机射击炮等，由军团炮兵司令官统一指挥之。

军炮兵　不属于师及军团之重炮，分为若干炮兵群，使与该方面部队协力，而军不统一指挥全部。

然此会战之结果，工炮兵指挥之系统非常复杂，不能协同动作，现复改正如左：

步兵用炮兵　小口径火炮，步兵用迫击炮。

师炮兵　野炮兵之全部，破坏用重炮、曲射炮兵之大部分，使师炮兵司令官统一指挥之。

军团炮兵　属以重炮兵中大炮、重炮兵之大部分，分之为二三炮兵群。

军炮兵　附以特重炮兵（列车炮兵，大口径臼炮，及大口径大炮）。战斗间则配属于军团。军炮兵司令官单掌炮兵战术之运用。

德军现时炮兵之计画及其系统如左：

（一）步兵用炮兵。在第一线兵队长指挥之下，有若干门之野炮、轻迫击炮及补助迫击炮等。

（二）师炮兵。有野炮兵之全部，又常属以重炮兵、重榴弹炮之一部。当战斗时，更附以重炮兵之一部或大部，以师炮兵司令官统一指挥之。更设一指挥官，使指挥每师内之重中迫击炮。

（三）军团炮兵。属以重炮兵之一部，使军团炮兵司令官指挥之。军以上不属以炮兵。至对于军团正面以外之目标，欲使炮兵互相协力时，由各军团长之协议定之。

以上属于军团及师之多数炮兵。德法两军，应其目的，编合各种炮兵为一个或二个之炮兵团（一炮兵团通常三十连乃至十连），配置于各方面，而以炮兵少校指挥之。而在此炮兵群之炮兵，各连有必需时，则编成为营，通常以上尉为营长，在炮兵指挥官之指导下，执射击技术上之指挥。此炮兵群指挥官不必与其部队同行交代，而营长则与其部队同行交代。

由上文所述，德法两军之炮兵配属及指挥之关系，其趋势概如左：

1. 以炮兵配属于下级单位之倾向渐多。

2. 步兵用炮之必须设置。

3. 师炮兵配属以野战炮兵之全部、曲射重炮兵等炮兵之大部，以师炮兵司令官统一指挥之。

4. 军团炮兵者，以有长射程火炮属之。

5. 军以上战斗间不配属炮兵。

6. 配属于各单位之炮兵，各应其目的，分为炮兵团及炮兵群。

以上炮兵之配属渐次变化，其主要之原因，实在使步炮兵在战斗间连络密切，此关系在于机动战尤为必要。我国将来炮兵编制上，关于此节最宜研究。至若炮兵团、炮兵群之配置，当战场中使用多种多数之炮兵时，实为自然之编制。此种编制，在机动战应如何调节，亦吾人研究之问题也。

第二款　炮兵之编制及其任务

开战以来，重炮兵之数顿增，炮兵竟与步兵同立于主力之位置。不有炮兵，则步兵不能当攻守之任，而据商巴讷之法军攻击及威尔丹德军攻击两役之实验，每师炮兵约须八十门以上，野炮兵约为五十门，重炮兵约为三十门，是为两军一致采用之数，略可作为将来一师内炮兵之标准数也。即如左：

野炮兵　四十八门，编为四门编成之连十二连，区分为三营。

重炮兵　三十二门，编为四门编成之连九连，区分为三营。

至于德法两军，当会战间，炮兵任务之分担则如左：

一、法军炮兵任务之区分如左：

- 对步兵炮兵
  - 步兵用炮兵
    - 一、补足一般炮兵之攻击准备射击
    - 二、攻击开始时，直接与步兵协力
  - 野炮兵之五分之四
    - 一、攻击准备间，对于敌堑壕之试射
    - 二、敌之障碍物之破坏（最要者为铁丝网）
    - 三、机关枪掩蔽体之破坏
    - 四、拦阻射击
  - 曲射重炮兵
    - 一、敌工事之破坏颠覆
    - 二、中口径曲射炮对于交通沟主要部分之拦阻
    - 三、大口径炮对于敌最坚固据点之破坏
  - 迫击炮……在曲射炮之最小射程内代用为曲射击

- 对于敌炮兵后及用于远战之炮兵
  - 野炮兵15以制压敌炮兵为主
  - 平射重炮兵
    - 一、敌兵之破坏及压制
    - 二、纵斜射及远距离射击

二、德军炮兵任务之区分如左（任务与法军同，但其炮种则有差异）：

- 对步兵炮兵
  - 步兵用炮兵
    - 亦如法军不加入一般攻击准备射击，
    - 攻击开始时直接与步兵协力
  - 野战炮兵之全部………以射击拦阻为主
  - 重炮兵之约半部
    - 敌之障碍物及阵地之破坏
    - 与远距离射击
  - 重中迫击炮…………防御术工物之破坏及拦阻射击
- 对于炮兵之炮兵……（曲射重炮兵之半部，任敌炮兵之破坏及制压）

从以上两军任务之区分，得知左之事项：

1. 战斗初期，炮兵之任务分为对步兵、对炮兵二者，实则

两军之通则。盖在堑壕战，对阵既久，敌状明了，故有确定此任务之必要。若夫机动战之需此与否，尚属研究之问题也。

2. 步兵用炮兵使用法，在法军使之补足一般攻击准备射击，而德军则不课此任务。盖以此炮兵专力于主要之近接战斗，故过早暴露，恐被敌破坏也。唯在大森林内，一般炮兵不能行攻击准备射击时，在法军则以步兵用炮兵充之。

3. 各种迫击炮之使用。阵地战近距离之掷射炸弹，实为目下最有效力之战斗法，我国前此无之，宜加意研究。

4. 对炮兵所用之兵种。法军用野炮兵之一部及重炮兵中之大炮，德军则用中口径曲射炮。其炮种所以各异之原因如左：

（一）德军炮兵阵地较第一线后退，射距离较远。法曲射炮射程不大，故对于远距离之德炮兵必用大炮。反此，德军曲射炮较巨，得以达其目的。

（二）法军野战炮之威力较大，足以供对炮兵战斗之用。而德军则在战争前，为对于防楯炮兵，特备有十生的半榴弹炮，以其弹道弯曲破灭防楯炮兵。

（三）德军之曲射火炮子弹制造及其使用，皆甚熟习，而法军则输其一筹。

（四）两军之习惯上，法喜用大炮，德喜用曲射炮。

虽有上述之理由，然据威尔丹、琐木两会战之结果，两军炮兵之成绩实不相上下，故不能判定孰为优劣。惟德军之采用曲射炮者，以其有锐敏信管之榴弹，其效力可施之于横方向，若无此特制信管，则自不能效尤也。

第三款　炮兵阵地及其设备

德法两军同一要领，其着意之点如左：

一、据队二款所述，以确定炮兵之任务，应此任务，以发挥各种火炮之特性为目的而选定阵地。

二、对步兵用炮兵，在战斗用于散兵沟之后方，占领阵地，在使用以前不可对敌暴露。

三、野战炮兵利用地形，占领阵地，多分置为炮兵群，不可接近于第一线十密达以内。

四、重炮兵位置于野战炮兵之后方，配合所要之各种炮兵，而配置为炮兵团及炮兵群。通常平射炮多位置于前方，曲射炮多位置于后方，又重量大者，则置于道路之近旁。

五、迫击炮在战斗散兵沟之后方，位置于特别堑壕内，以散兵沟连络之。

六、炮兵阵地不独能顾虑正面射击，且须以侧纵射以援助其邻接之地区。

七、炮兵阵地宜对于空中观测荫蔽，故多在森林中，或家屋下，或地下，否则于炮车上覆以与地面同色之天幕、草帘等。又多设伪阵地及伪观测所等。

八、各级指挥官之观测所，亦设备数个，而前进观测所则设于第一步兵线。

以上悉采实战经验之足以为范者，然因阵地过度要求，对于空中观测蔽匿之结果，敌飞机至，即中止射击，行之既久，则为敌所利用。当敌有必需使我炮停止射击时，特派数飞机游弋于我阵地之上，此则不可不注意者也。

第四款 炮兵射击

第一 射击计画令

阵地野炮兵命令非常详细，某等在义大利第六十六师司令部实习时，其炮兵司令官出示其射击计画令，其概要如次：

（一）野炮兵之敌线拦阻射击。拦阻射击者，集布火力于一地段，以隔断其后方之支援，并以杀伤该地段内之兵员者也。依野炮每连之射击能力，将敌之第一、第二步兵阵地，按连分段，分配于各连。各段均附以记号，发命之时，但示记号，即可发射，无详细指示之繁也。

（二）反攻射击。敌军来攻时，我步兵阵地陷于敌手在所常有，然敌欲占领，确实甚为困难，盖我步兵恒用反攻却之，炮兵应先试射。至我阵地之射击诸元，其法如：将全线分段分配于各炮兵连，而附以记号，一旦有用，示以记号，直可发射也。

（三）对抗射击。在射击计画中规定，敌之某炮兵阵地向我射击，则由我之某阵地应之行反抗射击。此射击概以重炮兵任之。

（四）集中射击。炮兵司令部先将敌炮兵阵地侦查确实，再将我阵地绘于一图上，更依炮兵之射程及地形，规定某某炮兵阵地等，能对于某点集中火力。其火力之集中点，概为道路、铁道等交通线之集合点。重要村市、司令部所在地、主要建筑物等，以重炮兵及野炮任之。

（五）必阿窝（Piave）河川之拦阻射击。盖是为防奥军渡河而设，其法与（一）（二）同，将河川全线，应与野炮兵之连数，分为若干区域，而附以记号，一知敌由何点渡河，即依其记号，命令于该担任部队。

（六）道路射击。按敌方各道路及炮兵阵地之位置射界等，规定其分担区域，以野炮兵或重炮兵任之。

（七）包围射击。规定分担之部队，及应如何集结火力之法，大致系向一重要村市、认定为重要司令部位置者，以炮弹对其周围行包围射击以困之。

（八）援助射击。对于两翼友军之区域，应行援助射击，故计画令中明示担任之部队及其分担之区域，并示明友军应行援助我军之射击区域及其部队，以便连系。

（九）无畏式装甲自动车之阻止射击。此种自动车名曰唐哭，装甲内备有野炮及机关枪，突入我阵地时，非常危险，宜速行阻止之。任此阻止之炮兵，概属野炮，而唐哭之来，概由道路，故分配所有道路，使各部队分担之，一经发见，即由发见之连，将炮车移于道路上，用直接射击以阻止之。

以上所述外，更规定日常部队之行动，各交代勤务及其他注意事项等，凡（一）（二）（三）（五）（九）诸种射击，由各连长独断施行之，其他以师以上之司令部之命令行之。

此计画令尚附有诸图：(附图第四)

甲、(一)（二）（八）（五）四种射击合为一图。以色泽表示射击区域，并以点、线分为多段，每段即炮兵每连受持之区域，并附名称于各段，以便射击指挥。

乙、对抗射击图。以敌我同色之射线标明受持之连。

丙、集中射击图。将集中射击目标，界以圆圈，圈内记载受持连之记号。

丁、道路射击图。仅绘各交通路，划分各连之受持区域于图上。

戊、瓦斯射击图。对于每一要点，以三连担任之，各连各对于一方面行包围射击。

己、对无畏式自动车射击图。划定各连受持之区域及其进出之通路，以使之即行处置。盖对付唐哭，务须极速，稍纵即逝也。

庚、敌炮兵阵地图。以记号表示其炮兵之种类、数目、瞭望所位置、炸弹炮、飞机射击炮、气球观测所、飞机航站等。

辛、照明图。夜间用探照灯照明前地，以便射击，并可供通信之用。图中表示灯之位置、照明区域及通信线等。

壬、瞭望哨所图。区分为军、军团、师所属等，各以记号标示其监视区域。

癸、通信网图。将各种通信线标明，即有线及无线电信、电话、回光机、传令鸽诸通信法等。

以上所述，为射击计画令调制法之概要，于此可以见炮兵司令部业务之繁及其必要也。射击计画既定，则各连就此计画，调制射击用表，即将其所受持之射击目标，先行试射完毕，标明其应用诸元于表上，以便一经命令，无论昼夜，即可以按表射击。

我国炮兵将校，射击智识尚浅，目下以炮战为主要之战场，诚宜急起直追，增进其智识，否则虽有利器无所用也。

第二　观测

在目下炮兵阵地以遮蔽为主之时，观测皆依飞机及系留气球于空中行之。

甲、系留气球队。开战之初，每军团一二个，后因感其必要，递加其数。在琐木之战，法军每军团三个，对于各师用一个。其观测将校以炮兵将校任之，在第一线后六七启罗密达处升腾，以从事侦察。

运动战时，在阻碍（树木等）少之地区，可用膨胀之气球，在自动车上曳之，可持续前进十启罗密达之远。每点链可行七启罗密达。若须先行膨胀，则由开始至于观测，则须三乃至四点钟。

乙、飞行机。以军团飞行队任之。据琐木会战之实验，区分如左之二种，但一机亦可课以两种任务。

（一）监视用飞机。分监视地区，大致每四启罗密达用一飞机当之，任目标之监视，及敌距离射击之效力射观测。

（二）观测用飞机。约一启罗密达一个，任射击之修正。

空中观测，运动战亦适用之，其法须预配属飞机于师炮兵，而预指定应协力之炮兵营，使空中观测将校与已同行，在必要时机，授以任务，并准备着陆地于炮兵队之近旁。

总之，将来炮兵对于空中观测应特加研究，炮兵无飞机，犹若盲者之无杖，故我国亟宜施行空中观测将校之教育也。

第三　野炮兵之射击

一、射击准备，专用射击指挥用图及测远器、方向钣、炮兵镜、标杆等补助器。

二、由空中观测之协力施行射击。

三、试射多用子母弹（曳火弹），通常用一排齐射或一顺射击。

四、开始表尺由芭斯式测远器测定其距离。

五、试射完毕，行效力射，以所有炮车行一顺射、任检点射及效力所要之射击诸元之检点。

六、曳火射击之效力，多为散布之远距离射击。法军子母弹百密达，开花弹二十密达；德军子母弹五十密达，开花弹二十五密达。

七、盛行拦阻射击。

八、航空机及夜间射击用特别射击法。

九、多用依远距离观测所之射法。

十、通常用开花弹。

第四　重炮兵射击

一、射击准备。射击手簿之利用，五度规等之使用，就射击诸元之决定，以各种子弹之效力为基础。

二、射击之转移。即依假目标先修正射击，乃转移于真目标。

三、着发射击。分为试射、齐射、效力射。试射最小阔度为学理公算偏差之六倍，而检点试表尺之两极限；齐射者，以导最小夹叉阔度内，散布地带之平均点于目标为主眼，以六射弹行之；效力射者，以着发射击为第一，其他更规定对于通常遇目标之效力射法。

四、曳火射击。分为试射、效力射。试射者，以得效力射之表尺为目的，要求方向远近破裂高三者之修正。效力射之要领，与着发射击同。

此外尚需研究之射击方法如左：

1. 利用远隔观测所及用交会法观测之射击。
2. 对于遮蔽目标之射击。
3. 与空中观测协力之射击。
4. 山地射击。
5. 夜间射击。

6. 友军超越射击。
7. 曲射。
8. 对同一目标之集中射击。
9. 光弹射击。
10. 迫击炮射击。
11. 步兵小口径炮射击（在骑炮口径以下）。
12. 对航空机射击。
13. 用瓦斯弹及催泪弹之射击。
14. 各种炮（大中口径及短火炮）之配合射击。

第五款　炮兵用法

第一　攻击

其一　攻击准备时期

一、侦察

炮兵指挥官用以下方法侦察敌情：

A. 法军

（一）炮兵侦察勤务班。附属于各军参谋部，又属于各军团炮兵司令部，依空中照相，及交会法、音响测定法等，测定敌炮兵阵地之位置，通报于各部队。

（二）军团气球队及飞行队之空中侦察。此等虽皆在军参谋长之命令下，然与军团炮兵指挥官有密切关系，故宜以炮兵将校充观测将校。其结果系用空中照相，现象［像］以后，以一份送军测图班，一份直送炮兵侦察勤务班。

（三）军测图班。以空中侦察所照之相为基础，用他之情报补足之，作成指挥用原图及炮兵射击用图。尔后凡炮兵目标之指示，射击诸元之决定，遮蔽目标之射击，及其转移效力射等，一切炮兵指挥均利用其图。

B. 德军

（一）军团气球队。军团航空侦察及运用法全与法军同。

（二）军及军团测地班。军测地班之任务，与法军军测图班同，又与法之军团司令部炮兵侦察勤务班有相当之任务，以炮兵将校编成之，任从本部及观测所彼我位置之观测标定。

炮兵指挥官依前记方法，连续数星期，使侦察敌阵地细部之位置，调制指挥用图及炮兵射击指挥用图。

二、攻击计画之策定

依高等指挥官之攻击计画，宜更决定之事项如左：

1. 攻击正面应集中之各种炮兵数及其指挥之关系。

2. 各种炮兵之位置及展开。

3. 炮兵之攻击射击。

4. 当攻击实施诸时机中，炮兵使用之计画。

并于高级指挥官策定计画之前，关于专门事项，应具申其意见，以资策画。

三、攻击之兵力

A. 法军

（一）师正面。野战炮兵四或五营（四十八门至六十门），臼炮及短火炮二营（二十四门）。

（二）军团正面。约四启罗密达炮兵四营（四十八门）。此外更有特种重炮兵等（列车炮兵、海军大炮、二百七十米里密达臼炮、三十七米里密达臼炮等）。

B. 德军

其一师所配附之炮兵数如下：

野炮	三十六门（九连）
轻榴弹炮	十二门（三连）
长射程大炮	四乃至十二门（一乃至三连）
二十一生的臼炮	四门（一连）

四、各种炮兵之配置及展开

（一）炮兵配置。先配置为各群，其阵地既已决定，则与其设备同时，并决定弹药材料之补给诸厂之位置等。于是敷设轻便铁道，炮兵材料即由其铁道及铁路上牵曳以进入阵地，更行组织并完成观测通信诸设备与整备弹药。

（二）炮兵之补给。炮兵之材料弹药，野战炮兵则由军团炮兵厂补充，重炮兵则由军之野战兵器厂内之重炮兵厂，经弹药中间厂以行补充。

（三）轻便铁道之敷设。以各部队得以补给一日份之弹药为标准，各军均用轻便铁道班敷设之。

（四）弹药之补给。两军据实验之结果，准备数量如下：

法军

炮种	攻击准备时期	攻击实行时期
75mm（野炮）	250	300
90mm（野炮）	100	150
95mm（大炮）	150	150
105mm（大炮）	150	150
120mm（大炮）	120	120
155mm（大炮）	100	100
155mm（短大炮）	120	120
155mm（速榴弹炮）	150	150
220mm（臼炮）	80	60

德军

炮种	一日一门之用数
7.7cm（野炮）	200
轻榴弹炮	100
10cm（大炮）	250
13cm（大炮）	150
重榴弹炮	150
21cm（臼炮）	50

两军于此以外，在后方各厂内所准备者如左：

野炮兵器厂七日份，军团内各补给厂四日份。由是可知准备弹药之多矣。

五、射击准备

各连按射击计画，计完成种种准备，须能一经发令，立即可以射击。

六、试射

试射开始之时日，于攻击开始前，从若干日至于若干日之间施行之，即对于攻击准备及攻击实行间应行射击之诸目标，悉行试射。

七、准备攻击射击

此攻击最关紧要，如效力未完全，则步兵不能行攻击也。其作业如次：

1. 障碍物之破坏。最要者，如铁丝网之破坏。在法军用长锐敏信管之野战炮，约200密达之正面，用野战炮兵一连，以迫击炮副之。德军则由曲射炮弹，使之与阵地同时破坏。

目下之趋势，榴弹（开花弹）之使用最多。在法军榴弹与榴霰弹（子母弹）为十二与一之比例（即榴十二，榴霰一是也）。东亚诸国军队情况则与之相反。

2. 防御诸设备之破坏。用各种大中口径之火炮，尚以小口径火炮补足之，而破坏敌之散兵沟一密达，须野炮十发、重炮二发之命中弹。其公算如左：

LN/PC = H

H 为射击继续时间

L 为破坏之正面长

N 为对于破坏目标每密达所用之弹数

P 为破坏 L 长所费之弹数

C 为一点钟可发之弹数

此等破坏射击，对于第一阵地各线，殆全行破坏，对于第二阵地以下之破坏，不仅困难，而勇敢之防者，尚能据守破坏之沟，以行抵抗，故攻者须决心以白兵攻击驱逐之。

3. 对于炮兵之破坏。遮蔽炮兵之破坏甚难，屡有行伪冲锋，使之暴露其位置而图破坏之者。至对于暴露炮兵，则不难扑灭。总之，对于不谨慎之遮蔽炮，总以先行扑灭，乃使步兵前进攻击为有利。

八、用堑壕炮兵施行攻击准备射击

依地形，有以步兵用炮兵及迫击炮与野战炮兵协力，行攻击准备射击者。

九、对于航空机炮兵之使用

对敌之航空机，用我之驱逐航空机攻击驱逐之为本则，然为不使敌之飞机在我战线内自由飞翔，故特备此种火炮，即用七十五米里密达野炮，其炮身另施高角射击之准备，并用燃烧时间较长之子母弹，或发烟弹射击之。

其二　攻击施行时期

即由步兵冲锋开始施行之，其顺序如左：

一、攻击开始直前之射击。除炮战炮兵之外，各炮兵悉对于第一阵地之诸散兵沟，行特加猛烈之射击。此射击须存有间隔之数连，行齐发射击，其状恰如雷鸣，故亦称雷鸣射击。德军当此时机，多用瓦斯弹射击。

二、对敌炮之制压及破坏。雷鸣射击后，步兵继之冲锋，此时炮战炮兵极力制压敌之炮兵。又对于新露出之炮兵，应即破坏之，又为制压之，混用子母弹及开花弹。德军通常加用瓦斯弹以驱逐炮侧之人员。

三、与攻击进步相关连之拦阻射击，拦步兵开始攻击前进也。炮兵以弹丸不害及我步兵为度，伸张弹网于前方，成一堤防，以在此掩护之下，俾我步兵攻击前进，并以妨害其后方援军之来着。此种射击，有用瓦斯弹者。

四、远距离射击。与以上之射击同时，以长射程炮，依空中观测之补助，远射击敌之后方，以妨害增援队之来着及补给等。

五、随伴炮兵。随步兵攻击之进步，步兵用炮兵及一般战斗用炮兵之野炮及榴弹炮等，变换阵地于前方，破坏未破坏之障碍物、侧防机关枪、机关枪座等。此炮兵即为数甚少，其效果之巨，征之战例，可以知之。

要之，攻击实行时期，炮兵之用法，最宜与步兵保持密切之连系。而以上炮兵诸动作中，其最要者，为敌炮之制压，及随伴炮兵，即在今日敌炮兵威力伟大之时，至最后时期，为敌炮兵之制压，割我炮兵力之一部，以使我友军步兵少受损害，而攻击成效之公算亦大，在机动战亦实用之。瓦斯弹之射击，因风向等，颇有威力，然受气象之影响甚大，加以防具之发明，其价值自减，但其防卫之法，则有研究之必要也。

其三　追击时期

对于第一阵地攻击实行奏功以后，即对于第二、第三阵地等，复行与第一阵地相同之攻势方法。此时最要者为重炮兵之变换阵地。此与运动战炮兵之用法相类似，即运搬火炮于新阵地，行观测及通信，并弹药补给之设备是也。其加入战斗之法，先之以大炮，由此大炮用远距离射击防护之下，以使其他炮兵展开于其有效之距离。尔后大炮兵则专任炮兵战，并射击敌之后方及其补给线，曲射炮则使用于敌阵地之破坏。此即在运动战，亦为重炮兵运用良好之范例也。

其四 结论

在坚固阵地攻击时，炮兵所最要者，为绵密周到之攻击准备，其他与欧战前典范之要领大致相似。唯步兵须待炮战结果［束］后，前进攻击。此其差异之点也。至于攻击，仍须恃高尚之精神者，千古一辙，无可议论矣。

第二 防御

其一 防御计画

炮兵指挥官，应以高级指挥官企图为基础，策定炮兵使用之计画，而以集中火力为最要事项。兹记其须考究者如左：

1. 区分任一般战斗之炮兵，及分派担任特种及临时任务之炮兵。

2. 任一般战斗炮兵任务之区分。

3. 各炮兵预想射击地区之指定及其火力集中计画。

4. 各种之设备阵地观测所通信及其他之射击图、射击表、弹药补给等。

5. 顾虑炮兵增加时之配备。

因此法军分炮兵为警备炮兵与增援炮兵之二种，即如弹药，各连亦有警备弹药、常用弹药，及军团预备弹药、军预备弹药之区分使用。德军则区分正面防御炮兵、战斗炮兵，其一般配置阵地，及其他诸设备，已如一般之配置所述。

其二 防御炮兵之战斗动作

防御炮兵战斗动作之要领如左：

1. 敌之攻击准备射击时间。警备重炮之任务，在使敌之炮兵沉默，此时招致增援重炮兵以援助之。

敌人施行接近工事，则以曲射炮、迫击炮破坏之，对敌之后方交通沟及后方连络线行拦阻射击。

2. 对于敌攻击实行之防御。敌之雷鸣射击完毕，则以全力对其冲锋阵地及后方交通沟行拦阻射击，集中火力，以使其攻击挫折于未然。待敌之步兵开始前进，则对之行集中之拦阻射击，又行纵射、斜射以妨害之。

敌侵入于我第一线阵地时，则炮兵以拦阻射击击退此敌，及其后续梯队，或备援助步兵之反攻。

3. 敌之第一线超越我散兵沟前进时，则再对之行拦阻射击，以作我步兵恢复攻击之动机。

要之，防御炮兵之用法，其要领略与战前相同，但在防御，如有良机，可用拦阻射击，以不藉其他兵之力，独立击退敌之步兵。但此拦阻射击，费弹甚巨，在工兵幼稚之东亚能否实施，亦一问题也。

第六款　炮兵之通信连络

法军炮兵营及连所属之通信班如左：

连　电话班一，电话机三，轻被覆线四启罗密达。

营本部　电话班二，空中无线电信、受信用空中线信号灯二，携带探照灯五，火箭及传令鸽若干。

空中无线电信，在法军为军团空中无线电信班所掌，配布受信机与军团诸炮兵（通常七个）及航空队（五个）。

德军方法与此略同，盖通信线均用数线，则为目下之趋势也。

炮兵与步兵之连络最宜密切，举某等在义大利军所实见者如左：

由炮兵司令部规定，由各炮兵群中派遣连络将校于步兵诸队，其数如左：

1. 各步兵旅　将校一。

2. 各步兵团　将校一。

以上二者主用电话、笔记传令等与各队相交通。

3. 各步兵营　炮兵军士侦探一，以信号及电话等相交通。

第七章　英国海军攻守状态

今次海军作战，开亘古未有之奇局。英以优势舰队反专事防御，疲命于潜艇攻击而莫可如何。方其始也，颇令人怀疑于海权迁移、大舰万能之说未可尽恃。顾德舰队何以蛰伏而不出，英舰队何以不战而自雄？两国海上交通，何以适成反比？潜艇如彼横行，英仍未濒饥饿，其故何也？其与海权之相关，与其攻守真相，略论如次：

第一节　舰队封锁战

英国海军主要目的有五，其对敌者二，曰歼灭其主力舰队，断绝其海上运输；其自卫者三，曰掌握海上交通，供给出征陆军，巩固海岸防御。使第一目的奏功，敌军全归覆灭，余件自迎刃而解。顾德挟天险海线，而舰队深藏其中。英军处此，惟有二术，曰进攻，曰封锁。

以进攻言，英德舰队强弱异势，倘主力交锋，自可一战破敌，但观其进攻之路，不外直击海岸及侵入波罗的海之口二道。惟德国北海海线之长，只二百九十浬，浅滩横亘，大舰可接近之区，仅耶猛矢猥则尔及耶尔伯河口附近，而各雷密布，其海岸要塞之坚强，世界罕与伦比，英军果尔冒进，则舰队与要塞战争，易蹈历史覆辙。益以要岛加黑利果兰为前哨根据，德之潜艇、飞机及驱逐舰等密布于此，观测辽远，袭击敏锐，天险难渡，恐敌师未见，己军已伤。至云波罗的海口之形势，瑞典、丹麦半岛间形成进路三所，其容大船舶通行者，只中间之大伯尔替各道。其近口战略要点既属丹麦，而口窄路迂，德集炮火及水雷于此，英军亦莫由飞渡，故进攻万不可能。

夫求战既不得矣，依历史惯例及作战实情，惟有封锁敌军，维持海权之法。论英德地理关系，封锁法不出二途，曰近岸之直接封锁，曰远海之间接封锁。两者研究之点甚多，而直接封锁损失之巨，将与前述进攻事无异，故英所取者为间接封锁法。述其现状如左：

一、封锁区域之布置。英德海军战场者，北海也。一千九百零二年后，英始移对法之作战目标以对德，战前即经营军港于北海方面，如苏格兰东岸之落西矢港，供大舰队之用；阿库利岛之矢架拍湾，供巡洋舰队之用。两港扼北海北端咽喉，更以阿库利之雪替兰为前哨根据，遂以雪替兰岛至诺威西岸间三百浬之海面，为北方封锁线，警戒舰艇监视其间，轻快舰队游击于此。苏格兰北方诸岛间，更支置铁网，并于要处沉设水雷，以防制潜艇出逸，监视敌舰行动。至北海南口之朵发海峡，宽仅三十浬，较北方封锁线只百分之一，防御潜艇网横亘其间，警戒舰艇星罗棋布，哈威起及朵发诸军港直扼其前，坡制毛斯、颇替兰、普利毛斯诸军港拱卫其后，其距落西矢港大舰队根据，亦约与该根据至北封锁线等。如德舰队欲实破封锁，则在北者有矢架拍等轻快舰队之邀击，在南者难逃哈威起及夏内矢诸军港之侧攻，而落西矢港之大舰队，适居两封锁线中，或南或北，自可应战裕如。北海由英军掌握，德舰决无逸出之望。至关于德国近海，则自丹麦沿德岸南下，以至和兰南，竟以巨额水雷密布其间，而多数警备舰艇哨戒于外，防德国舰艇逸出，藉作海军主队之前哨，此其战略上扼要之大凡也。

二、大舰队行动与其根据地之设备。大舰队根据为海军全部作战基干，方开战之始，落西矢军港工事尚浅，据前舰队总司令官结利可大将之言，战初北海舰队以根据地筹备未周时，暴露于潜艇攻击之下。一千九百十七年冬月间，曾视察其设防工事，计在内港者，有最大船渠三所，各项工厂十余，工人六千，为船舶修缮之用。厂址新设，甚为简单，落西矢位于皁矢河之上流，与爱丁堡对峙，跨于河者有皁矢桥，其内外两区，即船艇淀泊之所，大舰队之廿余巨舰以两纵阵沿河西列，驱逐舰、补助舰等错杂其间，目为之眩。自淀泊所外航约二十余浬，始达口门，防御潜艇网布于两侧，中敷水雷，哨戒舰艇横列于此。口之北端，有海防司令部，为敷设铁网及扫海、探海之根据地；其南岸有港口防御处，各项攻击潜艇武器，具备于此。南北两岸适宜各点安置各项炮台，以新设而有此规模，洵为难得。自一千九百十六年北海战后，海上无大战争，德国每为英舰队蛰伏之宣言，英国舆论亦有舰队过于消极之责备。以实际所观，大舰队除日夕训练外，随时出海巡航，轻快舰艇之游击尤为频繁。统计该时（即一千九百十七年冬月参观前后）每月战舰、巡舰、驱逐舰等巡航之路达百万里有奇，足征其服务状况。虽年来未获快战，然德军主力不出，海运被阻，英本国海上通商及陆军输送莫不依旧进行，自开战至一千九百十七年八月，海军为联军之陆军输送者，计人员一千三百万，马匹二百万，军火二千五百万吨，军用油五千一百万吨，粮食达一亿三千万吨以上。陆军无此良果，何以为战？非掌握海权，又何由致此？故海军迹似未战，实无时不在苦战之中。此其行动之大凡也。

三、补助舰队警戒之状态。据英国海军战术家之主张，主力舰队宜在封锁艇队后方约二百里，规计若西矢港之大舰队根据，距各封锁线皆稍逾此数，益□潜艇隐蔽多术。北线警戒延至爱尔兰岛以西，欲封锁确实，不误主队耳目之责，则需舰之巨可想。敌来不时，而守者无间。据结利可大将之谈，一潜艇□袭警戒艇队之机会，较驱逐舰几三十倍。德之驱逐舰、潜水艇根据，在比利时岸之季布拿、季阿矢食□等港，逼近英岸，朵发海峡方面之被攻，几于无夜无之。此封锁线延长数百里，其东端与中立国诺威相连，德艇多由此逸出。其北海耶尔伯河附近之主要军港及丹诺间水道，距此线甚近，皆其根据要地。至丹麦、和兰间海岸线之长，复达三百余里。三线合计约千里而强，在在有可乘之隙，即在在有设防之要，则警视之难又可想，德国驱逐舰、潜水艇之横行固矣。其敷设水雷，亦备□巧妙，北海要区，多成陷阱。扫海、敷雷等舰，责任之重，冒险之多，较□警戒艇□有过之。试进与北海面积计十四万方里，一巡洋舰队及其附属驱逐队夜间之视线，不出五方里以外，舰队虽多，游击綦难。方开战之始，英国补助舰艇全数不逾二十，现增至三千四百有奇。其中最大部分，供英本国沿海使用，仅系现状，则封锁者之势力突破，封锁者之善战，于此均可想见。

第二节　潜艇防御战

英素持大舰主义，对于潜艇作战未事讲求，而德国预备之久，运用之灵，列强罕与论比。自一千九百十六年下半期后，其势已渐炽。一千九百十七年二月一号，德更宣布潜艇无限制封锁战，英、法、意沿海皆成危险域。除美荷两国定期各一艘每周依规定航行外，无论何项船舶，将以无警告击沉。首当其冲者惟英，霹雳一声，掩耳不及，战舰无所施其技，驱逐舰未能敷其役，商船更无以自卫，海道尽暴露于人，潜艇得从容奏其效。应此而起者，始有对付潜艇发明术之征集，以海军部及发明部综其成，欲集世界科学界理想，为潜艇攻击防御之助。关于此项器具之集合实验，费时数月，各工厂之有机械经验者，从事于此，亦未能遽睹其成。方四月中，美国加入战团时，英国舰队司令长官结则［利］可对该国人士之宣言，谓抵御潜舰之发明尚无把握，目下要着，在多得补助舰艇，警戒海上云云。彼时通商部初设，造船总监制未立，商船损失既巨，补助复难，英之困苦，概可想见。迨海军人士攻防之经验稍增，发明之武器渐积，去年下半年期中，各事始具规模，其最著者有五：

一曰快速军舰及补助舰艇之增加。近年以来，英国一年制造军舰吨数，较战前约增加四倍，补助舰艇，战初只二十，现至三千四百有奇。此项舰种，如各型驱逐舰、潜艇及追击潜艇、快船等，足资攻防，其纯充哨戒、扫海、敷雷之役者，有各型补助船舶，其中大部，类自英本国及其领地之渔船征集，皆加以新式武装。如中小口径快炮及各式炸弹等，或近窥潜艇根据，或游击其必经要道。驱逐舰等之足摄伏潜艇，固无待言，即他式武装船舰【与】潜艇遭遇时，其遁去亦达十分之七，故警戒之区域增而损伤锐减。

一曰商船警卫制之设立。自此制立后，商船航行危险界中，皆由小型军舰及武装汽船护送。计至一千九百十七年末季，北大西洋上商船之经警卫者百分之九十，而被卫商船之遭难者，统计全数约只二百分之一有奇。故上述增加舰艇，类从事于此。

一曰商船之武装。方商船未备兵器之时，潜艇毫无顾忌，得经水面以炮或炸弹炸沉商船。一千九百十一［七］年中，大部商船，皆设备快炮、炸弹、发烟具等，商船成员多于各要埠所立学校习运用兵器，并操纵攻防之法。由此而收效最大者，即潜艇来袭，宜□恃鱼雷。而一舰载雷之数，较炮弹远逊，雷毕即应归去。且对商船既有警戒之心，而商船多有隐蔽之术。此项功效，至为巨大。

一曰新式兵器之发明。此类兵器可分攻防二项，其属于攻者，以大中小各式深水炸弹、水中爆裂之各种舰弹为主，倘能发见潜艇之望远镜管，纵令沉入水中，亦可击沉之于各种深度。其属于防者，如水中受音器装于船首，可闻知潜艇进行方向，而变针以相避；有发烟器，如遇潜艇时，投入水中，则烟雾弥漫，潜艇失其攻击目标，商船即可利用大速力以相避。关于港口及紧要水道之设防，又有铁网及其小型水雷，并各项发光器等，以此分布于快速军舰及补助舰艇并商船之中，故无时不可各自为战。

一曰通信及航空事业之进步。观各国海岸要地及补助舰艇，多有无线电装置，潜艇出没地点、进行方向，每易随时探知，或派舰追踪，或警告商船。而沿海之水上飞机，关于搜集此项情报，致用尤巨，每发见潜艇，可以各种信号及无线电等，通知附近警戒舰艇及防御机关，并可立时投弹炸击。据实战者之经验，潜舰决未有与飞机对战者，其功用可知。

合上述各法以与潜艇战，益以商船集中、造船进步，自一千九百十七年末季以来，海上运输乃渐呈旧有状态。夫以德国潜艇进步之速，其近来一般通用者，水上水中速力自十一里至十八里，搭载鱼雷二十门，休息海底可至四十八时之久，潜行水中可至百里之遥，现三吋之望远镜管于水面以探敌，发射鱼雷于五里以外，其人其物，均堪惊讶。然据英国政府之宣言，自开战至今，德国潜艇之被沉、被捕者，逾百分之四十，其强半皆在一千九百十七年下半期中。虽此项非根本作战稍有疏忽，亦为致命之原。以年余经验，而具此海上攻防之术，亦为海战史上别开生面也。

第三节　外海舰艇战

上述封锁情事，就英本国沿海而言，此外之进而助义者，有亚得利亚海之舰队；助法者在希腊近海之舰队；埃及方面有红海舰队。虽其类种武力较薄，而快速舰艇之收效颇多。至地中海之大部，几全归英军守备，计其在马耳他方面之警戒，舰艇至六十艘之多。自一千九百十六年鞑靼海峡攻击失败，此间虽无大战，然德奥潜艇势力甲于各部，故英国损失之多，不减于法义，而其哨戒及警卫等勤务，亦约与英本国海面相同。但当一千九百十四年时，曾以军舰于协约国军队之左翼，在朵发海峡助比军及英国陆军以抗德焉。（附图第五）

千九百十五年頃德軍陣地之一例

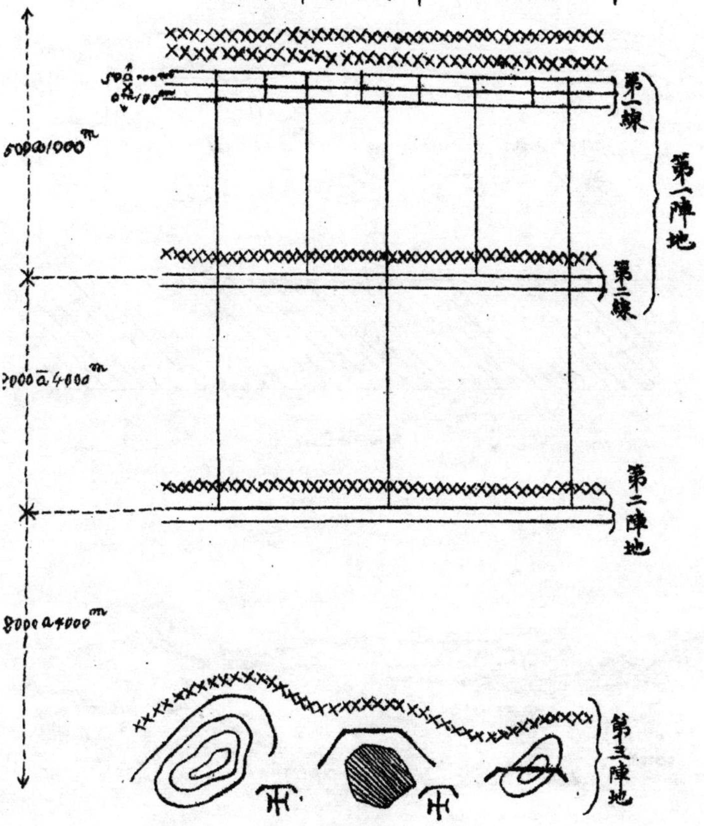

（附图第一）

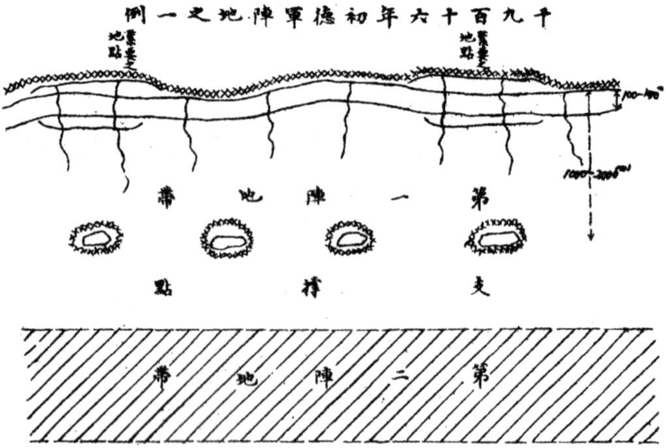
千九百十六年初德軍陣地之一例
重要之地點
重要之地點
100-150m
1000-2000m
第一陣地帶
支撐點
第二陣地帶

(附图第二)

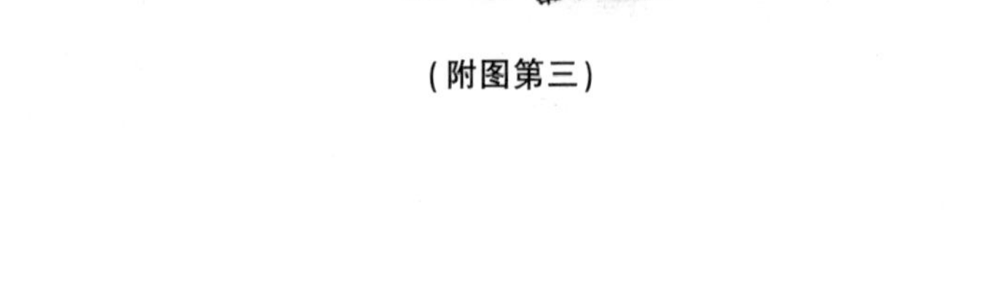

(附图第三)

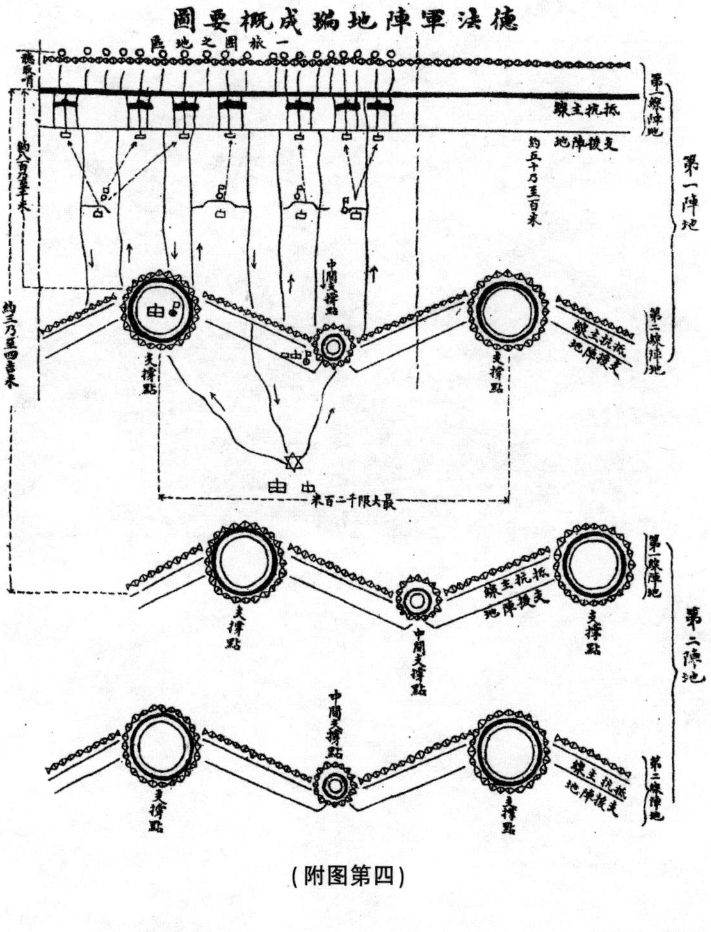
德法軍陣地編成概要圖
一旅團之地區
抵抗主線
支援陣地
第一線陣地
第二線陣地
第一陣地
第二陣地
支撑點
中間支撑點
最大限二千百米

(附图第四)

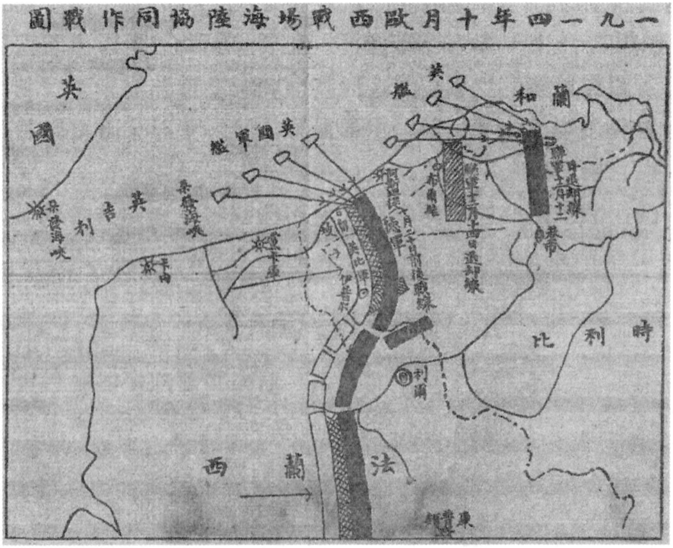

(附图第五)

中国海关《十年报告》（1902—1911）选译
——邮政与电报

郭大松 译

说明：本篇译自中国海关《十年报告》（1902—1911）第八项。报告介绍了清末十年各口岸所在地区邮政和电报业的发展历程，部分地区还介绍了电话业的创设和发展概况。报告充分肯定了这一时期邮政和电报业发展成就，认为铁路、工商业经济的发展与邮政和电报业相辅相成，互为促进，并极为看好未来发展前景。

从报告中可知，清末十年间，中国基本建成了全国范围的现代通信网络，开启了中国早期信息化时代。值得注意的是，大多数口岸的报告都强调了一个基本事实，即竞争是这一时期邮政和电报业发展的重要因素，像长江流域各口岸恰当保护和利用传统民间邮递机构民信局，极大促进了邮政业的发展，尽管在这一过程中民信局总体上不可避免地走向衰落，大多数最终关闭或改行；与此相反，有些口岸没有民信局竞争，新建邮政业具有垄断地位，发展缓慢，百姓不满，如三水等口岸；而有的口岸官方享有诸多优惠待遇的垄断性电报业，发展也极不理想，华北大口岸天津就是典型的例子。此外，从各口岸报告的邮政和电报业发展变迁历程看，

译者：郭大松，济南大学泉城学院教授。

邮政业虽然脱离海关由中国政府自办，但因邮政人才极为匮乏，还不得不雇佣外国职员。

译文中各口次序依照原文，并标注原文所在卷数和页码，如：珲春（Vol. 1，pp. 61－62）。原文中未标注中文的地名，译文中标注英文原文。

北方及长江流域各口

哈尔滨（Vol. 1，pp. 1－17）

（无专项报告。）

吉林（Vol. 1，pp. 26－27）

1907年以前，吉林的邮政设施都是旧式邮政机构——民局。然而，就在这一年，大清邮政局在吉林设立了邮政分局，从此，满洲邮区邮政司开始认真关注吉林邮政的发展。满洲邮区范围涵盖满洲所有省份。由于缺乏机动交通工具，多山的乡村、冬季的大雪、夏季的暴雨和洪水、分散的住户，尤其是罕见的糟糕道路，都是邮政发展极其恐怖的障碍。但是，在繁荣的长春和吉林城之间设立了令人满意的邮递线路之后，不仅积累了经验，邮政业务也有了稳定的拓展。1910年2月，吉林成了满洲邮区的一个副邮区，派去了一位外籍邮政官员负责该区的邮政管理，吉林邮政司行使邮政局长职权。吉林邮政拓展的总体方针是通过邮递线路，将吉林北至哈尔滨副邮区边界、南至奉天邮区边界、东至俄罗斯和韩国边界之间的城镇联通起来。内地在北向60英里的榆树县设立邮政局，东向在延吉府、额穆所、敦化设立邮政局，将260英里线路连接了起来。此外，在这些邮路沿线设立了20个内地邮政局。截至1910年底，吉林大清邮政局邮差投递范围长达2730华里，或者说是910英里，投递邮件78万件。由于著名的长白山覆盖吉林副邮区南、东大部分地区，以及长白山的原始森林和几乎永不融化的冰雪，1911年又开通了650华里邮路，设立了三处内地邮政局。在乡村本身获得更好发展之前，邮政业务不可能进一步拓展了。吉林现有30家邮政局，其中五常府、黑石镇、延吉府、岔路河邮政局分别距吉林400、340、780、110华里，为吉林邮区北、南、东、西部边界。长春至营城子铁路的竣工，极大地改善了长春与吉林之间的邮递服务。尽管今年初有鼠疫流行，吉林半个城遭受火灾，但递送各副邮区的邮件总数为1910年的两倍，表明这里的邮政设施令人欣赏，前景光明。最后一家民局，或者说是本土民间邮政机构，从一开始就不是一个有竞争力的机构，本年度末关门了。不过，从吉林至延吉府和长春，文报局的快马邮差仍然递送文书。

日本政府也有一条从吉林到宽城子即长春的邮路。日本邮政局1907年4月在吉林开设，在本省内宽城子、延吉府、公主岭等地也都设立了邮政局。

本省中国电报局总部设在吉林，掌控三条电报线路，一条通达延吉府和珲春，一条通达长春，还有一条通达哈尔滨。电报局收入，据称每月5000元，大部分是商业性收入。该局有六台发报机，其中一台设在巡抚衙门里。

珲春（Vol. 1，pp. 61 – 62）

这里的邮政局是哈尔滨的副分局，始设于1908年6月。以前，哈尔滨的邮件经宁古塔和延吉到珲春，现在根据大清邮政局与俄罗斯邮政当局1910年7月13日达成的一项协议，哈尔滨的邮件经海参崴和诺沃基夫斯克（Novokievsk）抵达珲春。珲春每周来两次邮件，星期二和星期六各一次。从珲春出发的邮差，每星期两次前往延吉，从那里再前往他们的目的地。令人烦恼的邮件延误事件经常发生，尤其是在冬初和冬末时段以及雨季，当从海参崴至波谢特（Possiet）的轮船由于水面结冰不能抵达时，就用马车或雪橇送至波谢特。每当大雨河水暴涨或冬季冰面尚不足以载重的时期，邮件自然就延误了。大清邮局在这里设立副分局以前，吉林和宁古塔的邮件由文报局的快马邮差经延吉送达珲春。现在这种邮递业务尚存，但与以前一样，仅递送官方公文。

这里的电报局是上海的分局，设于1886年11月，负责经宁古塔与哈尔滨间的通信联络。1900年拳乱以及随后的俄国占领，导致这里的电报局转让了，部分设备遭抢劫，部分被拆卸了。1906年俄国人完全撤走之后，这里又重设电报局。1911年3月1日，这里的电报局改为官电报局一处报房，延吉的报房成为电报分局。珲春的报房和延吉的电报分局均隶属奉天电报局。电报线路经常中断，但已经进行了维修，现在运行良好了。

龙井村（Vol. 1，p. 80）

1908年2月，大清邮政局在延吉开设了代办处，有邮差往返吉林和珲春。1911年1月，龙井村、头道沟、和龙县（Holunghsien）设了邮箱，每日有延吉来往的邮差，此前龙井村没有中国邮政业务。现在虽然很方便了，但由于这里人口很少，邮政业务量相对不大。1911年，延吉府的邮件情况：普通信函97872件，挂号信函16104件，包裹431件。

1907年，这里设立了一家隶属汉城邮政局的日本邮政局。1907年，在韩国统监代理处（Agency of the Korea Resident-General）设置不久，一家日本邮政局作为汉城通信官署的分支机构在这里设立，邮差每日往来于日本副领事驻地延吉和头道沟、北草沟邮政分局。

1908年3月，本地首次有了电报，延吉和宁古塔之间架设了电报线。这条电报线路在凉水泉子架设两条支线，一条通向珲春，另一条通向本地区电报主管驻地延吉府。

1907 年，会宁（Huining）与此地韩国统监代理处之间已开通电报。1909 年，韩国统监代理撤离之后设立了总领事，统监代理处即成为总领事署。最近，该电报线路的终端已移至日本电报局，相当程度上已成为公用电报线路。

安东与大东沟（Vol. 1，pp. 98 –99）

1907 年 3 月 8 日，大清牛庄邮政局在安东开设了一处分局。1908 年 2 月，安东邮政局成为奉天邮区副分局，起初由一名助理管理，后来由一名负责职员主管。自邮政局的控制权从总邮政司公署转移到邮传部（the Board of Communications）以后，这里的邮局负责人即称为副邮区邮政局长（Sub-District Postmaster）。

下面的表格清楚显示了过去三年大清邮政局在安东的业务发展情况：

	1909	1910	1911
邮政分局和内地邮局	3	3	6
代办处	9	14	5
信函、明信片、印刷品	696600	873000	1393400
包裹	6075	7425	14100
挂号邮件	92000	89000	125000
快件	…	5100	9300
从各地邮箱收取的邮件	100	600	800
发送汇票（墨西哥洋：元）	25297	27443	39780
兑付汇票（墨西哥洋：元）	2002	3276	4109

日本邮政在安东、大东沟、鸡冠山、草河口（Tsaohekou）、本溪湖设有局所，处理日本人往来韩国和日本的邮件。安东至奉天一线较小的邮政站点，可接收日本邮局的邮件。

本地区中国电报局线路向北仅延展至凤凰城。中国电报线路发送到世界其他各地的电报，需经过大东沟、大孤山至海城，然后再经牛庄或奉天发送出去。日本电报线路沿安奉铁路线至奉天。

大连（Vol. 1，pp. 123 – 124）

1902 年，租借地内开办了俄国陆路邮政和中东铁路电报局，并向公众开放。同年，“达里尼特别市”（City of Dalny）公布了下列运营细节。

——	出寄	投递
电报 ………………… 份数	4598	6273
信函：普通 ………… 份数 挂号 ………… 份数	72816 5751	36000 9000
报纸 ………………… 份数	41844	…
汇款信件 …………… 份数	1997	4186
卢布	187248	310112
包裹 ………………… 件数	825	304
邮政订单 …… …… 份数	332	1
卢布	23741	23452
跟单汇票 …………… 卢布 储蓄…1714 笔，15513. 50 卢布	13919. 64	…

租借地和铁路沿线周围地区的邮政、电报及电话事务，由日本人掌控下的通讯管理局掌管。1906 年，有邮局和电报局 37 家，1910 年降至 29 家，同时代办处由 1902 年的 7 家增至 1910 年的 57 家。出寄邮件从 1906 年的 13365570 件增至 1910 年的 17924159 件，投递邮件从 12696760 件增至 14679601 件；出寄包裹由 1906 年的 129218 件增至 1910 年的 376651 件，投递包裹由 53179 件增至 158829 件。发送电报从 1907 年的 746372 份增至 1910 年的 843083 份，投递电报由 797079 份增至 908043 份。根据中国和日本当局 1909 年 1 月签订的协议，日本电报局在新民府、大孤山、大东沟的电报事务，昌图、开元的中国军营的电报业务，交由中国官员掌管。同年 6 月，烟台与本港间海底电缆铺设完毕。1911 年 11 月，大连设无线电报局，费用 52689 日元。采用日本通信省（Teishinsho）系统，电力 7 千瓦，通讯范围白天约 650 海里，夜间约 2000 海里。电极高 225 英尺，电波长 300 米。1906 年，电话用户 785 户，电话线全长 1437. 36 英里。1911 年，电话用户增至 3272 户，电话线全长拓展至 10867. 29 英里。长春和铁路沿线重要地方与大连及旅顺间均有长途电话。

牛庄（Vol. 1，p. 138）

无所评述。

秦王岛（Vol. 1，pp. 160 – 161）

拳乱之前，大清邮政局在秦王岛开设了投递站点，自 1907 年起，当冬季白河封河时处理上岸和离岸邮件。起初，由于缺乏登岸设施，困难重重，临时登陆栈桥有时因为涨潮淹没，经常用小船接收或发送邮件，用骡车往来运送汤河站邮件。现在的邮政局开设于 1901 年 11 月，那时派来一名外国邮政官员、一名中国邮政办事员和几名船夫负责该局业务。现在该局由一名中国办事员负责。冬季大沽封闭之后，大沽的外国邮政官员率领一大批员工到这里来处理邮务。1905 年 12 月，海阳设立了邮政代办处。1909 年，秦王岛村设立了邮政邮箱。

下面的表格展示了这里的邮政局 1902—1911 年的发展概况，1911 年汇票数量的大量增加，是由于海阳驻守了一支帝国军队。

——	1902	1903	1904	1905	1906	1907	1908	1909	1910	1911
投递邮件（件）	30000	36000	43000	52000	57000	60000	61000	64000	76000	80000
发送汇票（元）	400	520	780	3100	3400	3800	4000	6000	7600	10200

1900 年以前，本府①有两家邮局，分别设在山海关和唐山，还有一家夏季邮局设在北戴河。这些邮局拳乱期间都关闭了，1901 年又开始营业。山海关邮政局下设两家代办处，一家在石门寨，距山海关 45 华里，另一家在山海关北 65 华里处的驻操营。一名邮差每天到这两个地方递送收取邮件。1905 年，山海关开设了一家城市邮局，业务兴隆。车站邮政局主要处理往来于满洲的邮件，雇用了大量职员。通往满洲的铁路沿线设有许多邮局，几乎所有沿线城镇都有。本府邮政局隶属于天津邮政局。

1900 年冬，八国联军在秦王岛开设了战地邮政局，这家唯一保留下来的英国战地邮政局，夏季在山海关开设了一家邮局。山海关有一家日本邮政局，收取他们自己的邮件送交中国邮政局

① 指秦王岛所在的永平府，下同。

发送。开平矿务局有自己的邮差每天往来本港、唐山、天津之间。

1906年,中国电报局在这里开设了北戴河夏季电报局,由一位中国人掌管。该分局设立最初数年间,通过天津传送电报,但现在所有电报都经由山海关电报局传送了,每年平均发送电报1600份。去年春季,任命了一名委员(Weiyüan)。该局现归邮传部管辖。

开平矿务局有一条专用电报线连接本港与林西(Linsi)、唐山和天津。该电报线路向公众开放,可通过天津与世界各地联络,但价格是中国普通电报的双倍,每字传送费一元。在中国电报局与开平矿务局电报局开设之前,汤河还有一处铁路电报局,发送所有中国未设电报地方的电报。

秦王岛现在有电话装置,总机设在开平矿务局。开平矿务局总机连接该局各办公室、雇员住宅、码头、防浪堤、铁路车站与一些居民家庭,在林西、唐山的办公室也设有电话。警察局有专用电话连接山海关。

除了上述各种邮政、电报、电话局所之外,辛亥革命爆发之后,日本在山海关军营大院里设立了一处无线电报站。

天津(Vol. 1, pp. 211 - 212)

邮政管理局已发布其完整的工作报告,本报告对此没有补充。关于电报设施,仍有很多地方需要改进。公众抱怨收发电报经常要比由火车或轮船寄信的时间都长,且收费奇贵。据说这些抱怨源于同一个原因,即官报不收费,而且优先发送,结果电报线常常被大量冗长的官报阻塞,电报局用公众发报费弥补自己的开销。

烟台(Vol. 1, pp. 227 - 228)

过去十年,虽然仍有各国的邮政局竞争,但正如下列列表所展示的，烟台大清邮政管理局的业务还是取得了显著发展：

	1902	1911
邮政局数	10	137
邮箱和邮筒数		55
收发邮件件数	522757	5006000
包裹件数	4670	27600
汇兑银钱（元）	11031	107847

1907 年，所有邮路均开通了 80 英里日夜邮差服务。

1904 年，旅顺烟台间海底电报停办。1909 年，根据大清与日本政府的协定，铺设了大连—烟台海底电缆。除两次例外事件，海底电报线路与本十年度初一样畅通无阻。陆路电报的唯一变化是 1909 年开通了黄县—龙口线路。现在的各地电报局，是 1907 年中国政府与各电报公司联合设立的，政府与各电报公司共用。

烟台的电话业务，原由这里的德国邮政局开办，当地中国政府 1911 年接管并进行了扩充，极大地改善了电话器材设备。

胶州（Vol. 1，pp. 245 –247）

虽然 1896 年 3 月 20 日奉皇帝谕令设立了大清邮政局，但直到三年后的 1899 年春，胶海关才在租借地政府的要求下，开通了青岛急需与之通邮的山东中西部内陆主要城市之间第一条邮路。到 1900 年底，12 个城市设立了邮政局，开通了邮政业务，即青岛及其西北方向的胶州、高密、平度、潍县、青州府、邹平、周村、济南府，向南的莒州和沂州府，以及北面的即墨。这些城市的邮政局构成了山东邮政业务的基础框架，在内陆附设了数量充足的邮政局所，青岛邮政局为山东邮政总局。由于邮差长途跋涉，途中缺乏可以在财政上帮助邮政业务取得成功的较小型邮政代办机构，最初一段时间收入很少，但支出很多。开办之初，困难重重：必须挑选和训练合适的职员，要使中国公众对写信有信心，这些都需要时间。

1901 年，青岛胶州间铁路的开通，是开启较大规模邮政业务的第一步。与德国邮政局签订了一份由德国列车车厢运送中国封存邮件的协议。1906 年又与胶济铁路公司签订了允许由中国雇员掌管的单独邮政车厢运送中国邮件的协议。

1901 年，邮差邮递变成火车邮递，使我们的邮件送达胶州仅需几个小时，而此前邮差递送则需要两天时间。胶州现在可以作为传送山东内地邮件邮路的起点了，即西向潍县和济南府的邮路、东向平度和莱州府的邮路[①]、南向莒州和沂州府的邮路起点。

随着铁路开通至潍县（1903)、青州府（1903)、济南府(1904)，邮政网络在山东很多地方设立了营业网点。所有重要市镇都设立了邮政局，不太重要的市镇设立了邮政代办处，农村一些偏僻的地方则设立了当地邮箱。历年设立邮局具体情形如下：

	1901	1904	1907	1910	1911
总局、分局 地方邮局	12	18	20	21	15
代办处		14	27	82	64
邮箱		6	6	14	9

① 原文如此，实际应为北向，指的是从胶州而不是青岛发出的邮件邮路。

这些邮政机构处理的邮件数量令人满意：

	1901	1904	1907	1910	1911
收取邮件	14522	395966	773504	1546500	1365650
发送邮件	9458	170778	314493	563400	447900
递送邮件	2344	253426	418038	901800	897800
包裹（件数）	219	20807	36634	89600	40428
重量（公斤）	371500	56383000	65597000	315300000	135647000
发送汇票（元）	3149	15212	61831	62721	53458
兑付汇票（元）	248	3153	26623	75596	59797

1901 年，将西部邮区独立出来，将济南邮政局设为总局。由于距青岛太远，西部邮区由济南管理效果可能更好一些，在当地处理与省当局的关系也要比青岛方便一些。这种划分在 1901—1911 年间运行良好。1911 年春季，由于某些原因，又将胶州邮区 36 个邮政局划归济南邮区，这就是前面的列表中 1911 年设立的邮政局数以及邮件等数目减少的原因。胶州邮区现在仅西至距潍坊 50 华里的昌乐，南线从安东卫至沂水的所有邮政局均归济南邮区。东面从沙河至金家沟一线，从烟台副邮区分离出来，单独设一个邮区。

1910 年 10 月，邮政司迁往济南，负责山东全省的邮政事务，而胶州则成为济南邮政区的一个副邮区了。1911 年 5 月，中国邮政从海关独立出来，转归邮传部管辖，胶州副邮区也从胶海关独立出来，自此由直接受济南总局领导的一位副邮政局长负责。

中国电报局在青岛设立的电报局管理青岛电报事务，青岛也有一条与烟台和上海连接的德国海底电报线。

重庆（Vol. 1，pp. 265－266）

过去十年间，邮政事业有了显著发展和改善。1901 年底，四川省只有一个邮政总局和四个分局，邮差每星期收送信两次。1911 年，有共计 400 多家邮政局和代办处，除了普通的邮政服务之外，还有 1 万多华里的昼夜快递邮路。实际上，所有重要地方每天都能收到汉口、上海、北京寄送的邮件。比较重要的地方之间的信函递送时间已经缩至最短。

重庆与成都间的信函传递，现在平均需时三天半，重庆与汉口间需 12 天，重庆与云南间需 15 天。邮政服务的改进得到了巨大回报。1910 年收发轻便邮件 85 万份；传递包裹 93000 份，重达 284000 多公斤，四川邮区实现了邮政收支平衡。

1910 年新开了西部地区邮政服务，在峨边（Opien）、理藩厅（Lifanting）、懋功厅（Mowkongting）等地设立了邮政局，这些地区位于四川边界，语言与汉语不同。1911 年，开通了经巴塘至察木多和拉萨的邮政线路。汉口与成都间、成都与打箭炉（Tatsienlu）间也设立了昼夜快递邮差，汉口与半藏区打箭炉之间全长 4000 华里的昼夜邮差线路已经联通起来。

重庆与宜昌、重庆与成都间的大型重磅邮件，由快船邮递。长江上游，水流湍急，航行危险重重，但却很少损失邮件，正如邮政总办在他 1910 年的报告中所言：“任何一位从宜昌到重庆旅行的人，都将对船员们值得赞赏的行为做出正确评价，船员们忠于职守的奉献精神，创造了这些可能的航行记录。”1911 年，因旧政权被推翻，出现不可避免的危险期间，这种忠于职守的奉献精神表现得也很突出。邮政通信仅在完全不可避免的情况下中断了一段时间，但到年底之前又全部恢复了。

电报通信除了增设几家电报局之外，没什么发展，唯一新开办的重要业务是电报线越过巴塘延展到了西藏的察木多。

宜昌（Vol. 1，pp. 276－277）

本十年度第一年，向重庆发送邮件增至每周三次，此外，还进行了小规模的业务拓展，在长江岸边的巴东增设了一处邮政局。翌年，变化不大，业务稍有拓展，西部邮递业有了改进。

1903 年，德国在宜昌设立了一家邮政局。邮政业的另一重要发展是开辟了宜昌至重庆间的重磅邮件的邮船递送业务，这一业务始于 1904 年底，尽管一开始困难重重，但均已逐步克服，现在邮船四季运营，按部就班，整体而言创造了一个非凡的时代。

随后数年间，邮政业务不断拓展，汇票业务扩展到了一些内地邮局，宜昌开始搞加急信函递送业务。德国邮政局 1908 年关闭了。

1908 年，所有重要地方都开办了邮政服务。总体上说，此后主要工作放在了改善西部邮政服务、重组邮区方面，很少再进行拓展了。1909 年，邮船业务交由万县邮政局管理，宜昌仅负责至湖北边界的快邮线路，这条邮路归四川邮区管辖。与此同时，宜昌接管了万县邮区湖北西部的 21 处邮政局和代办处，这样一来，宜昌邮区就扩展到了四川边界，更动工作于 1910 年完成。1911 年，宜昌归并到新成立的汉口邮区。汉口邮政局由一名邮政司坐镇管理，宜昌成了副邮区。

1911 年初，决定改变至四川的快邮线路。此前快邮线路一直沿江而行，现在建议改由通往施南的公路以达建始，然后北向至夔府（Kuifu）处的江边。这一建议得到了采纳，快邮线路做了改变，结果令人满意。以前邮件到达万县需要七到八天时间，现在四天半到五天时间已足够。

整个邮区邮政服务的改进，邮船有规律地往来递送邮件，导致湖北这一邮区的民局一家接一家关闭，现在宜昌只剩一家从事邮递业的民局了。

1911 年 6 月 1 日，邮政业改由邮传部管辖。管辖权的变化，对本邮区邮政业没有影响。

宜昌电报局业务量减轻了。大约在四年前，四川泸州装配了改进型惠斯通电报机，使得与四川方面的电报联系有了极大改善，泸州与汉口可以直接通传电报，不须再经宜昌传送而耽搁时间。

沙市（Vol. 1，p. 291）

沙市邮政局的工作每年都在改进，社会公众给予了很大支持。作为邮政分局，沙市 1902 年设 7 个邮箱，现在设两家内陆邮政局，35 家代办处。1910 年，本地邮政脱离海关，转归汉口邮政总局管辖。1911 年，整个邮政业转归邮传部。1910 年，开通了沙市与汉口间陆路常规邮递业务，全程费时约 72 小时。现在与宜昌也开通了常规陆路邮递业务。

沙市电报局开通了与宜昌、汉口、老河口以及沙洋等地 7 条通信线路。1907 年，接通了汉口—泸州（四川）间电报线路。1909 年，沙洋地方决堤，对电报线路造成极大破坏，数月之后，在毛家场设立两处分局。据报每月发送电报约 700 份。为了节省递送费用，1910 年开通了沙市与荆州间电报线路。

长沙（Vol. 1，p. 310）

邮政业方面，邮政局代理副局长史密斯（V. Smith）先生非常友好，提供了下列关于本地区邮政事务发展的数据。

邮政业各方面都取得了很大进步，本地区邮政已经收支平衡。下面的对照表，清楚展示了本邮区邮政业发展概况：

	1906	1911
普通邮件数	2114837	5906800
挂号邮件数	283598	777600
快件数		67692
包裹数	41400	58168
发出汇票（海关两）	104146	121292
兑付汇票（海关两）	85566	152114
邮差路线（华里）	4114	10091
邮政局与代办处数	34	174

每个重要市镇均有邮政设施，主要场所都有昼夜快递服务，深受公众赞赏，更多这一类服务正在开办中。

长沙有一家日本邮政局，该局只为很小的日本社区服务。

关于电报业务，鉴于其运营的机密性质，电报局未提供任何信息。

岳州（Vol. 1，p. 333）

1899 年，大清邮政在岳州开设邮政局，同时开放岳州对外通商。1905 年，长沙开埠之后，岳州邮区一半邮政局转归长沙邮政局。1910 年 9 月，为了更好进行管理，岳州邮区邮政总局归并于常德，常德邮区扩展至贵州。本报告撰拟之时，常德副邮区正在设立 73 处邮政机构，即一处常德副邮政区总局，一处分局，10 处支局和内地邮政局，61 家代办处，此外还在一些较大市镇设立了 14 个邮箱。现在所有重要城市均已通邮，还在各城市提供那里所需要的昼夜邮递服务，银钱汇兑已扩展至 10 个城市。

岳州电报局设于1899年，一年后设立了城陵电报分局，但直到1905年，常德才设立了一家电报局。此后，全省几乎所有重要市镇都已设立电报局。目前有20家电报局投入使用，重要地方均已有电报线路联通。

汉口（Vol. 1，pp. 351－352）

汉口各租界内都有邮政局，主要用于与各自国家的邮件往来。伦敦与本口之间经西伯利亚邮路需14天。

中国邮政业稳健进步，并赢得人们的极大信任。过去九年间，中国有了独立于海关的邮政局，实际上在海关邮政确定分离之前，该邮政局已不归汉口税务司管辖。邮政发展情况，读者可参阅邮政总办的特别报告。

电报业。由于义和拳的破坏，1902年初时电报线路颇为可怜。长江电报线遭受的破坏，较内陆电报线体系稍轻，重建后有了改进。此后为了适应需求，安设了现代传输设备。使用惠斯通法（Wheatstone methord）的汉口将成为中国最重要的电报中心之一，很可能在本报告印刷发行之前即已成为现实。

1911年6月，欧洲通过北京至汉口的电报传递业务，27%需要两个小时，38%需要三个小时，仅有3%需要超过五个小时。从日本到汉口的电报业务，29%不到一小时，28%需两小时，22%需三小时。

1903年之前，汉口电报业没有保存适当统计资料。是年6月份，有电报16322份，323722词（字），其中27475词为本地发送的外文，296247字为中文。1911年6月，有45605份电报，1147300字，其中69763词为当地发送的外文字，1077537字为中文。中国政府电报占比45%弱。这些统计数字说明，电报总的增长量以及中国人的发报数量，是发报价格优惠的结果。中国汉字尽管发送难度大得多，但发送价格是外文单词的一半。1910

年，发报价格降低10%。1911年末，全国电报价格划一。这些价格的改变，将对汉口特别有利，因为汉口的电报发送距离都相当远。无论如何，他们认识到了价格太高，极不利于鼓励人们利用电报，降低外国文字的发报价格，很可能对电报业是有利的，同时会给贸易带来极大利益。

共和政府接管了电报业之后，确定了划一价格，外文单词每词20分，中文每字10分。

九江（Vol. 1，p. 371）

无所陈述。

芜湖（Vol. 1，p. 384）

芜湖只有一家日本人开设的邮政局，开设目的不明，因为这里只有少数日本人居住，并无日本租界。

中国邮政局开通了令人非常满意的邮路，邮政业务量很大。1911年1月18日始，海关税务司不再担任本邮区邮政局长职务，海关与邮政彻底分离。安徽邮政总局迁移至省城安庆。

芜湖1884年就设立了电报局，不必特别评述。

南京（Vol. 1，pp. 399 – 400）

1902年以来，中国政府邮政业各方面都有了稳步发展和增长。考虑到这些发展和增长所遭遇的民信局竞争以及洪灾、饥荒等困难，就显得更为引人注目。1910年12月5日，海关税务司将他掌管的本邮区权力移交给了一位代理邮政局长，以前的独立邮区苏州、镇江、安庆，包括大通和芜湖，均由代理邮政局长管辖。

1911年底，南京邮区有邮政机构187家，其中23家为银钱汇兑机构。1911年，经办邮件总计11645650份；包裹总计

97075件，其中19340件有保险，保费金额465300元；经办普通信函总计6359600份，挂号信函776000份。南京城除了下关总局外，还设有7家分局，所有分局都办理邮政业务。每天递送邮件增至8次之多，快递业务遍及社区各个阶层。

过去两年间，民局“联营包邮”业务降低了50%，清楚表明本土民信局由于政府邮政机构的有力竞争正在迅速消失，现在如果说不是全部，也是大部分都在被迫从事其他生意，以弥补邮政业务急速下滑的损失。

南京除了政府邮政业之外，还有德国和日本邮政局。德国邮政局设在下关，日本邮政局一处设在城里，另一处设在下关。

镇江（Vol. 1，p. 417）

为了展示大清邮政业的拓展情况，有必要开列几组数字。1904年以前，邮政分局24家，代理18家；1911年，邮政副总局1家，副分局1家，支局19家，内地邮局13家，邮政代理157家，邮箱147处。1911年底，本邮区陆路邮路总长4912华里，帆船邮路2835华里，汽船邮路2110华里，铁路邮路433华里。去年，经办邮件18306600件，1904年为5574953件；经办包裹205860件，1904年为27569件。民信局逐渐退出了邮政业，少量的几家也不做邮政，而是通过大清邮政发送他们的邮件了。官方信函现在通过大清邮政传递，不再经官方信使传送了。鉴于大清邮政是由非专业人士创设、组织、管理，迄今依然取得了令人称道的成就，有人估计，在专家的指导下，将会有巨大发展，尤其是当政府由善意的放任自由发展政策，转向积极关注和支持发展政策时，其发展将更引人注目。

南方及边疆各口

上海（Vol. 2，pp. 12－14）

下面（a）部分关于中国邮政业的情况，是由上海邮区邮政局长多福森先生慷慨提供的。

（a）撰写上一个十年报告时，中国邮政业尚处幼年时期，海关建筑里几间屋子已足够那时的邮政业使用。彼时经办邮件，一年100万份。本十年度，上海邮政业发展迅速。即使本十年度早期阶段，很明显海关建筑越来越不能为邮政业的健康发展提供足够的空间了。邮政业不断地要求增加房间，扩展业务，最后海关后院所有可利用的房间都被占用了。邮政业的迅速发展是由多种因素促成的。铁路的修筑、新邮路的开辟、全国各地新邮局的设立，均有助于大大提高上海作为邮务主要集散地的邮件量。降低邮件资费以及在中华帝国各地新设立的邮政局所等设施，提高了人们用信函沟通的热情。此外，发送给中国十八行省订户的中文报纸，极大地增加了上海邮政业务量，而大量的报纸分发业务急切需要更大的空间来办理。

1907年11月4日，邮政局从海关后院搬出来，在庄严宽敞的北京路安顿下来。此后数年间，邮政仍需海关在财政上予以支持。不过，从海关分离出来，预示着它的最终命运，1911年5月，中华帝国海关与大清邮政最终正式分离。邮政管理局置于邮传部直接管辖之下，上谕任命以前的中国海关邮政总办帛黎先生任邮传部邮政总局总办。

1900年，办理邮件100万，现在办理邮件数增长到了2300万件。由于邮件数量的不断增加，上海市区和上海邮区内设立了邮政分支机构。北京路上设有上海邮政总局，上海市区有13家繁荣的分局，67家邮票售卖处，118个邮箱，邮区内设了16家邮政分局和 50 家代办处。1910 年，这些机构办理邮件 4000 万件。

民信局依然存在，但生意逐年递减。赫德爵士不禁止民信局的明智政策，为大清邮政局带来了难以估量的益处。没有民信局的竞争，大清邮政局不可能有现在的效率。从外国移植过来的邮政方法不完全适用于中国，民信局数世纪之久的经验，表明它们许多具体方法都是正确的，应继续推行。同样的原因，利用非专业的人管理大清邮政，也可能要比从国外引进经过训练的专业邮政人员更有优势。由于要与民信局进行积极的竞争，年轻的大清邮政局必须像其他外国商行一样，迎合中国本土习俗，故采用了许多民信局的方法。因此，大清邮政局的成功，很大程度上是因为竞争对手的存在。作为回报，大清邮政局总是公平地对待民信局，一直给予民信局晚交送托运邮件和早提取邮件的便利。数年间，大清邮政局一直免费为民信局捎带邮件，尽管现在已经收取全价，但民信局仍比社会公众更具有利条件，因为它们支付的邮资是整包邮件的邮资，而不是单份信函的邮资。大清邮政局远程邮件的邮资是统一的，现在事实上已经垄断了远程邮件发送，只有短距离邮件的邮资是变动的，民信局还保有一些这方面的业务。

(b) 上海除了大清邮政以外，还有至少六家外国邮政局办理邮政业务，这些外国邮政局分别由英国、德国、法国、俄国、美国和日本设立。

上述外国邮政，仅美国邮政局不接收包裹。办理包裹的程序是相关邮局把收到的包裹清单送给海关。海关仔细核对包裹清单并随时收取关税。包裹需要检查时，由海关一名检查员当着收件人的面打开，并收取关税，或者必要时由一名海关检查员到接收邮件的邮局，在那里对包裹进行检查。大部分包裹的关税由驻守在中国邮政局的海关官员按美元计价征收，提交给海关，但在有些情况下，相关外国邮局以海关的名义收取关税，按月提交给海关。英、美、德得到各自政府完全认可的邮局，邮寄信函与他们国家国内的邮资相同。

（c）电报，上海除了中国电报局之外，还有下列外国电报公司：

1. 大北电报公司（丹麦）
2. 大东电报公司（英国）
3. 太平洋商务电报公司（美国）
4. 德荷电报公司（德、荷）

1911 年 4 月签订了一份合同，大北电报公司和大东电报公司为中国发展电报和电话业，预付给中国电报局 50 万英镑。两家外国公司每半年按经营外国电报收入的百分比支付给中国电报局，预付款今后十八年年息 5%，全部预付款项和利息 36 年还清。①

截至 1911 年底，中国电报系统仅雇佣了四名外国人。

以上（c）这一部分的内容，引自 1912 年《中国年鉴》。

除了绝大部分军舰以外，到上海来的大型轮船和沿海轮船，大多都装备了无线电报设备。上海本地的无线电报设施，原本仅有设于汇中饭店的一个小设备，远远不能满足上海的需要，急切需要尽快予以改进。在目前这样的时局动荡期间，尽管无线电报也常有中断现象，但实践证明还是最实用的通信联络工具。为了促进本港的航运业，有效的无线电报服务对上海来说，其重要性怎么估计都不过分。

---

① 按：这里记述的电报合同内容，过于简单，因而显得不清楚，有的说法与 1911 年 4 月 10 日《大东大北公司预付报费合同》亦稍有不同，详情参见王铁崖编《中外旧约章汇编》，第 2 册，第 700—703 页，生活·读书·新知三联书店 1959 年。

苏州(Vol. 2, pp. 31 – 32)

过去十年间，邮政业有了极大拓展。1901 年，苏州邮区只有一家总局，一家城市分局，两家内地邮局，一家内地代办处。截至撰写本报告时，苏州邮区已设有一家副总局，6 家城市分局，3 家内地邮局，43 家内地代办处，另有 35 家邮票代售处。1906 年以来，办理邮件从 150 万件增至 650 万件，同一时期，邮寄包裹增加了 60%。现在苏州邮政职员有 132 人，1901 年时仅 20 人。银钱汇兑业有了巨大增长。过去九年间，发出汇票从 5671 海关两增至近 5 万海关两，兑付汇票从 10634 海关两增至 85000 海关两。从社会公众的观点看，过去一些年间即自铁路开通以来，邮政设施大量改进。苏州现在每天投递邮件五次，沿铁路线发送邮件九次。1909 年，本地引进了快递制度，翌年扩展到了无锡和常熟，十分成功，看来快递业需求量很大。由于缺乏良好的陆路交通，运送邮件主要用船。不过，常熟与福山间 36 华里、枫桥与苏州间 11 华里短程快递线路均已开通。1910 年，开通了东山与福里间独立的水路邮政线路，以苏州为中转站。1906 年开通的铁路以及到苏州的汽艇，均已用于投送邮件。下面列出的数字展示了 1906 年以来邮路的拓展概况：

	1906	1910
	华里	华里
快递邮路	36	45
本土船运	562	1258
轮船	280	302
铁路	134	162

民间递信机构逐渐丧失了与邮政局的竞争地位，每年都有一

些民信局和它们的代理机构关门。目前苏州有注册民信局 9 家、未注册 7 家，在其他邮区有代办处 11 家。1910 年 12 月 2 日，民信总局搬进了一处坚固的新建筑里，12 月 5 日开始承办本邮区的邮件。民信总局自本港十四年前开埠以来，一直由海关税务司控制，现已移交给专门任命的一名驻南京的邮政局长管辖，本邮区由一名邮政区巡查员（District Inspector）管理。

电报业除了增加了一些线路，收入也随之增加以外，几乎没什么可说的。不过，总体上看来，这一部门还有很大改进空间，这些改进可望来年实现。

电话系统。现在整个苏州城和郊区电话有很大拓展，运行情况令人满意，似乎已经收回了成本。一些偏远的地区，电话用户受益很大。所有政府部门和重要的商业机构办公室都通了电话。

杭州（Vol. 2，p. 46）

大清邮政自 1896 年开办以来已有很大改进和发展，现在实际上已经取代和吞并了民信局。本邮区 1905 年经办邮件总计 245 万件。1911 年，尽管邮政业遭遇很多不利条件，但经办邮件总数达 789 万件之多。设立邮局（总局、分局、代办处）数，由 1905 年的 62 家，逐渐增加到 1911 年的 115 家，意味着每个重要的城镇和乡村都有一家邮政机构。沪杭铁路建成通车，极大地加快了邮件传送速度，两地每天各自发送邮件三次。汽艇扮演了水上邮件传送的角色，方便快捷。舢板和民船也被用来传送邮件，价格低廉、实用且值得信赖。1910 年 9 月 4 日起，大清邮政业不再归海关税务司管辖，是日任命了一位邮区邮政局长，负责本邮区邮政事宜。

过去十年，浙江省电报业缓慢拓展。1901 年，仅有 15 家电报局，现在有 24 家。没有一家电报局因为业务不足而关闭。不过，浙江电报业还不能说是达到了它作为一种有用的通信方式所可能达到的效率和速度。电报业所做出的任何改进，大多是由于汽艇和铁路的竞争，汽艇和铁路传送信件的速度日益加快。以前省内任何地方的电报，汉字每字 10 分，其他省份的电报，每跨一个省份，每字即加征 3 分钱。外国文字是汉字价格的双倍。1908 年，收费降低了 20%。辛亥革命后，汉字每字 10 分，英文单词每词 20 分，国内报价一致，不办理英文以外的外国文字电报。电报总局以前是官商合办企业，1907 年由邮传部接管，任命了一名浙江电信业经理人。1911 年 11 月革命之后，浙江电报改由上海总局掌管。①

宁波（Vol. 2，pp. 61 – 62）

1911 年 5 月 30 日，海关总税务司将大清邮政控制权转给帛黎先生，帛黎先生奉上谕出任邮传部大清邮政总办。这一任命期待很久了，消息传来并不令人惊讶。现在海关与邮政彻底分离，虽然我的职权范围不能详细讨论大清邮政取得的成绩，但列出下面的简单数字，也可勾勒出过去十年本邮区邮政业的发展概貌：

	1901 年底	1911 年底
设立邮局数	5	177
经办邮件数	412676	7304000
经办包裹数	1860	61300
邮路里程（华里）		3260

① 按：这里记述疑有误。上海电政局 1911 年 4 月迁移北京，称中国电政总局，上海电政局改称上海电报分局。

过去十年，宁波设立了下列电报线，这些电报线覆盖宁波、绍兴和台州府地区：

	1906 年
宁波——宁海	211 华里
宁海——台州	180 华里
台州——海门	120 华里

温州（Vol. 2，pp. 74－75）

过去十年间，邮政业取得了巨大进步。1902 年，开设两家邮局，1911 年增至 35 家。1902 年的两家邮政局分别在温州和处州①，只有温州一家经办汇兑。自那时以来，温州城里和瑞安各设了一家分局，均经办汇兑；内地在平阳县、青田、乐清设了邮局，其中平阳县和青田邮局办理汇兑。另外，内地还设立了 27 家代办处，地点分别是：虹桥、大荆、缙云、林溪、古鳌头、仪山、金乡、松阳、遂昌、龙泉、玉环厅、坎门、碧湖、云和、庆元、古市、莘塍、双穗场、永嘉场、楚门、柳市、八都、小梅、景宁、泰顺、大岀、宣平。

办理邮件从 1902 年的 286846 件增至 1911 年的 788360 件，经营银钱汇兑由 1902 年的 11498 元增至 1911 年的 54604 元。温州以前是独立邮区，归海关税务司管辖，称为邮区邮政局长。1910 年 8 月 5 日，改为副邮区，由杭州邮区邮政局长管辖。

1911 年 5 月 28 日邮政改隶邮传部，以前的中国海关邮政总办任邮传部邮政总局总办，管理邮政。

1902 年 12 月 23 日设立了与外部世界联系的电报通信。这

① 今丽水市古称。

一新兴便利得到了广泛利用。不过电线杆质量很差，经常折断，每星期至少一次，主要发生在兰溪和缙云段线路。

三都澳（Vol. 2，pp. 84－85）

在落后的福宁府，由于没有外国邮政，本地邮政业一直颇为引人注目。首先应注意的是这里邮政业的发展历程。1902 年，只有三都澳和府城设立了邮政局，而到了 1911 年，邮政业务已遍及五座城市和所有城镇及重要乡村，邮递路线长达 1400 多华里。邮件传递不断加速，本十年度初期，三都澳与福州间信函传递时间为四天，现在已缩减为两天。这一地区一直没有民信局竞争，最近又废除了驿站，与外部世界的信函往来只有大清邮政局一家了。下列统计数字显示三都澳副邮区邮政业不断进步的概况：

	1902	1906	1911
邮政局与代办处	2	13	29
汇兑局	1	4	5
邮件	16371	171263	471500
包裹	116	1247	5400
汇票（海关两）	593	17632	20298

1905 年 6 月，从飞鸾小港引出水线，开通了三都澳与福州间电报。本府电报业也没有其他外来电报业竞争，因而电报价格太高，不受欢迎，拓展无望。

福州（Vol. 2，p. 93）

过去十年间，本地区邮政事务取得了巨大进步。1901 年，海关税务司代行邮政局长职权，负责管理不多几家邮政局，经办邮件 40 万份。到 1911 年邮区邮政局长负责本区邮政事务时，已有邮政局 159 家，经办邮件 800 万份，业务拓展十分显著。

电报业也取得了一些进步，1901 年有电报局 6 家，电报线路 732 华里，截至 1911 年，电报局增至 9 家，电报线路延伸至 1055 华里。

厦门（Vol. 2，pp. 105－106）

1902 年大清邮政在福建省南部开展业务时，规模很小，还是个无关紧要的企业。那时只开办了 3 家邮政局，即厦门总局、漳州分局和石码代办处。中外邮政职员总计 13 人，邮路 20 英里。

1905 年底，厦门邮政总局所辖邮局数已增至 85 家，其中包括 9 家分局和内地邮局，74 家内地代办处，邮政职员 212 人，邮路总计 1200 英里。

随后几年，到光绪三十四年——大约为 1908 年，邮政机构已达 136 家，包括 20 家分局和内地邮局，所有这些邮政机构均经办银钱汇兑业务。是年邮政职员 325 人，邮路扩展到了 1800 多英里。

在撰写本十年报告时，即宣统三年——1911 年，邮政局已增至 227 家，邮政职员增至 374 名，邮路增至 2000 英里。

简而言之，过去十年间，自邮政业开办以来，已经使福建省约一半地区同中华帝国其他地区和外国很多区域建立了通信联系。

邮政业的发展表明了其满足社会需要的程度。截止到 1911 年底的六年时间里，收发邮件数量为之前的三倍。

宣统元年，引进了快递信函业务，自始即显示出令人满意的发展趋势。截至宣统三年，经办信函已是宣统元年的六倍。

本十年间，邮政业经历了管理机构变迁。初期近九年时间，海关税务司任邮区邮政局长，全权管理本省邮政业务。此后，全省邮政业务归福州邮政总局局长协调管理，厦门为福州邮区的副邮区，但厦门海关税务司仍然行使厦门副邮区邮政局长职权。后来，1911 年邮政业与海关事务分离，厦门海关税务司不再行使厦门副邮区邮政局长职权，海关与大清邮政之间已无关系。

过去十年间，电报局没有什么变化。

现有的电报局，都是最初设立的，计有：厦门电报局，设于光绪九年（1883）；漳州府、泉州府两个电报局，开设于光绪十三年（1887）；云霄电报局，开设于光绪二十二年（1896），光绪三十年（1904）迁移至诏安。云霄电报局迁移至诏安，是过去十年间电报业的唯一变化。

上述电报线路里程如下：厦门至泉州府电报线 252 华里；厦门至漳州府电报线 212 华里；漳州府至诏安电报线 235 华里。总计 699 华里。

南北电报线路如下：泉州府至福州 520 华里；诏安至汕头 320 华里。南北电报线路总计 840 华里。

以上（第八部分）报告，感谢副邮区代理邮政局长帕金（J. C. Parkin）先生提供资料。

汕头（Vol. 2，p. 121）

邮政。过去十年间，中国邮政业取得了迅速、实质性的进展。1903 年开始拓展内地业务，撰写本报告时，汕头邮区每个城镇和村庄，不分大小，均已通邮，覆盖了广东省整个北部地区。1911 年，包括邮票售卖处在内的邮政设施已达 114 处。经办邮件由 1901 年的 133154 件猛增至 1910 年的 600 万多件。

十五年前邮政开办之初，由海关管理。然而，随着业务的拓展，需要更为宽敞的办公场地，因此建了单独的办公处所，1908

年始由中国官方道台管理。1911 年 6 月 1 日，邮政业进入本十年度发展的最后一个阶段，奉上谕从海关独立出来，此前一直是海关的一个业务部门。

1904 年，德国人和日本人在这里开办了邮政，连同英国的邮政代办处，现在本港共有三家外国邮政机构。

电报业。1911 年 8 月，电报线路从潮州府拓展到了本省北部边界地区的平原，并开始营业。这条线路的开通，使汕头与兴宁、嘉应州、松口、镇平等一些内地重要城市建立了直接电报通信联系。这条线路计划最终通过靠江西最近的电报局联通江西省。

广州（Vol. 2，pp. 142 – 143）

1902 年，广州邮区由原来的 11 个城镇 9 家邮政局、23 个邮政代办处增至 88 个城镇 21 家邮政局、165 家邮政代办处。1903 年，又增设了 32 个城镇和村庄邮政设施，经办包裹 2 万件。1906 年，邮政不再由海关税务司管控，任命了一位邮政局长，管辖三水、江门、梧州和北海邮务。这一年，新设 42 家邮政局。1907 年 8 月，粤汉铁路首段开通邮政业务，9 月，广州城里各处设置了信箱。1908 年，设立了 112 家售卖邮票代办处，在源潭（Yuntam）、清远、北江（the North River）间开办了快递服务。为了在湖南等地拓展业务，组建了两条快递邮路，一条从乐昌到郴州，一条从连州到宜章。在组建这些邮路之前，郴州到广州的信函是通过长江水路邮递，需时 30—35 天，现在郴州到广州的信函只需 7 天时间。这一年经办邮件从 1290 万件增长至 1820 万件。广州发出的普通邮件从 1739000 份增加至 2785000 份。当地递送信函从 44 万件增长到 55 万件。1909 年，开设了 4 家邮政局和 165 家内地代办处，新增 5326 华里快递邮路、575 华里本地民船邮路、152 华里汽艇邮路、80 华里火车邮路。经办邮件从

1820 万件增至 2460 万件。由广州寄出的普通信函从 2785000 增长至 3222000 件，广州当地邮件从 538000 增至 641000 件。广州总局经办包裹 124100 份，价值 4539230 元。12 月 1 日，与香港订立的邮政协议开始实施。1910 年，广东、广西以及海南岛邮政事务均纳入广州邮政总局局长管辖范围。经办邮件总计 4200 多万件，包裹 234400 份。1911 年，邮政管理局与海关彻底分离，以前的海关邮政总办被任命为邮传部邮政总局总办，隶属邮传部。所有这些情况表明邮政业在广东取得了完全成功，更加证明了邮政业的创办者赫德爵士著名预言的正确性。

下面是过去十年拓展主要电报线路的情况：

1904 年，佛山经江门、阳江、水东至高州，900 华里；

1906 年，江门至香山，120 华里；

1908 年，德庆至罗定，200 华里；

1911 年，潮州府经松口、嘉应、兴宁、镇平至平远，1000 华里。

1911 年，中心电报局平均月收入 6000 元，沙面分局平均月收入 2000 元。

九龙（Vol. 2，p. 161）

邮政与电报业几乎没什么变化。本地区唯一的电报局设在宝安县治所南头（Namtow），与虎门（Bogue Forts）、广州、香港通报。一条铁路电报线与广州间各火车站通报。数年前，大清邮政在南头开设了一家邮政局，最近在深圳（Shumchün）、沙头角（Shatowkok）开设了分局或者说是代办处。临近其他许多地方都欢迎拓展邮政业，但目前相关条件尚不具备。

拱北（Vol. 2，p. 173）

拱北地区只有一家大清邮政局和几个乡村信箱。邮局在前山

（Chienshan），1909 年 8 月 16 日设立。每天发送信件十几封，收取信件十几封。主要来自石岐（Shekki）、平南（Pingnam）、Hachak、南屏（Namping）和江门。信件由邮差、平底船、帆船寄送。往来香港的邮件，在澳门葡萄牙邮政局中转。1910 年，前山邮政局收取邮件 124800 份，包括信函、包裹和报纸等，发送邮件 39000 份。澳门有一家葡萄牙邮局，在大东电报公司设了一处分局。

拱北地区没有中国陆路电报，但在澳门通往前山路上的关闸（Kwanchiap）附近设有无线发报设备。该无线发报站是由时任广东水师提督的李准将军 1908 年设立的。这个发报站是广东设立的几个无线发报站中的一个，目的是为同年建造的四艘装备无线电报设施的炮艇提供快捷的指令和信息，这四艘炮艇是派到三角洲镇压海盗的。这些无线发报设备是德律风根系统（Telefunken System）低功率发报机，电波传递半径约 100 英里，只能接收官方电文。11 月革命爆发以来，因为清军在撤退到石岐之前破坏了发报站，无线电报站废止了。

江门（Vol. 2，p. 185）

大清邮政在江门港和江门城各设了一家邮政局，整个三角洲地带大部分重要地方都设了小邮政所，每天都由与香港之间往来的轮船携带邮件，抵达之后由船上的内地旅客携带投送，同样各地来登船的旅客也携带邮件，随轮船带往香港。这种办法很有效，持续至今。

1911 年秋，江门港开设了一家电报局，此前最近的一家电报局在江门城，距港口三英里远。像邮政局一样，本地大部分重要地方都设有电报局，尽管规模不大。

三水（Vol. 2，p. 198）

邮政业。以前三水是总邮区，由海关税务司监督、代行邮政局长职权，1906 年改为副邮区，隶属于广州总局。民信局依然得到很大照顾，尽管大清邮政在有些地方降低了邮资，但民信局还是更受欢迎一些。不幸的是，三水并不在享受优惠的地区名单之列，送往各城镇信函的邮资仍然收取全价，即每封 3 分钱。这种情形自然引起了三水地方士绅和一些商人的不满，对他们来说，这样确定邮资价格似乎是不公平的，例如，寄送佛山经三水至北江一些地方的信仅 2 分钱邮资，比从佛山至三水的还便宜。又如，从三水到三英里外的三水—广州铁路线上的西南（Sainam），一封信需 3 分钱，而在同一条铁路线上，从佛山到广州，三倍多的距离，邮资仅 1.5 分钱。由于西南紧挨着三水，从商业观点看，这两个市镇一定程度上是不可分离的，如果邮资减至每封 0.5 分钱，很可能目前三水、西南之间私人信使递送的商业信函，就会更多地由大清邮政经办了。

至今三水港还没有电报局，电报需先传到西南，再由信使转送到三水，收取一定的小费。很自然，这种情况有时不可避免地会延迟电报送达。如果中国电报局能拓展电报线路，并在本港设立电报局，将给本港带来极大利益。

梧州（Vol. 2，p. 207）

邮政业。1897 年，大清邮政在梧州设立了分局，现在下辖 25 个代办处。宣统二年，梧州邮政分局及其下辖代办处经办信函、包裹、汇票数如下：

接收信函	2125900
发送信函	1252200

续表

接受包裹	34278
发送包裹	1701
发出汇票（元）	10225
兑付汇票（元）	5208

电报。中国电报管理局在广西设了分局，总局设在桂林，下辖11个分局和28个发报站。广西电报线路总长约7500华里。

南宁（Vol. 2，p. 226）

1900年6月，大清邮政在南宁开设了一家内陆邮局，北海海关税务司代行邮政局长职权，他派了一位邮政职员到这家邮局。那时开办了两条邮路，一条到北海，一条到龙州。1901年，南宁邮政局转隶梧州邮政局。过去十年间，邮政业在这些地区稳步发展。1911年9月，南宁成为广州副邮区，任命了一名外国人来负责。新设的副邮区西至广西西部边界百色，东至东面的江口，南至上思厅，北和东北部至贵州边界。南宁邮政局下辖5个分局和支局（其中三个准予经办汇票，限额250元），60家代办处。这些邮政站点设六条主要常规邮路，邮路总长从1901年的800华里增至1911年的约8300华里，其中1500华里为机动邮路。本邮区东北部没有通邮，因为那些地区的部落居民不识字，据说他们认为没有必要传递任何关于他们的牲畜和家人的信息给外界任何人。

广西电报总局设在桂林，1910年之前是一个省属独立机构，是年转隶中国电报总局。南宁电报线分别联通桂林、梧州、龙州和百色。到梧州的主线，分出两条支线，一条到北海，另一条到鬱林州(Watlam)。[①] 至百色的主线分出 3 条支线，一条通向镇安府，另一条通向云南，第三条通向贵州。南宁电报局开办于 1885 年。1911 年 9 月时包括数名技工在内共有职员 18 名，有 5 台设备。通常情况下，每年传送电报 1 万份，主要是与桂林、梧州、广州、香港之间的电报往来。在广西省管理时期，特别税仍然比中国其他省份高，电报传输大规模延期发送是常态。比如，往来香港的电报，自发报之日起 5 到 7 天才能抵达。在电报业归国家电报局管辖之后，这种情况并没有多大改观。商人们渴望对现行管理体制进行大幅度改进。

琼州(Vol. 2，p. 244)

1897 年 2 月 2 日，大清邮政在这里开办业务，同时也在全国各地开展业务。这里与全国各地一样，邮政业在过去十年间取得了相当进步。

1907 年，建立了马可尼无线电报系统，穿越琼州海峡，建立了海口与一个称为徐闻的地方的电报联系。过去数年间，由于海底电缆或因陆路电报线很少处在正常状态，本港与外部世界的电讯联系极不方便，电报局有一半多时间不营业，令人十分恼火，台风季节尤甚。

北海(Vol. 2，pp. 254 - 255)

过去十年间，大清邮政在本邮区不断地开设邮政机构，北海设了总局，各地下设 48 家分局，本邮区邮政总、分局共计 49 家。1911 年，总、分各局总计经办邮件 50 万份，邮路总长 1100 英里，所有邮路均依赖步行。当然，本十年度末政局动荡，极大干扰了邮政业。局势稳定之后，一个新时代开始了，

---

① 即今玉林。晚清民国时期已有鬱林、郁林、玉林多种写法。

总体改革方案按部就班地推进，商业将繁荣起来，邮政业也不会落伍。

我们有三条电报通讯线路，一条至位于法国治下越南边境的东兴（Tunghing）；一条至西江（West River），在西江与广西线联通至广州；另一条至高州，那里有一条支线联通广州，还有一条向南的支线联通海南。这些线路大多数时间通讯正常，但由于台风、洪水以及白蚁为害电杆和电线，电讯时有中断。

龙州（Vol. 2，p. 268）

邮政业有了相当发展，开办了很多邮政代办处，这得益于各类学堂的开办和驻军的增多。龙州邮政通信一直靠徒步邮差，他们的生命时常受到盗贼的侵害，有些邮差丢了性命，但由于信函本身并不值钱，所以很少损失。1910 年，龙州邮区转为广州副邮区，随后邮政与海关于 1911 年分离，所以龙州又成了内陆邮区，隶属于南宁副邮区。

中国电报局在边疆地区开设了 11 家分局，主要是为了军事目的，也为公众服务。由于恶劣的天气和动乱，龙州与内地的中国电报线经常中断，在内地电报线中断的情况下，与外部世界的通讯联系总是要依靠东京（Tonkin）① 的法国电报局。

蒙自（Vol. 2，pp. 278 –279）

邮政业。过去十年间，邮政业连续不断地迅速进步，每年经办的邮件、包裹、汇票数量以及开办的邮局数不断增长。一言以蔽之，邮政业有了飞跃性的发展。

由于铁路开通，因而有了一条新的经东京的快速邮路；重组了邮区，连同先前的腾跃、思茅等独立邮区，合并于云南府总邮区，

---

① 越南河内旧称。

由一名邮政局长管辖。这些都是这十年间邮政业发生的主要事件。

很不幸，通过海防（Haipheng）促进邮政业发展的设想，由于价格高的问题，刺激效果大打折扣，因为那里几乎没有改进现状的要求。可能会考虑改经陆路传递云南与华中邮件。

虽然二者的关系现在还不明显，但邮政业的发展间接受禁烟的影响。云南民信局一开始就独立于政府邮政业之外，对政府邮政持敌对态度，拒绝在政府邮政部门登记。但是，他们的主要收入来源是递送鸦片烟的资费，禁烟举措严重打击了他们的竞争力。

讨论云南的邮政业，要知道数千华里邮路都在多山难行的农村地区，道路常常由于暴雨和洪水无法行走，到处都是无视法纪之人和盗匪。然而令人吃惊的是，所有邮政服务都仍在进行，不仅一直维持，没有中断，而且还不断有所改进。

电报业。下列电报业信息是云南府电报局经理提供的：

1902 年初，本省开辟电报线路 4595 华里，设 21 处接发报站，线路连接：

1. 云南府经宣威（Süanwei）至贵州和四川线，505 华里。

2. 云南府经通海（Tunghai）、蒙自至广西线，1475 华里。蒙自设一条支线，经蔓耗（Manhao）至河口（Hokow），293 华里，河口电报局与法国电报线联通；另一条支线连接通海（位于云南府与蒙自半途中）至思茅，1235 华里，该线与法属老挝线联通，现已停止运营。

3. 云南府至大理、腾越（1087 华里）和缅甸线。

1902 至 1911 年十年间，本省电报业拓展情况如下：1903 年 50 华里；1909 年 1210 华里，其中最重要的线路是昭通（Chaotung）至（贵州）威宁（Weining）线、大理至丽江府线、开化（Kaihwa）至河口线；1910 年 600 华里，其中宣威至东川府（Tungchwanfu）315 华里；1911 年，永昌府（Yungchangfu）至顺宁府（Shunningfu）线320华里。截至1911年底，全省有电报线路6775华里，电报局、站点34处。

思茅（Vol. 2，p. 294）

思茅始设邮政业恰好十年了，但这十年间邮政业并没什么突出的特色可言。在早些时候，存在比现行的邮差递送邮包更迅捷、廉价的方式时，人们无法享受邮政业进步带来的喜悦。铁路无疑是促进邮政业发展的重大因素。不幸的是，至今没有修筑铁路的计划。1910年，思茅由一个有自己邮政局长的独立邮区转为副邮区，一位邮政局职员代行副邮区邮政局长职权。他郎、普洱、磨黑邮政代办处设于1902年，石膏、按板代办处设于1906年，镇沅代办处设于1911年。1909年，为方便英属掸邦的中国生意人，开辟了思茅—景栋①邮路。然而，这条邮路只在干旱季节即12月至来年5月通邮。同年开辟了一条支线，即著名的按板—磨黑邮路。目前共有邮路2300华里。1910年，思茅经办邮件增至42300件，汇兑约1万元，但经办包裹量没有明显增长。

1907年，思茅架设连接省城云南府和蒙自的电报线，随后设立了普洱、他郎、青龙厂、通海、临安五处收发报站。这些收发报站都由中国雇员负责，因英语尤其是电报知识有限，有时候很麻烦。云南府的官员负责电报线维护，但大部分时间丢给贫穷、愚昧的乡民去管理，仅仅在十分必要的情况下，才派出经过训练的雇员，结果自然是电报线经常发生故障，增加了发送电讯的难度。我这里引述海关代理税务司休斯顿（Houston）先生的话，会对本省这一地区电报线的用途有比较好的认识。他说："云南西南部本地居民非常珍视各种金属线，发现粗细不一的金属线用来捆绑各种木桶的支架非常好用，为了满足自己的喜好，

① 位于缅甸东部地区。

把电报线不多的附加物取下来。这些人的过失给普通公众带来了极大不便，思茅与蒙自间的电讯经常延迟，直到修补了空缺才得以通讯。”另一条连接思茅与老挝猛获的法属邮电局电报线设于 1897 年，但现在已完全不可用。当地人对有价值的物品几乎毫无兴趣，除了金属线。在沿途很多地方，甚至电线杆都被拆走了。

腾跃（Vol. 2，p. 306）

1903 年腾跃开设邮政业之前，云南西部地区送信是当地商人的私人企业从事的业务。腾跃开设邮政局后，永昌（Yungchang）和龙陵（Lungling）很快就首先开设了分局，每星期递送两次邮件至缅甸邮局。现在每星期往返八莫（Bhamo）三次送取邮件，每三天经永昌和下关（Siakwan）至云南府。中国邮差至缅甸境内 15 英里处的中转邮政局屯洪（Tunhong）需三天半时间；腾跃至八莫 142 英里，需五天时间。雨季雇用克钦人（Kachins）作邮差，他们对致命的疟疾类疾病有免疫力。疟疾那时在边界地区非常流行。

腾跃邮区现在与设在按板的思茅邮区和设在楚雄的云南府邮区相连，与缅甸没有包裹邮递业务。

电报业，无所评述。

奉天

奉天（Vol. 3，p. 16 – 17）

本十年度初期，牛庄海关税务司掌控满洲邮政业，代行满洲邮政局长职权。那时除了牛庄，满洲还有 14 个邮政局。邮政业的发展动力充足。1904 年，经办邮件 500 万件。俄日战争严重阻遏了邮政业的进步，经办邮件从 1904 年的 500 万件猛降至 100 万件。战争中断了横跨西伯利亚的邮政，1903—1904 年邮件需三个星期抵达欧洲。战争一结束，邮政业即很快恢复了，1906年经办邮件数量达到了战前水平。所有战争期间关闭的邮政局所，均恢复营业。南满铁路从军事当局手里接管过来以后，邮件传递加快了。同一年，新民府支线开通，通过这条奉天与山海关的直达铁路，无需再绕道牛庄了。1907年，横跨西伯利亚的邮路重新开通，至欧洲的信函缩短至15天。截至1907年底，整个满洲有80处邮政局所，一名专任邮政局长驻守奉天，管理整个满洲邮政事务。1908年，洪水中断了铁路交通，影响了邮件传递。然而，由于新设了很多邮政局，经办邮件总计达1200万件。1909年，邮政业继续快速发展，有必要将满洲邮区划分为7个副邮区（奉天、牛庄、哈尔滨、宽城子、安东、吉林、锦州），所有副邮区依然归驻守奉天的邮政局长统辖。经办邮件数增至2000万件。翌年，即1910年，又增加500万件。1911年初，整个满洲邮区流行鼠疫，年末又发生政治动乱。此外，吉林副邮区省城遭遇火灾，半个城毁于大火。尽管有这些不利因素，经办邮件数仍增至3200万件。满洲邮政业在幼年期苦苦挣扎前行。鼠疫、战争、洪水、饥荒、火灾不时妨碍邮政业发展。尽管如此，满洲邮政业在财政上尚能自给自足，预示着在未来和平环境和繁荣时代的美好前景。

奉天是奉天省中国电报管理局总局所在地。1903年以前，电报线路约840英里。1906年，拓展电报线路，增设了一些电报分局。奉天电报局提供的数字显示，奉天省现有电报线路总长1870英里，1911年接收电报134358份，发送电报144599份。

陆征祥存札选编

喻　乐　吴　顺　整理

编者按： 本篇收录民国时期著名外交家陆征祥所存各方来函40余通，时间跨越1910—1940年代。函札作者中既有蒋介石、阎锡山、康有为、段祺瑞等政界人士，也有顾维钧、曹汝霖、钱泰等职业外交官。这些函札既反映了陆征祥的社会交往，也记录了民国时期政治、外交的侧面。原件存比利时圣安德鲁修道院。

（一）段祺瑞[①]函

（1912年□月29日）

敬启者：

贵部曾宗鉴一员，去岁调随北洋第一军，转战南北，办理行营交涉事宜。该员明敏精果，刚柔并济，戎马勤劳而资得力。兹阅贵部组织部制，该员素依左右，自己驱策有方。惟该员于鄙人既有相随之谊，即有一日之知，故不能不亟为一言，祈酌予优职，俾得尽其长才，实所切恳，勿责鄙人以越俎为幸。该员现充贵部总务二厅秘书（记似编纂）科长，附其略历，希垂鉴不宣。

弟　段祺瑞顿首

整理者： 喻乐，柳州市第二中学教师；吴顺，中国社会科学院近代史学系研究生。

① 段祺瑞，字芝泉。时任民国北京政府陆军总长。

廿九

附：

曾宗鉴，福建闽县人，留学英国，圜桥大学校政治理财科毕业生，历充外务部丞参厅主事、英股一等股员，现充外交部总务厅办事员。

（二）王兴蓂函

（1912年6月16日）

窃观天下大势，自古及今，自中及外，治国在政，为政在人。人得政宪国治，人逆政乱国失，至诚言也。近推清室亡由，妇女擅政，褒贬昏迷，权宠亲贵，邪淫放行，贪私无厌。宦官藏郿坞之敛，君迫臣盈；国家列诸强之卑，民辱身荣；疆土视如冰裂，好己无闻；百姓无所安息，富己虐民。故清室文武百官，未授任先行贿，既接任即食赂，其弊一也。甚败政乱纲堕，外患内忿，纵横日炽，殃及天下，一败而失，乃政不在，人所致之矣。及武昌义愤，四海之民举首而望，奚为后我。是以征而克不至，而服民志，尽欲乘势而强吾国，拯水火而就安矣。既民国成立，何则举大处小，弃本务末，种种事体较清尤劣。甚关切要政治民事，毫无见于国家振兴功劳。南息北逆，东荒西逃，官潜兵乱，民变商闭，何见有抚恤黎民盛举。且君主尚以民事为本，况今民主、民事更不宜缓，一旦祸起，嗟为吾国生灵悲忧。以近患而论之，权衡仍任戚密，赏罚不法，外官虐民勒捐，惩察不明，军师残杀荡淫，律责不严，怨声载路，民心不得，盗贼蜂起，刑罚不中，财政困难，救济不能，吞啮外交，后虞不顾，无倾乱端，延不早图，待祸萌丛生，滋蔓难除，临时政府难望有恒。适独立战争，疆土溺乱，难免外交不有击后之害。既执政者驱逐被戮，或谋遁流自荣，使百工商民陷之于血泥，父母妻子丧之于沟壑，弗为内勿所感，外勿所赞，遗臭万世，贼臣之名也。譬取韩人为鉴，而吾国乱无息矣，危至极矣。居民上者，宜抚心而问之。近闻崇德高贤掌握国务重任，贵民勤政，宇内钦佩，坚志兴国，恐反被谋。冀愿奔投案下，乞一执鞭之士，终身竭效方寸之能，息吾国内乱，同享共和之荣，塞诸夷外侮，以正共和之名，境界政宪民安，以列强国之首，建筑天下矿业造厂，不使权利外溢，则不亏生于人世然狭志望亦足矣。登进无门，呈投片纸以为介绍，蒙得容纳，生死不辞。非矛盾痴言，妄求禄位，实不忍甘视吾国纷乱为万国讥奴耳。谨此敬布，仰祈国务总理陆君阁下垂鉴，伏恳照察，伫候示谕。

中华民国壬子六月十六日

东莱商民执海参崴华丰泰事王兴冀再拜书

（三）黄任贤函

（1912年7月4日）

国务总长钧鉴：

兹值民国成立，破坏方终，建设伊始，赖公擘画艰难，为民国谋奠安，中原藉以生色，侨民鼎视，列强瞻仰。当此维新之初，派选各国公使必须德望兼隆，设可以保护侨民，尊崇国体。而美使一缺最关要紧，前颁禁例，苛刻频仍，今验勾虫，百端阻止。兹美国断绝华侨足迹，实皆由历任公使昏庸，致侨民困苦颠连而无告耳。查冯君自由，外交熟手，游美二次，与此邦士员交厚，侨民深知，前经电求政府尊处，请派充驻美正使；而康君琼昌少游美国，通达侨民隐衷，才华卓越，复以法律深纯，举凡关员苛待不公之例，挑剔驳除，西人社会常聘演说，屡书报章，长才伟略。此孙公、冯君等所深悉也。若选为代使之任，于民国大有造福，于侨民亦大为欢慰。公权衡在握，似非侨民等所宜渎听，然国体攸关，聊贡刍荛，以俟采择。伏惟见谅，并颂政安。

民国元年七月四号美洲华侨全体黄任贤顿
金山美洲中华民国总公会（印）

（四）于驷兴[①]函

（1912 年 8 月 5 日）

子新总理钧座：

前此驺从过昂昂溪时，宋都督曾遣交涉局张会办寿增驰往迎候，以雨夜道阻，未能达昂，而行轺已发。旋闻安抵都门，晋总国务，昨又悉二次内阁业经成立，中外额手，欣幸何如。窃思民国数月已［以］来，财政则异常恐慌，兵队则迭起暴动，蒙藏则相继反抗，日俄则互结阴谋，统一无闻，危机日迫，而又重以党见纷争，几陷于无政府地位。今幸风波之稍息，自宜建设之速图，急起直追，培基固本，端惟我总理是赖矣。西望燕云，莫名企祷。驷兴自去冬交卸呼伦道篆，经周中丞留办卜垣交涉总局，今年复经宋都督改派都督府秘书长，现又以大总统命令各省派代表三人赴京，以备咨询。驷兴遂列江省三人之选，刻正清理经手事件，大约十日内外准可起程。晤教匪遥，益殷渴想，先此肃报，神与俱驰。恭颂勋祺，伏维垂察。

于驷兴谨肃
八月初五日

（五）张绍曾[②]函

（1912 年 12 月 16 日）

子欣总长阁下：

正拟裁笺布悃，适承藻翰先颁，既奖誉之殷勤，复㧑谦之过

① 于驷兴，字振甫。时任黑龙江省都督府秘书长。
② 张绍曾，字敬舆。时任民国北京政府绥远将军。

当，回环庄诵，且悚且惭。库约发生，举国震駴。外交棘手，应付为难。先生再掌钧衡，力撯危局，艰难国步，重仰贤劳，诚以物望所归，遗大投艰，非公莫属。此后折冲樽俎，捭阖群雄，旋乾转坤，荩筹攸赖。

绍曾出塞以来，瞬逾两月，边防吃紧，饷绌兵单，际此时艰，深虞陨越，惟有竭愚殚虑，力筹攘外安蒙。所幸伊乌两盟近日渐消反侧，西蒙全体，谅保无虞。惟逆库跳梁，暴俄勾煽，此次竟成协约，实冒中外不韪，冀破世界和平。细揣外情，近来风云，交涉方始，革命思想，弥漫全俄，应接不暇，遑言用武，虚声恫吓是彼惯长。鄙意中央计画似宜表示镇静，一面严密备战，著著进行，操纵在心，外交得手，和平解决，亦未可知。

公以外交巨眼，俯瞰机宜，浩大时艰，必能挽救。一身全国，珍重维宜。天际匪遥，远祈麈教。专肃奉复。敬颂勋祺。

张绍曾鞠躬

十二月十六号

（六）阎锡山[1]函

（1912 年）

子欣总长钧鉴：

夙钦麟范，弥切依驰。忽奉鱼笺，备承奖饰。临风盥诵，感愧莫名。敬维望隆中外，匡济艰危，仰睇斋云，倍殷祝露。锡山学识谫陋，绠短滋惭。去秋晋省民军起义，仓黄推戴，坚辞不获，始力任其难。然秉钺一周，毫无裨益，正思洁身引退，推贤让能，适俄蒙协约发见，晋尤边防紧要，义不容辞，惟有竭尽棉薄，作军事之计画。前闻我公政躬违豫，暂息仔肩，锡山至深焦灼，时有斯人不出如苍生何之慨。今幸顾念时艰，力疾任事，统

① 阎锡山，字百川。时任山西都督。

筹全局，复我主权，不禁为四万万同胞馨香祷祝也。锡山不武，惟有厉兵秣马，为我公后盾耳。肃此谨复。敬颂勋祺。

阎锡山鞠躬（山西都督印）

（七）宋小濂①函

（1912年）

子兴先生阁下：

辱奉惠书，感纫奖注。就维荩躬康复，力任外交，出处关天下之安危，声望为友邦所悦服。当此国基初定，外侮环生，樽俎折冲，端资伟画，燕云在望，时切驰依。小濂谬以轻才，勉肩重寄。自俄库协约发表，江省尤急切燃眉，昕夕筹维，固未可稍涉张皇，亦未敢漫无戒备。惟兵单饷绌，难奋空拳，尚祈指示机宜，俾知从事。专此奉复。敬请勋安。

宋小濂鞠躬（黑龙江都督宋小濂印）

（八）瞿宣治②函

（1922年5月28日）

相国世伯大人钧座：

谨肃者。前闻福体偶尔违和，计已早占勿药，眠食胜常，至为驰系。顷得好音，知不日东山再起，持节此邦，逖听之余，曷胜忭慰。伏惟世伯大人以潞国精神，温公德望，泰斗中外，领袖敦槃，谨为国贺得人，岂徒私颂而已。宣治愚庸无似，将来倘得仰蒙节取不弃，葑菲得以常承训诲，勉效驰驱，岂胜感幸。

近因患胸膜炎（Pleurisies），卧病旬余，幸已渐愈，惟尚未能下床。知关垂注，谨以附闻。病后体弱臂颤，不能端书，尚求

① 宋小濂，字友梅。时任黑龙江省都督兼民政长。

② 瞿宣治，号希马，瞿鸿禨次子。时在中国驻瑞士公使馆任职。

鉴原。肃此预贺，伏惟垂察。恭叩钧安。

世伯母大人尊前叩安。

侄　瞿宣治谨上

五月二十八日

（九）瞿宣治函

（1922 年 6 月 17 日）

公使世伯大人钧座：

敬肃者。侧闻荣命，喜盼星轺。恭维公使周知四国，望重郑侨，坐领湖山，风高白傅，遥贺之余，载颂载祷。宣治自维驽骀之选，厕随汉使之槎，从此得追陪杖履，饱饫陶镕，曷胜欣幸。履新约在何时？驺从何日莅止？政躬近想康泰，敬以为念。

宣治前患肺膜炎，甫将平复，忽又患热症，前奉五月三十日手谕，未能恭复，至以为罪。六月九日热度高至三十九度八，幸旋渐平复。现热已退净，惟元气大伤，医言宜多静养，俟身体复原，尚须至维纳（Villars）山中换新空气，以除病根。知关廑注，缕述以闻。专肃。恭叩崇安，恭贺大喜。

世伯母大人尊前叩安贺喜。

属吏世愚侄　瞿宣治谨上

六月十七日

（十）瞿宣治函

（1922 年 6 月 28 日）

相国世伯大人钧座：

谨肃者。前于十七日恭上贺禀，计邀钧鉴。迩来伏想杖履康强，门庭吉庆，定符下颂。日昨衮使转宣德意，属令安心供职，闻命之余，感沦肌髓。猥以樗栎庸材，渥荷优容，不予汰斥，仰隶帡幪，曷胜欣幸，敢不勉竭驽骀，力图报称，亦求时施训诲，俾毋陨越，是所叩祷。

兹舍下寄来先公诗集及四种纪略，恭呈一册，聊备披览。贱恙幸托福庇，已将全愈，堪慰廑注。现拟于七月朔赴薇娜山中养息，惟久旷职司，深滋内疚，仰蒙世伯大人暨衮使均加体恤，不施谴责，感悚之私，曷有涯涘。专肃寸禀，兼申谢忱。敬叩崇安，伏惟霁鉴。

相国夫人阃福。

顷医来诊察，云余病未净，须再缓数日方能赴薇娜。谨以附闻。

世愚侄　瞿宣治谨肃

六月二十八日

（十一）瞿宣治函

（1922年7月26日）

相国世伯大人钧座：

谨肃者。前奉赐片，感谢无已。旌节临莅熊城，理应恭迓，惟以贱躯病后孱羸，自薇娜归后，医言尚须赴南方将养，始能复原，但畏长途跋涉，改赴附近之Gurnigel，拟在此静养旬日，即行回熊城销假。此次未能追陪杖履，至为负罪，尚求鉴原。驺从何日往维西？如蒙谕知驻节馆舍，俾得通候，至为感幸。前闻荣膺国际联合会首席代表之任，不胜欣贺，虽盛德谦让未遑，想政府终深倚仗，未易摆脱，行见折冲尊俎，蔚为国干，以光禹域，是则所预为祝贺者也。专肃恭贺。祗请崇安，伏惟垂鉴。

相国夫人福安。

如蒙赐谕，请寄Bad Gurnigel为叩。

世愚侄　瞿宣治谨上

七月二十六日

（十二）瞿宣治函
（1922年9月12日）

使相世伯大人钧座：

昨上寸笺，计登钧鉴。铜鹿照片已晒就，谨呈一张，伏乞裁夺。

昨又看得三物，一铜雕织女，面手牙制，可代麻姑，价六百八十佛朗；一牧女七羊大理石雕，价四百八十佛朗；一铜雕三鹿，价四百四十佛朗，均极精工。侄意最好俟驺从来京时，命驾一观，再行定夺也。

致陆杏苑及Anchises函稿拟出，敬求斧削后发下缮寄为叩。衮使辞任及钧座递书，均改十九。惟递书似稍嫌草率（未知有无先例），不如向例隆重。钧意以为何如？前呈觐见礼节，是否仍在钧处？便中敬求谕及，因带回各稿无此件耳。

旌节十五莅临，何时车到，敢祈预示。僚友拟合伸杯酒之敬，兼为衮使暨汪夫人祖饯。何日为宜（十六至十九之间），并乞裁示为感。

天气骤寒，伏惟珍卫。专肃。敬请崇安，伏祈垂鉴。

使相夫人及令姊女士前请安，女公子致候。

侄　宣治谨上

九月十二日

（十三）唐在复[1]函
（1922年6月5日）

子兴吾师尊右：

自违杖履，数月于兹，惟乏淑之堪陈，致音书之鲜达。近接

① 唐在复，字心畬。时任民国北京政府驻意大利公使。

衮甫公使来札，读悉渠将东归，瑞京使席虚悬，政府请公出山担任，并稔吾师已复电俯从。此后吾国在欧同人，又获长者为之领袖，斗山在望，矜式有资，坛坫争辉，犹其余事，想私心庆幸者，非徒在复一人而已也。

北京政局变动，谣传已有多日，而官中迄无消息，想气象尚在混沌中。东海道德学问人莫与并，其辈望亦在他人之上，大可左右时局，纳斯民于轨物中。乃经营数年，仍未克厌众人之望，则代之者之难乎为继，不问可知。闻国人现皆属意于黎黄陂，是亦救急最善之计，惟此老恐未必肯再入漩涡耳。专肃。敬请双安。

唐在复谨启

十一年六月五日

（十四）唐在复函

（1922 年 8 月 1 日）

兴师尊鉴：

复近因联合会行政院在伦敦开会，于上月十六日至英，廿四日事毕赴法。在途中接到上月廿日赐谕，诵悉种切，并稔玉体欠安，将提前移驻维希 Vichy 调治，闻之歉然。但轺旌七月廿五日启行，而复适在巴黎，于回义归途中，正可取道维希，走谒寓庐，则又为之一快。且因新接部中来电，有须呈阅者，亦有须与长者当面接洽者，实不可少此一行。当在巴黎定计，于星期日午后，偕念劬兄仝来维希。到后亲往 Hotel des Celestins 探谒，始悉星轺尚未莅止，音尘莫接，为之爽失者久之。旋即发一法文电至瑞士之 Rodé-Fiesco，询问长者来维行期，亦未接获回电，伫候二日，怅惘若失。想因长者已在旅行中，去电遂致无法投递然乎。复拟在此再候三日，日必向 Celestins 旅馆询问，深盼有信到彼，以便赴站恭迎。若此信到时，长者尚未启程，或尚须展期，则请速行电示。倘长者见许，复亦可亲赴 Rodé-Fiesco 叩谒，面陈一切。统候电示遵行。

再，前手谕内附来义币支票及提单等，均早收到，已交朱秘书爽丰查明妥办矣。专肃。敬叩痊安。

太太、小姐均安。

唐在复叩上

八月一日

（十五）唐在复函

（1922年8月22日）

兴师尊鉴：

此次在瑞，得亲函丈，畅聆诲言，并蒙玛达姆设馔相邀，款待之优，感萦心膂，多谢多谢。叩别后匆匆南返，车道绵长，不免劳乏，加之炎暑蒸郁过甚，胃部旧疾再发，回义后惫不能起，不得已弃置一切，安心静养，今始复原，因之日久未通闻问，怠缓之罪，尚乞鉴原。吾师谅早移趾在维希清泉胜地，服食浴治后，气体必益增健。复胃有宿疾，维希亦颇相宜，惜开会在即，不能重赴维城，追随杖履，憾何如也。

大会第一代表，部定不再派人，是仍盼健复后仍来主持之意，不识师座何日可到？祈示知，以资准备。专肃。敬叩崇安。

唐在复谨上

十一年八月二十二日

（十六）钱能训[①]函

（1922年6月5日）

子兴我兄总长大鉴：

奉红海赐片并三月二十六日大函，藉稔一帆风顺，安抵罗

① 钱能训，字傒丞、干臣。曾任民国北京政府内务总长、国务总理。

村，欣慰奚似。

仲卿作古，同学凋零，仝深感慨。部中恤金已照章办理，至于公启集赙，已函安生主持，拟稿尚未得复。四忠祠“经世经国”四字匾额，早已照办悬挂，堪以告慰远注。

馨使离日乞休，汪使调日，部以兄现在瑞，奉商屈就。有此一举，而尊产可有圆满之解决，尤可稍减训之罪戾，此训所以倍加舞蹈也。奉直之战，张败梁走，政局急转直下，恢复旧国会牵及主座地位问题，东海因之仓皇离新华宫赴津，国事风云有如此者。现黄陂来否，尚无确耗，周阁以公民资格暂维现状。此等情势，但望平顺渡去，产一较善世界，是所默祷耳。章使求归，闻雨农往代，业已内定。惟国会既复，又须多一通过手续，则发表之期势必迟迟矣。各部厉行减政，凡官制及考试分发者外，概行停薪，听候甄别。此亦北京官界一大革命也。

弟去秋患脑弱症，调养稍愈，而胃病又作，矧衰病残躯，不复堪供驱策，遂以今年一月五日去职，多方调摄，现幸健复，然对于国事之悲观，则仍日甚一日也。专此奉复。敬颂夏祺，并候尊夫人俪祉。

弟　训顿首

六月五日

（十七）钱能训函

（1922年6月17日）

子兴我兄大鉴：

五日泐复寸缄，计邀青览。我公使瑞已见明令。瑞邦为欧洲天堂，政府顾念勋旧，特以此席为公暂时休养，艳羡何似。国会以不足法定人数，尚未正式开会，可免月前通过之烦。雨农使瑞那，贯微为院秘书，均已发表矣。

仲卿事，仕使得安生函谓，查悉仲卿动产不动产之在华者约三万余金，为孤寡计，已敷度日，如是则公赙一层可以作罢，因同学诸君大半尚远不及也。尊意以为何如？特此驰贺，并颂夏祺。

弟　训顿首

六月十七日

（十八）王承传①函

（1922年6月9日）

总长赐鉴：

顷奉钧复，敬悉一是。年前我总长京津启节，未及叩送行旌，满拟由沪放洋时当可再瞻颜色，不意船期展缓，迟迟其行，迄今思之，犹觉耿耿。今既养疴来瑞，罗绿两埠，近在咫尺，极愿趋叩崇阶，并贺任喜。瑞士南部一带，前曾到过，夏季炎热，自在意中，尚不敢为苦。惟我总长既拟月望移居山间，临行之前自必督理征装，忙劳可想，兼之夫人向来不耐暑热，日间定颇为苦。有此原因，承传等谨将此行暂罢，俟年底春初，瓜代有期，再当趋赴瑞都，面聆训诲。山间寒暑无常，尚求珍摄格外为祷。

顷闻驻挪威萧君，现奉部电调部（想另有高就），遗缺以余君祐蕃充任，未到任前暂由瑞典王君赍祺兼署云。东海辞职，暂由国务院代行职务，并以呈闻。

夫人尊前及小姐前，均乞为叱名请安，藉叩钧祺不一。

承传敬上

内子附叩

六月九日

现拟月之十六七日旅瑞，经德返丹。附闻。

---

① 王承传，字钦尧。时任民国北京政府驻丹麦使馆代办。

（十九）刘镜人[①]函

（1922年6月9日）

子兴我兄如握：

别后正深驰系，接读由紫升交来阁下致紫、健与弟手书，藉悉近况拮据，意兴萧索。我兄志趣高超，一生廉介，历扬中外垂三十年，而积蓄之依然如故，甚至所入息金尚虞不能敷用，清廉若此，求之当世，实所仅见。回忆去岁在北戴河聚首，促膝谈心，所以详询尊况者，盖预为虑及耳。尊函所述拮据情形，弟曾婉达次长，并请其设法帮助。适逢其会，部中因馨吾归国后不愿再回东京使任，询得衮甫继任之同意，次长遂将弟所告之尊况面陈总长，并以瑞士一席推荐我兄。当经总长赞同，故即驰电台端，征询同意，得复许可，即由部电嘱衮使询瑞士政府同意。乃在此时间，政局忽发生重大变更，东海辞职，令国务院摄行总统职务。衮甫使日命令，因已得日政府同意，赶于东海临行时发表，而我兄使瑞之简命，因其时瑞士复电未到，以致延搁。（瑞政府同意之复电，于总统行后二日始到。）雨农使斯冈提那夫，亦因那威复电未到，不及任命。然事既预定，当不致另有更动，不过发表之迟早问题耳。一班要人政客，主张东海去后，黎黄陂复位，旧国会复集，但黄陂通电痛诋弊政，要求废督裁兵，非此不能就职。旧国会议员仅集数十人，与法定人数相差甚远，且恢复国会之合法不合法尚属疑问，故究竟如何定局，一时难以逆料也。兹将近日报纸所登，择要剪呈台阅，俾知大概。弟依然故我，滥竽俄事，建树毫无，屡欲卸职，未能如愿。值此政见分歧，办理尤形棘手，然非畏难思退，实因苦乐不均，自觉徒劳无谓。弟不善迎合，不知附势，是我生平缺点，想知己知兄，不以

---

① 刘镜人，字士熙。时任外交部条约研究会副会长。

我言为牢骚语也。

仲卿故后，弟等本拟开一追悼会，因杨家讣闻未来，致稽时日。来书以其身后多累，提倡由同学中量予周助，请由安生兄拟具公启，各旧友共同列名，具见重视友谊，念旧不忘，无任钦佩。弟与紫、健两兄函达安兄，商询一切。旋接渠复函，述仲卿兄身后情形甚详，其家况尚属充裕，同学中不如彼者不知凡几，弟等颇以安兄所云应注意其子嗣为然，周助之举，似可无须。除函复安兄外，未知尊意以为如何？安兄函并附上。此复。敬请台安。

尊夫人前问好。

弟　刘镜人谨启

六月九日

顷悉本部业于本日将阁下使瑞案提出国务院，呈请任命。又及。

附：陈贻范[1]函

（1922 年 6 月 1 日）

紫升、士熙、健人学长阁下：

久未闻问，梦想为劳。月之二日，忽奉朵云，展诵之下，如亲色笑，旧日风光，又返脑海，快乃如之，慰何如之。子欣总长西行以后，只接其一片一函，并未谈及周助仲卿学兄子女事，骤读尊示，茫然不知所谓。乃次日即奉欣公函，读之恍然于此议之如何发生矣。旧日同学在京者多，诚如尊示所云，公启一节，即由公等举办，似较便捷，请即偏劳。但周助之说，处此经济困难之日谈何容易，举办此事，能否凑有成数，照今亦难逆料，故欣

① 陈贻范，字安生。曾任驻藏宣抚使，中国参加西姆拉会议首席代表。

公亦甚以此为虑，并云此事不必告知仲卿夫人，俟凑有成数后再告不迟，如无结果，更不必提及云云。京中各同窗情形，弟茫然无所知，至在沪诸人，赋闲者多，即枝栖有所者，所入亦无几，即有佽助，亦不能望其丰润，故此事之可否毅然进行，当以日后之有无良好结果以为断，否则鞋子没穿得着，倒落下一个样，甚无谓也。诸公之意以为何如？至仲卿学兄身后情形，尊处想尚未悉，试为详述于后。

仲兄有洋房二所，一在麦特赫思德路，赴坎乃大之前购进，价值洋银一万两，现时至少可值一万三四千两光景，年来租与洋人居住，从前收租不过六十两，现闻拟加至百两。仲卿在外时，其租银即归伊夫人收用。一所洋房在法华，现在本人居住，其婿亦住在内，每月贴予房租四十元，仲卿夫人仅收二十元。仲卿生前保有人险，计西班牙万五千元，现在除去各项欠押款外，共取得六七千元。此外尚有领得之部款，统由伊婿经手，存入麦加利银行取利应用。伊婿为人朴实可靠，必无可虑。是仲兄身后统计约遗下三万元左右。此就以上所开各产而计之者也，若能谨谨保守，一无浪用，亦还可以安舒度日。所最当令人注意者，弟以为乃在仲兄子女之教育、婚配二事。仲兄有一子五女，除已嫁一人外，现尚有四女。彼等教育虽可不十分认真，而其子之教育则应格外注意。从前弟曾劝其送入圣约翰青年会学校，而已为报名，乃临时不到，报名费遂白白丢去。此子仪表甚好，倘中学程度得能毕业，由同学诸人中为之设法送入北京税务学堂，或另有可谋出身之处，则仲卿夫人将永有所恃矣。伊子之本事乃吃不尽用不完也。公等之意以为何为？专此奉复。敬请台安。

弟　陈贻范再拜

午节后一日

□使前乞为致意，并贺新任大喜。

（二十）步翼鹏[①]函

（1922年6月9日）

总长钧鉴：

六月六日接奉四月二十五日赐函，敬悉福躬健康，潭第清吉，至为快慰。

拙辑《养正诗歌》，谬蒙热心提倡，分赠各藏书楼及东方图书馆，中学西渐，力任沟通，好善之怀，优于天下，中外受赐，匪第鹏一人感激已也。陈安生处已将书寄去，并附函声明承谕代寄赠一部之意。此书曾印就白粉连纸者二十部，较前书略为漂亮，兹寄上二部，祈查收备览。按照预约券办法（较定价减二毛），除已寄九部外，尚剩七十五部，敬候支配。送人清单寄到，即为分致，并代拟赠书函稿一件，敬祈酌改。倘另有赠书办法，亦祈示知，以凭遵办。地址条已收讫。肃复。敬颂钧安。

步翼鹏谨肃

六月九日

（二十一）步翼鹏函

（1922年6月21日）

总长钧鉴：

十四日肃寄一禀，计已呈览。旋于十五日敬谗简命，荣膺驻节瑞士，闻之不胜欣喜。伏念我总长名高北斗，望重西欧，坛坫久焕，光辉中外，想望丰采。兹复驻星轺于山明水秀之邦，公务饮闲，藉可气吸新鲜，景览佳胜，于政躬极有裨益。以清明之志气，挽浊乱之时局，必能为国家社会造福，鹏敢为中国得人贺，

① 步翼鹏，字翰卿，山东无棣人。辑有《养正诗歌》。

所以欣喜者在此。朱贯微先生现已任命为院秘书，尚未由崇晋京。陈安生处现有函来，于《养正诗歌》爱如珍宝，并谓宜详请教育部令各书坊刊印，分送各小学校，俾资讽诵，于世道人心极有裨益等语。此意只好俟诸异日耳，谨以附陈。肃此布贺，祇颂钧安。

步翼鹏谨肃

六月二十一日

（二十二）陈箓[①]函

（1922年6月26日）

兴老总长钧鉴：

数月以来，满拟趋候崇阶，辄以事阻，至歉。钧座使瑞，上月已得消息，曾函询劼孚兄已否发表，嗣闻汪使移驻日本，业于上月初三日奉令。顷奉大示，欣悉我公使瑞已于十六日发表，喜慰无似。但瑞士地小，不足回旋，但冀大局奠定，再起东山，则为国造福，益无涯矣。典型在望，尚乞时赐教言，俾资秉式。专复。恭贺任喜，顺叩双安。

陈箓谨上

六月廿六日

（二十三）魏宸组[②]函

（1922年6月7日）

涤生[③]先生左右：

顷接乾若一电，嘱转公一阅，特抄录于下：

---

① 陈箓，字任先。时任民国北京政府驻法国公使，后任伪维新政府外交部长。

② 魏宸组，字注东。时任民国北京政府驻德国公使。

③ 陆征祥，又号涤生。

国会在津自由集会，东海初一辞职赴津，暂由内阁维持现状。各省推黎，但本人尚未慨允，并转欣老。淦。初六日。

顷接王承传自瑞士寄来一片（王系丹马代办，现在瑞士游历），有“汪去陆来”之语，不知何指，是否有公代衮使消息？此间毫无所闻也。专此。敬颂潭福。

魏宸组顿首

初七日

（二十四）魏宸组函

（1922 年 6 月 13 日）

涤生先生左右：

顷接手书，知瑞士消息确实。此举于公于私皆大有裨益，可喜之至。瑞政府既答复，决不致因北京政变而中止也。俟发表后，便中尚望示知为荷。组拟下月中揭眷属在东海 Basin 地方小住月余。此处不甚大，但清净，与小孩最相宜耳。公避暑比国计画，若瑞事成，不知能实行否。敬颂潭福。

魏宸组顿首

十三日

（二十五）魏宸组函

（1922 年 6 月□日）

涤生先生左右：

顷接惠书，知公事业已发表，至为快慰。瑞馆尚属清闲，馆员亦均称得力，公可藉此休息，至善至善。据近日报章所载，国内颇有统一之望，果尔，洵为大幸。日来未接国内特别消息。此颂潭福。

魏宸组顿首

（二十六）魏宸组函

（1922年8月24日）

欣老左右：

顷接惠书，知组陈各意为公采择，快慰之至。联合会既辞过，即不必再提，俟部来电催问，即云现在医院，非两三星期不能出院，则混过矣。组于第一次派为代办时，亦系如此办法，部催一次答一次，而会期已过矣。致沈、方两电，已饬照译发。鞠如事不过从旁一提，措词无大关系也。兹姑拟一稿，请公酌定。即颂潭福。

宸组拜启

少川①兄鉴：岳参事学识经验，兄所夙知，倘有机缘，予一使席，同深感荷。

（二十七）魏宸组函

（1922年8月24日）

欣老左右：

顷发一信，计已达览。组意公既告病不赴会，而同时又为使馆请款，又为他人谋公使，似不甚相宜。但请款电报已发，无从追回（请款电虽发，亦无妨碍，不过候接任时再发尤妥帖耳）。保人电报应否稍缓，希公酌定。再颂近安。

组顿首

八月廿四第二次

---

① 顾维钧，字少川，时任民国北京政府外交总长。

（二十八）刘崇杰[1]函

（1922年7月4日）

兴老总长尊鉴：

同洲异地，未获趋候起居，每企杼辉，曷胜驰系。此间地僻，一切信息不灵，昨得任先公使来书，始悉我公重有驻节瑞士之托，敦槃表望，忭颂良殷。杰抵日后，碌碌逾年，所差堪以奉慰者，馆内外事，一皆谨守平居矩诲，幸免贻羞。唯是国中多故，财竭民疲，在外者尤难以赤手支撑，后顾至可虑耳。日国习惯，使团必于夏季离开日京，对外体面所在。杰亦随例，定于日内移居 Saint Jean de Lus，取其地邻日境，有事往返较称便也。

书不尽言，溽暑唯百凡珍重，幸甚。专此。敬申贺悃。肃请勋安，夫人坤福。

刘崇杰谨启

七月四日

（二十九）谢维麟[2]函

（1922年7月8日）

总长钧鉴：

前奉六月十四日赐书，敬承一是。久稽未复，歉悚无似。日前劼使谭悉荣膺使命，移驻瑞京，不胜欣贺。履新已有定期否？深用敬念。海牙自上月中旬起开抒努瓦之继续会议，数旬以来，各国意见尚称融洽，欧陆经济或有转机希望矣。劼使于日前携眷赴德，现住 Wiesbaden，大约在彼必有二三星期之勾留。

麟自成婚后，家严处仍时时去禀，并将婚礼情形详细禀陈。

① 刘崇杰，字子楷。时任民国北京政府驻西班牙（日斯巴尼亚）公使。

② 谢维麟，后任国民政府驻挪威公使、驻瑞典公使。

近据家兄来函，悉家严近来对于麟此次办事已无不欢之意，知关廑念，用敢附闻。专肃。敬请钧安。

太太前乞呼名叩安。

谢维麟谨肃

七月八日

（三十）谢维麟函

（1922年8月24日）

总长钧鉴：

月初赴德旅行旬日，归奉赐谕，敬审勋祺康胜，至慰。下念承颁尊影并康先生代书联语、小影两纸，敬领，谢谢。麟此次婚事，屡荷关注，不胜感悚。现幸家严处已无责言，大约初以情形隔膜，故未遽表赞允耳。麟与内子益当相敬相爱，相谅相原，不敢有稍逾范围之举，俾与婚姻之原则相符。惟麟等新婚年幼，素仰高德，敢恳训诲时锡，以当座右，无任叩祷。

闻衮使已定下月东渡，长者何日赴熊城？深为驰念。此间日来天气甚凉，不知尊处如何？专肃。敬请钧安。

夫人前呼名叩安。

谢维麟谨肃

八月二十四日

（三十一）外交部电①

（1922年7月12日）

八日电悉。执事对于代表席次谦德殊佩，应即以陆使为第一代表，执事第二，黄使②第三。至行政院事，已电征陆使同意。

① 此电疑为致驻德公使魏宸组电。

② 黄荣良，时任民国北京政府驻奥地利公使。

惟本届伦敦会议仍盼勉力一行。外交部。十二日。

（三十二）曹汝霖[①]函

（1928 年 6 月 12 日）

兴老座右：

久违风采，时切遐思。今春劼甫内渡，奉到尊夫人纪念章，并询谂起居无恙，深以为慰。比奉惠书，详述归依教宗，具见毅力宏愿，舍身救人，不胜佩敬。吾国古来大智慧、大英雄，或学贯人天，由入世而研究出世，或功成名就，舍名利而皈依三宝者，不乏其人，公闻之，当亦出之意外而为之悯慨也。

现在政局丕变，定都南京，北京由阎锡山与政治分会维持。各部均南迁，官商失□，不可胜计，从前欠薪更无从说起。惟我公人格久为南中要人所敬仰，况已捐作善举，不为私有，尤为他人所不能。鄙意现值伍梯云、李石曾、王亮畴诸君均联袂游欧，不妨由公将前后情形与伍、王、李诸君一谈，请其向南京政府请托，或可特别办理。尊意以为如何？弟自民九以后迁居津门，绝不预闻政事，甲子合肥再起，弟亦未参政议。上年张氏入京，强邀组阁，更决然谢绝。非鸣高也，实自顾菲才，绝非可以肩此巨任，况军阀之举措，实难以满意。此次退出关外，途中遇炸弹，生死不明，则又不禁为之怆然。军阀结果，愈演愈惨，天道示人，可以发人猛省。要非有悲悯大愿、舍弃一切之大力不可。儒讲为仁，佛讲普济，与西教博爱之旨如出一贯，可知古今中外，其道一也。吾公将来布教全球，万流宗仰，其成就功德岂有涯涘。颂祝无量。

国内情形，年逊一年。方奉手书之时，雨帅尚在北京，然已四面楚歌，知其决难持久，故对于尊属一节，实觉无从启齿。今

① 曹汝霖，字润田。曾任民国北京政府交通总长、外交总长、财政总长等职。

则北伐告成，奉系率部出关，局面又为一变，国体虽未变更，然五色国旗业已改易青天白日矣。现在南北业已统一，希望从此停止内争，从事建设，则吾民十数年之牺牲，或有收回代价之希望。盖近年来各省因战事影响，交通阻滞，商业凋敝，民间十室九空，困苦情形决非意想所能料到，与我辈当局时代相比，真不啻有霄壤之别。言念及此，为之恻然哉。感于让忍二字非何观念，并愿吾公发大精进，成大愿力，得无上道，以方便法为众生忏悔业行，祈祷安乐，本大慈悲，圆大功德，此则尤为俗世老友所馨香祷祝，以期待于仁者也。肃此。顺颂修祺。

弟　曹汝霖顿首

六月十二日

（三十三）曹汝霖函

（1928年6月17日）

子兴道兄慧鉴：

前承赐圣史，歉□未复。莼臣归国，承慧玉照并询悉起居，热忱毅力，同深钦佩，而一瞻道貌蔼然，想见万念皆空，一心救世，真众生之福星也。中国古来居高位不能行其志，退而皈依佛法，发宏愿，为众生造福者不乏其人，人目为遁入空门，无补于世矣。愚则以为，修身治国平天下，世间法也。舍身普渡群生，出世间法也。消极的救世与积极的救世，初无二致，所谓博施济众，必如圣乎，中外立教之本旨其揆一也。我公悲天悯人，勇猛精进，将来之造就，讵有涯涘哉。方今人欲横流，世道日下，生民涂炭，而当国者醉心武力，内争不已，古昔相传之礼让为国、相忍为国之哲训，更无人能记忆。爰将吾公出世修道之苦心及本笃派之教旨公之《大公报》，非为公宣传，实冀彼居高位者闻风兴矣。

徐菊老、段芝老均住津门，健壮如常。范老上年厄大病，现已回复。周辑老时住大连，谢绝世事。同辈中，钱幹老早归道山，林长民、范静生复先后辞世，黄陂亦于月前逝世。耆旧凋零，海外闻之，能不为之凄然乎。京津秩序，此次均未破坏，王聘老于青黄不接之时，维持北京治安，尤可佩也。拉杂。复颂善安。

弟　曹汝霖顿首

六月十七日

（三十四）顾维钧函

子兴先生台鉴：

承示俄使所谈，已面交吴议长，允与各团体切实开导，勿挑恶感，遗误大局。各报馆已派人分头往说矣。甚念，敬布。我国人民程度如此，未必皆知轻重，所以难也。余容面罄。

弟　钧顿首

廿二

（三十五）顾维钧函

（□年11月15日）

欣老道鉴：

奉九日赐书，敬悉道履清休为慰。辱寄祷文等件，均已展读，谢谢。又承转潘君之书，亦奉到，当另函谢。至前承惠诒《民国统一完成十周纪念》多份，除已分送此间人士外，尚余有百份，遵嘱奉璧，另包寄上，祈察收为幸。专此奉复。敬颂道安。

顾维钧拜启

十一月十五日

（三十六）康有为函

（1912年8月18日）

子兴总揆阁下：

昨邮尺书，想达典签。承电虑问，备仰雅量。顷瓜分之说腾布，蒙藏自立，乱象遍伏，危乎岌岌，远生隐忧。门人伍生宪子，名文琛，沉毅忠诚，海内希觏。今在北京《国民【公】报》，甚熟党人，而极敬仰执事，愿效忠于左右，性良慎密，可托腹心。仆有以告之言否面达。公吐哺振发，进而接之，必有补于执事。见伍生如见仆也，敬问兴居，为国自爱。

有为再拜

七月六日

（三十七）康有为函

（1922年1月29日）

慕庐老弟：

献业发春，伏惟万福。前沪行惟谈承许泩欧过沪，再得于见，预拟衔杯为忆，并与嫂夫人及侄女、侄子欢见。顷奉贺柬，乃在瑞士发，行旌已在山水佳处，以高似情。惟慕庐二字刻在柬中，贺柬递于万里，孝子思亲之孺慕，良友不忘故人之遐思，于一柬见之，令老夫执柬高叹而远思不任也。

吕顺与郅那画之湖波，莽不离峰巅之积雪，皆旧游之地，或旧怀人，我男如何。

敬颂春厘，并问潭安。书不尽意。

有为再拜

正月二日

（三十八）康有为函

（1922年6月2日）

惠书并尊公石刻及各件属书者，皆收谨悉。属为尊公撰墓志并书，发挥盛德，深愧才下。惟生平迂拘，不敢谀墓，所撰故人深知者不过数篇，若写则自先母墓表外，未尝为人书也。惟公救我大德，常铭五中，久无以报，且公拳拳于父师，纯孝忠厚之盛德令人起敬。虽老眼多花，生平畏作楷，自殿试后数十年，只有写先庙记、先母墓表，今不能不破格，竭力为尊公撰书，以少酬恩义孝者报也，此亦报也。今即撰成呈正，定望即酌定寄还，以便写正。

罗村在意北柳街诺湖畔耶，风景至佳，丙午曾游之，犹在梦寐。当时亦曾相宅，与公同意。今奉洛交哄，战云惨凄，执事乃能超然世表，优游湖山，左顾孺人，右弄稚女，从容看读，其乐何量。礼立侄女，慧而好学，既兼通五国之文，尚能在远不忘故国，所作书深入鲁公之室，他日何可量。承示琐琐，用中国仆及爱女伴厨买菜，想见执事笃念故国，教家俭勤，与公一生温良恭俭忠厚之德相表里，其敬小慎微，真得稼书先生之遗教，而见许文肃公知人之明也。瞻企喜跃，不任汗漫。游余，幸以罗村宅居拓影见示，俾如相见。吾杭州西湖营别墅，自湖滨至一天山巅，上下卅亩，竹木交荫，俯瞰全湖，望公他日归而同游乐。瑞士吾曾欲买宅五，游而极乐之，有佳花木，望以见贻，俾种之以为纪念。此园名一天，中为人天庐，山巅曰别有天，室曰开天天，堂曰天游台，曰寥天一。今日阅奉直战报后作此书，吾两人亦在天国而为天人矣。

曾文正号涤生，功德崇高，公其有所慕耶！畜德养晦，优游待时。

敬问涤生老弟万福，夫人及礼立侄均候。

有为谨启

四月十六日

（三十九）钱泰[①]函

（□年12月31日）

欣老赐察：

奉十二月廿二日、廿六日两示，敬悉一一。

枢机员中国得占一席，足征教宗之重视我华，于公教广播方面大有裨益，已遵示将爱铎函寄谢使参阅矣。至蒋主席所赐我公美金一节，鄙意并非为枢员，因主席对于我公素所关切，且主席向例待人厚道，鄙意似以领受，托比馆转呈谢忱，较为得体，不必电请收回成命也。未知公意谓然否？专复。即颂道绥。

泰上

十二月卅一日

（四十）孙科[②]函

（□年1月5日）

征祥先生道鉴：

展诵惠书，备讳发春献岁，道履绥和为慰。承示眷怀祖国，并为下走祈祷，深感爱护之忱，益当竭尽驽骀，为民族效力也。专复致谢，并颂台祺，顺贺年厘。

孙科敬启

一月五日

---

① 钱泰，字阶平。时任中国驻比利时公使。

② 孙科，时任南京国民政府立法院长。

（四十一）张群[1]函

（1937年1月22日）

子欣先生道鉴：

钦迟德矩，隔阔海天，景星庆云，每殷劳伫。先后展荷惠书，敬承法铎宏宣，德輶精进，重溟远企，增慰无任。前者赠诗善勃赫博士，钦其术学，聊识景行，尚辱谢词，愈诵谦德。我公道力弥纶，勇猛精进，欣闻晋铎，庆贺特深。诸品遥颁，足资纪念，甚幸甚谢。

西安之变，中外震惊。幸屯剥之运，不远而复。蒋公平安返节，中外同欢。承闻每日祈祷，以此功德回向祖国，精诚所格，自致祥和，为意至盛也。裁书布臆，不尽倾驰。敬候道祺。

张群拜复

一月廿二日

（四十二）蒋介石代电

（1938年4月7日）

陆司铎子欣先生惠鉴：顷接瑶章，远承注念，祈主降福，至切感铭。我国抗战，亿兆同心，咸具最后胜利之信念，誓为艰难不屈之奋斗，复兴之期，会有其时。特以奉闻，藉纾远怀，并祝健康。蒋中正。阳。侍秘。鄂。

（四十三）宋美龄函

（1938年10月20日）

征祥先生道鉴：

承赐《拥护公理之比国亚尔倍》一书，敬奉悉，自当拜读，

① 张群，字岳军，时任南京国民政府外交部长。

以益增抗战决心。先生之祝辞及代委座与龄祈祷之诚意，实非常感谢而当永志弗忘也。窃念委员长之英武断，决不亚于一九一四年之比王亚尔倍，但列强袖手旁观十六阅月于兹，坐令强寇直入，使我国独立撑持，其环境之艰苦，实倍于当年之比利时。但我国仍当本抗战到底、自力更生之旨，与敌周旋，使其泥足愈陷而陷［愈］深，直到崩溃覆亡而后已。先生学问道德冠绝人伦，外交先进，一言九鼎，当有以助祖国抗战建国之道，尚希有以赐教，国家幸甚，民族幸甚！谨此复谢，并颂时祺。

委员长附笔道候。

十月廿日于汉口

孙瑞芹自传（三）

张坚一　张未名 译　关　康 校

第七章　《正报》停刊[①]

除了1923年夏天，在《正报》门口被一名无法无天的美国使馆警卫攻击，不得不在医院里休养了两周之外，我在日本报社的八年是平安无事的。尽管在此期间《正报》名义上的老板换了三人，但都不能与我在《导报》的三个月相比。同样，《正报》的编辑之间或编辑部几乎没有矛盾。当然，在有关中国及国际问题上，我和高孟奇先生观点并非总是一致，但我们都没想过在渡边先生面前互相伤害。虽然没有从工作中获得任何精神上的满足，但我始终完全相信，我的同事也没有取代我的意思。

我对《导报》的感受则完全不同，这一点前面两章已经说过了，但更麻烦的日子还在后面。阎锡山被打倒，可能从此彻底出局了，尽管我对他从不抱希望，但必须要说的是：他给了北方中外报社相对的自由。像《大公报》这样直言不讳、特立独行的中国报纸能在北平发行，足以表明他在这方面的宽容。当然，在为期六个月的内战期间，也存在某种形式的新闻审查，但以我

译校者：张坚一、张未名，孙瑞芹之外孙，现居美国；关康，中国社会科学院近代史研究所编辑。

① 从本章起，部分内容和章节次序有所调整，部分标题为译者所拟。——译注

在《导报》前三周撰写社论时的感觉，审查制度远没有中央政府时期严厉。

阎锡山完全忙于处理更紧迫的军政事务，对一份外文报纸并不感兴趣，更没有直接控制《导报》。在晋系统治的最后几个月，报社的补贴减少到每月2000元，由张荫梧领导的市政府提供。刘先生接管了《导报》，并被任命为业务经理，完全控制了编辑部。虽然刘先生不是报人，但他并不想让《导报》像很多晋系的报纸一样沦为纯粹的宣传机器。他对编辑人员的期望是不刊登明显不利于山西方面的消息，也不得刊发那些赤裸裸的宣传文章。简而言之，在移交给国民政府之前，他维持了《导报》的传统，即报纸必须是独立的、建设性的和自由的。对于许多了解柯乐文先生的人来说，他是否遵循了这些原则还很难说。

最初两周，《导报》没有实质的变化。洪德先生继续撰写社论，内容大多数是外国政治和本地琐事。有一段时间，他负责中国的评论，但通常是模棱两可、不得罪人的，所以许多不那么敏锐的读者仍然深信，《导报》还是由中央政府补贴的。

在回顾辛博森先生4月下旬的一个早晨来《导报》之前，我必须提到一件发生在《导报》被晋系“收编”后不久的事。在3月27日左右，那位澳大利亚前同事打电话给我说，渡边先生匆匆去东京出差回来后，向工作人员宣布，日本政府决定立即暂停出版《正报》和《顺天时报》。起初，我以为他在开玩笑，因为我认为，鉴于中国即将发生内战，报纸的发行量有望大幅上升，因此不会关闭这两家报社。但泰勒先生所言非常肯定，我不得不接受他的说法。他给我打了电话之后，又来我家讲了对未来的忧虑，以及能从《正报》得到什么补偿。我告诉他不必担心后一点，因为日本人一向慷慨，并且有一条不成文的规矩，如果解雇一个没有任何过错的人，他们至少会支付六个月的工资作为抚慰金。然后我补充说，即使在我主动辞职的情况下，渡边先生也付了我两个月的工资。这似乎使他放心不少。他又问我既然柯乐文先生已经走了，现在是否可以帮助他进《导报》。需要说明的是，在1925年夏天泰勒先生作为新闻编辑加入了《导报》，当时克拉克先生是负责人，但不到两个月，他就被解雇了。从那时起，他一直对克拉克先生心存不满。

现在继续说《正报》。在泰勒先生来访之后的第二天，报社宣布了停办和清算的消息。两天后，《顺天时报》也停办了，渡边先生也是该报的老板。收到消息后，我心中五味杂陈。在这两份报纸中，《顺天时报》的知名度更高，历史更悠久。与若干有关本地报纸历史的中国出版物所言相反，《顺天时报》并非由日本人创办，它是义和团事件之后不久成立的中国报社，但很快就落入了一位日本报人的手中，此人后来被称为日本官方助理。据说后来该报得到了日本官方的资助，尤其是日本方面意识到在中国首都需要一个喉舌，以便在中日争端中表达自己的观点。从那时起，该报一直由日本政府通过外务省控制。

由于其日本官方的背景，《顺天时报》一直是被批评的对象，有时还遭到中国同行的激烈谴责，特别是在两国矛盾不断的时期。毫无疑问，很多攻击和责难出自同行的嫉妒，因为该报就算不是华北地区最好的，也是最好的之一，发行量最高时超过日均一万份。另一方面，中国报纸对该报表达的不满也可以理解。一个被普通中国人认为对他们心存敌意的外国政府，在中国首都用中文发行报纸，并与私营的中文报纸公开竞争，这肯定是一种不正常的现象。不平等和不公正的竞争是多方面的。首先，中国报社没有实力与有日本政府资源支持的外国报纸竞争。其次，一份不受中国法院管辖的报纸，总是比中国报刊更具优势，特别是在军事紧急时期，因为它可以发布任何报道，而中国报社却不得不接受官方审查。

但是，《顺天时报》也并非一无是处。如果没有一些优点，任何报社都不会兴旺，《顺天时报》也不例外。因为得到了日本政府的补贴，它不得不在中日矛盾中站在日本政府一边，但也不像后来国民党的喉舌那样，让彻头彻尾的宣传充斥版面。事实上，它不止一次发表了中国方面对中日重要问题的看法。编辑意识到，为了使中国人能够购买并阅读该报，他们必须发展其新闻专栏。即使最激烈的反日记者也承认，在北平出版的所有报纸中，《顺天时报》的新闻是最好的。

该报非常受中国官员和商人的欢迎，原因有二：首先，由于是日本人办的报纸，它可能对中国政治保持中立。其次，出于同样的原因，它总是试图在市政事务中为本地商业团体发声。它以优质的纸张、丰富的内容、极具吸引力的版式招徕中国读者。同时，该报由称职的中国和日本工作人员编辑，故而每天的发行量都超过中国报纸。

由于在过去的15年中，中日两国风波不断，《顺天时报》一次又一次遭到了中国人的抵制，但都没有将其难倒。它总是能够得到日本政府的支持，安然度过危机，继续经营。它在1930年3月停刊之前遭到的抵制为期最长。1928年5月济南事件后，学生们立即开始抵制。同年6月国民党占领北京，党部的所作所为使事态变得更加严重。送报的苦力被党部的纠察队逮捕、监禁，邮局的邮递员拒绝投递。情况一度变得非常严重，以至于管理层不得不聘请日本人用摩托车送报。毫无疑问，党部采取的措施是故意扼杀外国报纸的发行，党部爱国人士目无法纪。

日本管理层的信誉尽管遭到严重的挑衅，但没有一名中国雇员被解雇或减薪。同样情况下，中国报纸很可能已暂停出版，解雇日本员工以图报复。当《顺天时报》关闭时，所有中国员工都拿到了六个月的遣散费。

为什么日本政府突然决定关闭《顺天时报》和《正报》，仍然是一个令人费解的题目。当时的总体印象是，这是滨口政府的紧缩政策造成的，但我试着给出另外的解释。对经济的考虑自然在政府的决策中起了一定的作用，但还有其他更重要的原因。滨口首相和外交大臣币原喜重郎都是自由主义者，不同意前任田中内阁的激进政策。他们与中国保持着密切的联系，并且可能意识到，受日本资助的中文报社早已失去实用性，迟早要停办。毫无疑问，他们也知道《顺天时报》已经成为近两年中国抵制活动的受害者。《正报》没有受到影响，由于它用英文出版，故没有被南京的外交部关注。从这个角度来看，这两份报纸的停办，是东京对南京方面示好的结果。

天津有大量优秀独立的中国报纸，如《大公报》和《庸报》，所以中国公众并没有那么敏锐地感受到《顺天时报》的消失。《顺天时报》曾经如此受欢迎的一个原因，是在内战时它可以发表任何消息。虽然本地报社不能这么做，但是天津出版的中文报纸总是能够在字里行间给读者传达信息。此外，《大公报》和《庸报》都在北平建立了他们的派送系统，订户可以在每天上午 11 点之前拿到报纸。对于大众而言，《顺天时报》的消失并未产生任何不利影响。

《正报》与此不同，这就是我当时的感受。许多人对我及早脱身的远见表示祝贺，但我说，如果我知道《正报》会暂停出版，就不会跳槽到《导报》，不是因为公司给予的优厚遣散费，而是我与生俱来的性格就是同情失败者，并且会成为最后一个抛弃失败者的人。确实，在得知《正报》关门的消息时，我曾高兴了一阵儿。我问自己，是不是因为仅在几天之前，《正报》发布消息请山西当局注意：《导报》是唯一尚未被南京接管的阎派报纸。现在发生了什么？《导报》仍在继续出版，但《正报》不得不关门大吉，这是命运的讽刺吗？

但我也有我的恐惧。《正报》的停办，使得《导报》处于几乎垄断的地位。毫无疑问，《正报》和《导报》都是受政府补贴的报纸，但它们只是早间新闻的竞争对手，还不敢用明显的宣传材料填塞版面，因为那会立即被公众发现，毕竟公众总是喜欢更诚实、能提供更好服务的报纸。事实上，从报纸本身以及读者利益的角度看，一座城市中并存多家报社是可取的。只要有两份报纸，就会有竞争，竞争就会促进发展。

如果《导报》为私人所办，那么这个问题就显得不那么糟糕，但由于它是一个政府机构，报社发展成一个政府机构，只发布官方希望公众了解的内容，就很危险了。因此，我对四个月后出现另一份英文报纸持欢迎态度，并在创刊时不遗余力地提升它。

回顾《正报》停刊后的两天所做的事情，我对高孟奇先生感到愧疚。当时我写了一篇介绍他如何执行社论编辑政策的文章，并送到《国闻》的英语部。我不应该蓄意报复，但我已经做了弥补，我们现在再次成为朋友。

4 月初的一个早晨，泰勒先生打电话给我，问我跳槽到《导报》的损失是多少。他狂喜地告诉我，他收到了渡边先生付给的 2500 日元，作为解职的补偿。以银元计算，这超过他 14 个月的工资，他每月的收入只有 250 元。如果在最后一刻我仍在《正报》，会得到什么补偿？我可以获得 3500 日元吗？答案只有渡边先生本人知道。

第八章　山西当局接管《导报》

形势迅速恶化。我 1 月份加入《导报》时，蒋介石与阎锡山的关系已经趋于紧张了。尽管北方领导人仍试图维持表面上的忠诚，而蒋则想任命阎锡山为全国陆海空三军副总司令，以维系他的忠心。这个位置仅次于蒋介石将军。南京刚刚经历了两次危机，似乎无法再应付第三次。1929 年 10 月 10 日，国民党在河南的指挥官发出通电，要求蒋介石辞职。蒋介石亲自反击叛乱分子，并在不到五周的时间内成功地将叛乱分子赶到了陕西。12月初，在十月事件中与政府一起战斗的唐生智将军宣布反蒋。由于阎锡山没有兑现其支持唐生智的承诺，唐将军失败了，不得不辞职。两次危机中，我对蒋介石将军和中央政府是同情的。我认为，毫无疑问，两次反叛的后台都是阎。我认为他是个恶棍。我曾经非常钦佩作为地方管理者的阎，他成功地将家乡置于内战之外 17 年。外国人和访问过山西的中国人一致认为，它是中国治理最好的省份，由此他获得了中国“模范省长”的声誉。但自从 1927 年参与中央政治以来，他没能证明自己有出色的能力。毫无疑问，他必须参政。虽然政治必然是“肮脏的”，但仍然存在某些规则，如果要取得成功，游戏的参与者必须服从。他从政的奇怪方式让人想起袁世凯，但他缺乏后者的机敏和威严。毫无疑问，唐生智在阎的全力支持下反叛蒋介石将军，但阎拒绝履行承诺，当叛乱即将失败时，反而加入了谴责唐生智的行列。

我同情蒋介石将军的另一个原因，他是一个政府的代表。尽管这个政府有许多不完善之处，但其权力得到了法律承认，而且拥有许多有能力的领导人，其中一些是我在北洋大学时的朋友。我盲目信赖他们的政治才能和爱国主义精神。我觉得在过去的 19 年中我们已经受够了内战，无论用什么标准来衡量蒋阎冲突，所有无党派的中国人都应该支持为中央政府赢得尊重和服从而努力的人。在我看来，中国人就像爱尔兰人一样，总是反对当前的政府，强大的中央政府的理念对他们而言仍然是舶来品。蒋将军不断重申一种国家理念，即所有有知识的人都应该支持中央政府。蒋介石对国家的观点是：所有明智的人都应该支持中央政府。我对此印象特别深刻。

再一次纵览整个政治舞台，如果说有一个人有希望为这片分裂的土地恢复和平与秩序，我的选择几乎本能地落在了蒋将军身上。我知道，南方人不欢迎他。自南京国民政府成立以来，我父亲的每一封信都会报怨在过去两年中家乡有产阶级所遭受的政府和党的压迫。我来自一个位于长江口南方的岛屿，距离上海坐汽船约五个小时。在国民党得势前，崇明享有天堂的美誉。它可能是江苏唯一免于（19 世纪）60 年代太平天国起义破坏的地区，也是该省其他地区许多人的避难所。与全国其他地方一样，1927 年，崇明人以热情和期待欢迎国民党的到来。我于 1923 年离开后，在 1929 年第一次回到家乡，发现人们在不断增加的税收负担下呻吟，许多人公开希望回归旧秩序。父亲属于地主阶级，自然受革命的打击最大。虽然家乡人诅咒蒋介石将军及其政府，但我倾向于认为民族革命是一场伟大的政治和社会变革，社会中的某些阶层受到影响是不可避免的。我也意识到政府面临的任务繁重而复杂，而毫无疑问，一些领导人利用政治权力满足私欲，背叛了孙中山博士的原则。但我不同意以下观点：与过去的官僚相比，现在的官员没有多大进步。出于这个原因，1929 年 6 月，回家途中我在南京短暂逗留期间，听说不少高官腐败的故事，但我对政府的同情毫无动摇。

在当时的三位领导人中，蒋似乎是最杰出的，给国家的未来带来了最大的希望。我比较敬仰冯玉祥元帅。人们对他的行政和执政能力可能有不同的看法，但对于他作为军事领导人的才能及对军队强大的掌控力的评价却是一致的。人们认为他的政治生命在 1925 年就完结了，当时他的部队在奉鲁联军进入之前撤离了北京，他本人不得不去苏联。但是不到一年，他就重返战场，这次他是国民党反对奉系的盟友。这一出色的回归在过去 19 年的军事政治史上确实是独一无二的。至于阎锡山元帅，我已经说过，自从他参加国家政治以来，他的声望遭受了严重的打击。中国知识分子的普遍看法是，作为一名省级行政长官，他取得了巨大的成功，但不知何故，他不适合治理国家。

3 月开始，蒋阎之间展开了宣传战，这通常是内战的前奏。一般认为，进入这个阶段，武装冲突只是时间问题。北平在阎的控制下，众所周知，国民党是《导报》的后台，我们自然在处理各种新闻机构相关信息时遇到了相当大的困难。由于洪德先生是美国人，并受到治外法权的保护，他并不打算封锁他认为读者有权阅知的新闻，但他并非不知道该报的微妙立场。《导报》的困境由于《华北正报》停刊加剧。洪德先生没有删除报告，我的推测自然是他想要利用它。但是我并没有把它放在路透社的栏目下，并且用一个副标题表示其中包含的新闻的真实性是有问题的。

然而，刁作谦很害怕，说他会同时得罪山西和南京政府。显然，南京的宣传部门已经批评报纸为何发表一些令政府特别不满的新闻。唐生智将军在河南宣布他脱离中央政府后不久发表了一份宣言，强烈抨击蒋介石将军。路透社全文翻译了该声明，并分发给了北平和天津的报社。《导报》在头版发表了这一消息，并作成专题，这使宣传部门的管理者很不高兴，他们立即向负责宣传外交的刁敏谦的兄弟表示不满。当时我在《正报》，但之后我听到一个说法，宣传部门怀疑唐将军的电报是由我翻译并发给了《国闻》英文部门。这当然不是真的。事实上，《国闻》翻译了忠于蒋将军的一批湖北指挥官发出的通电，谴责唐的背叛。

现在回到讨论中的事件。洪德先生很快就来了，我告诉他发生了什么。刁然后再次进来，同样抱怨了一番，并补充说，为了保护自己免受南京的批评，他不得不给他在南京的兄弟拍电报，说那些触犯南京的消息是新来的新闻编辑在他不知情的情况下插入的，那个人已被“解雇”了。值得赞扬的是，洪德先生为了保护我，准备声明承担责任。但在刁作谦眼中，这并不意味着什么。我是中国人，也是编辑部的新成员，如果出现任何问题，应该被“解雇”。

我对业务和编辑办公室的运作方式同样不满意。在《正报》，渡边和高孟奇先生向我咨询中国事务；由于我在编辑人员中排名第二而获得尊重。但是现在我为一家中国报社工作，我能改变什么！编辑是一位年约28岁的美国年轻人，在中国呆了不到两年。他精力充沛，对年轻的中国充满信心，但他对中国公共事务的了解太少，缺乏评论时事的知识。更重要的是，他太在意自己作为总编辑的地位而不愿咨询我。事实上，除了北平，他可能永远不会在其他地方获得编辑的职位。他对我很友好，不时会指出一些报纸上的小错误，但这种时候他不太机智。在我开始工作的前几周，他几乎每天都会挑我的错，不止一次和我发生不愉快，尽管我们很快又成了朋友。

在《正报》时，我常常抱怨业务部门效率低下，那里由一位善良的日本前上尉主持。但现在我与《导报》有了近距离的接触，我才发现《正报》是如何比竞争对手更有效率的。刁作谦类似于《正报》的渡边先生，占据了《导报》的领导位置，但他们的工作很不一样。刁每月赚300元，但每天实际工作时间不到一小时。他通常每天上午11点来，中午离开。除此之外，他还有一位英文秘书和一位中国职员。前者是一位活泼、西化的女士，约25岁，是南京政府某外交官的侄女，工资200元。这个工作很容易由一个效率相同、每月只拿60元的人完成。那名中国职员月薪60元。三人占据了一间单独的办公室。我经常连续几周看不到他们。刁作谦曾经是驻哈瓦那的中国使节。他对《导报》没有兴趣，我从未见过他给编辑部的社会栏目“城市讲坛”专栏写过一篇文章。事实证明，他不仅在报纸发出之前不看社论，甚至刊发之后也置之不理。

渡边先生在《正报》四年，除了每年到东京出差外，每天下午都去办公室，阅读高孟奇先生为第二天写的每篇社论，并经常提出改进和修订建议。此外，他从未聘请过日语或英语秘书，虽然他的英语不如刁作谦。当然，渡边和刁都在为政府报纸工作，但前者试图尽可能多地为东京节省经费，甚至当需要支出时，他要看到所花费的钱会产生什么结果；而刁则不关心报社的开销，只要他和他的团队能够定期拿到工资，南京方面给他每月寄来的3000元经费一分不少就可以。

形势的发展超越了电报战的阶段，很快就会出现危机。事实上，由南京直接控制的机关虽然仍在运作，但大多数负责人已经躲了起来或逃离城市。如果山西当局要接管他们的机构，显然会让下属去处理移交工作。由国民党中央宣传部门控制的两份报纸——《华北日报》和《导报》照常出版，实际上除了二者为国民党所有外，它们的报道内容和山西政府控制的其它报纸没什么区别。《导报》或许比《华北日报》更自由一些，因为它以英文出版，读者圈子要小得多，而且在中国人圈子中不像中文报纸那么重要。我还记得我在蒋阎实际破裂前一周写了一篇署名文章，赞扬了南京领导人的坦诚。这篇文章在山西圈子里产生了什么反应我无法知道，但第二天早上刁作谦警告我要小心，说山西人密切关注这篇文章，我们应该谨慎对待新闻专栏。

南京和北平之间的实际破裂发生在3月中旬左右，当时控制着天津和北平的山西当局开始接管中央政府的机关。当然，所谓要被报复的单位最先被关注，其次是军事机关。一天下午，从国闻回办公室时，我被莫里循大街华北日报社前聚集的异常众多的人群震惊了。由于我急着回报社，没有询问骚动的原因，但我让人力车夫快跑。当我接近报社时，我又看到了一些不祥的迹象，毗邻报社的是一个大院，曾被用作军事后勤学校。该学校是中央政府支持的，显然学生们已经离开了北平，但是一些行政人员还没走，所以我路过时看到一队山西士兵守卫着入口。

到达办公室后，我得知山西当局接管了《华北日报》和军校。由于这一事件是当天最重要的新闻，表明蒋阎已经破裂，我们自然会在第二天早上的《导报》报导。当晚，在编辑和业务办公室，有人猜测当局是否会接管《导报》，我倾向于认为他们不会这样做。这有两个原因：第一，《导报》是英文报纸，并没有对中国舆论产生重大影响；其次，该报纸是不赚钱的，如果当局想要接管它，每月必须提供3000元经费。然而，随后的事件证明我误判了形势。

在这一问题上，《正报》对《导报》玩了一个相当不道德的伎俩，刊登了一篇关于接管《华北日报》和其他中央政府机关的报道。我忘记了报道的确切措辞，但要点是：除了《导报》，所有中央政府机关都被山西接管了。看到这个报道时，我很生气，因为这等于提醒山西当局：应该立即采取行动接管《导报》。但令我惊讶的是，在《华北日报》被接管后的几天内，一切正常，所以我们安静下来，相信危机已经结束，山西当局最终决定单独留下《导报》。

在山西当局接管《导报》的前两天，我接到了刘先生的电话，得知他自从2月初被新管理层突然解雇后，一直在努力"卷土重来"。我告诉他，从4月开始，我将负责报纸的新闻编辑工作，而洪德先生每天只会写一篇社论。我进一步说，不知道能继续工作多久，因为李先生带来了另一个人，而且我对办公室的多变感到不满意。我所传达给他的，和他得到的印象，肯定是我对《导报》有意见。

3月23日星期四，这天早晨，我出门比较早，虽然下午4点前不需要去办公室，但我照常去了。回家吃午饭时，妻子告诉我，我刚走刘先生就来了电话，他希望我回电话。当时我正忙，不想回电话，我以为他是想问我一些与《导报》无关的事情。下午我提前离开了办公室，因为我想报道在北京画院举办的蒋廷黻博士关于中国早期改革者的讲座。这是我听过的最好的讲座之一，但出席的人数太令人失望——不超过六人，包括研究会会长及其丈夫和我本人。

根据我之前与蒋博士的约定，我得到了讲稿副本，所以我并不担心如何撰写评论。我一到家就赶紧吃完饭，冲进书房，完成了一篇关于讲座的两栏摘要。晚上 8 点 30 分工作结束，至少比我晚班时间提前半小时。当时形势紧张，晚上有很多消息要处理，我决定马上去办公室，以便删掉一些不太重要的消息，防止版面过度拥挤。

一到办公室，我看到魏先生正在认真地翻译晚报上的本地新闻。我让他不要写长篇新闻稿，因为我很难在第二天早上使用所有稿子。我想大约 10 点钟就能把第二天报纸的所有内容搞好。由于排版之前还需要等至少两个小时，于是我与魏先生聊起了我在报社工作的经验，以消除等待的乏味。魏先生以同样的方式回应，很快我们就进行了一次非常生动的谈话。

钟表敲响十下后不久，一名仆人跑到编辑部说刘先生想见我。我立刻出去迎接，但仆人告诉我刘先生在“西屋”等我。因为“西屋”是刁和李先生的办公室，而且我认为李先生可能会像往常一样深夜到来，于是对仆人说，他应该让刘先生在业务办公室见我，办公室就在入口旁边。但显然刘先生比我更了解情况，因为李先生当晚并未露面。

刘先生一见到我就说，他代表市政府来接管报纸，便衣警察正在报社四周守候。他进一步表示，山西当局的初衷是要像处理《华北日报》一样对待《导报》，但由于这是北平唯一一份由中国人办的英文报纸，取缔《导报》将使《正报》成为事实上的垄断者，经过重新考虑，最后任命他接管报纸，并纳入山西当局麾下。

知道我对报社里新国民党管理层不满，刘先生期望我能够支持他。特别是当他说希望我继续担任新闻编辑的职务时，我表示不赞成，我说我将保留是留还是走的决定权时，他肯定感到非常惊讶。然后我回到编辑部，告诉魏先生发生了什么事。他显然很担心，不知道该怎么做。但我让他不要离开，说我会和他在一起。这时，两名显然是和刘先生一同来的男子进来说：“你是孙先生吗？我们希望您和我们一起继续工作。至于另一位，我们别无选择，只能请他离开，因为他是南京方面的人。”

我满腔怒火，以强硬的口气质问两名闯入者为什么要接管报纸。我说：“《导报》做错了什么，地方当局想接管它？我承认这张报纸归南京国民党所有，但是你能否指出过去几天《导报》刊登的任何新闻报道，可能被视为是支持南京对抗山西？我们刊登的报道都是新闻机构提供的。如果出现任何问题，你应该去新闻机构补救。”

其中一人说，《导报》不应该发表路透社的报道，当局宣称那是南京的宣传。我反驳说，《正报》发表了同样的报道，为什么他们没事。然后我指责他们接管《导报》是一种愚蠢的行为，特别强调，他们如果破坏《导报》，就会帮助推动《正报》的传播。他们说明白我的观点，但他们奉命行事，别无选择，只能接管《导报》。我没有时间做出进一步的答复，两名警察进来并护送魏先生离开。我被两个代表留下来，他们试图说服我继续与新的管理层合作。他们进一步说，如果我关心《导报》的利益，就应该保持沉默，并帮助第二天早上出报。我回答说，他们不需要担心后者，因为我已经为明天发送了足够的稿件。

两人离开房间后，我才能以更冷静的眼光审视过去一小时内所发生的事件。我承认，国民党管理层不喜欢我，虽然洪德先生说我将在 4 月份负责编辑部，但没有人说这不是让我离开报社的第一步。再者，我对李先生没有热情，无法忍受他的自负。但后来我对自己说：“我应该超越个人的考虑，无论我对管理层的感受如何，南京代表了当前危机中更好的方向。而且，蒋比其他任何人都更能吸引我的想象力。几天前我不是写文章赞扬南京领导人的勇气和直率吗？在这种情况下，怎么能在不损害我的原则的情况下转到另一方？”

我越想越气，最后决定辞职，并立刻在“城市论坛”栏目写了一条简讯：“孙瑞芹已辞去《导报》新闻编辑的工作。”我亲自去了排版室，要求当班的发表这个消息。回到编辑室后，我坐下来试图读点其它的东西，但发现很难集中注意力。不久，两位市政官员再次进来，带来了我半小时前写的辞职书。他们再次请求我和新管理层合作，说我如果坚持辞职，就不是为《导报》的最佳利益考虑。我最后说我可以撤回辞职声明，但关于是否辞职的问题，将保留我的权力。他们说这可以接受。

午夜时分，刘先生又来了，同行的还有洪德先生。洪德已经通过电话与他做了沟通，并立即赶到了办公室。洪德先生一进来就打招呼说：“你为什么要辞职？别傻了。你知道国民党管理层对你不好，而且如果你不提前一个月通知我就辞职，对我是不公平的。新政权承诺给我们比国民党政权更大的自由。”

我说我不能接受他的请求，必须自己做决定。刘先生随后加入了对话，尽力解释他的干预是出于对《导报》的关心，因为当局希望首先关闭的是《导报》。至于3月的工资，他说市政当局承担了全部责任，印刷和排版人员的工资将在3月25日支付。我问他是否会在3月31日之后继续担任编辑时，洪德先生回答是肯定的。

大约差一刻1点，我离开办公室。我到家的第一件事就是给刁打电话，他不在家，最后我在六国饭店找到他，他整晚都在那里跳舞。他说已经知道这件事，并会像往常一样早上去办公室。他还说：“你的职位是安全的，不必担心。”我告诉他我要辞职，虽然刘先生要我撤回辞职申请，但我还没有同意，并且完全可以自由地做我喜欢的事。我说第二天早上去办公室见他，之后就挂了电话。

第二天我起得很早，吃完早餐后去看C，告诉他前一天晚上发生了什么，并说我决定辞职。C说我最好暂时保留职位，如果想辞职，可以稍后再说。他指出，我不是国民党员，也不是山西方面的人。我说他说得对，但在目前的危机中，我是同情南京方面的。C说："这是年轻气盛的人才说的话。你应该知道，在中国目前的状况下，我们根本不能偏袒任何一方。如果你现在辞职，那么你只会坐实对手的指控。"

我接下来打电话给刁，我发现他和他的英文、中文秘书坐在办公室，好像什么也没发生过。我重申了之前在电话里讲的，补充说我还要辞职。他告诉我不要这样，因为它只会让报纸落到晋系手中。他进一步表示，南京尚未汇出当月的工资，但根据刘先生的说法，市政府将负责工作人员的工资。他认为，地方当局在3月23日接管《导报》是相当愚蠢的，如果他们等到4月1日，可能很容易拒付3月份的工资。因此，在两个人——其中一个年长我约20岁——的建议下，我决定继续在新政权下工作，我觉得这是一项非常痛苦的任务。

刘先生信守承诺，于3月26日支付了业务和编辑人员的薪水，刁作谦及其秘书的工资也不例外，尽管三人都是在南京政府当权时加入该报的。他们直到月底也没有提出辞职，直到刘先生通知说市政当局因无力支付工资不能继续聘用时他们才退出。事实上，如果山西当局给他们发工资，我完全有理由相信他们会继续留在这里工作。在这方面，洪德和贾尼施（Janish）这两位外国编辑的态度很有趣。洪德先生可能对北方的事业不是很热心，但没有表现出来。事实上，他在报社被接管的那天晚上说，新管理层会对我们放任不管。我不以为然，那些付钱给吹笛者的人无权决定吹什么曲子吗？但对于洪德先生来说，有一点很清楚：他首先是一名新闻记者，虽然在负责宣传的报社工作，但他从未忘记对公众的责任。这就解释了为什么国民党不喜欢他。

贾尼施先生的情况完全不同。他是美国使馆的前雇员，虽没受过什么值得一提的教育，认识他的人都不把他当成新闻记者，但他是一个虚张声势、总想通过高谈阔论来掩盖无知的人。他喜欢在我面前吹嘘他在美国报社工作时挣多少钱，当时他是通讯员；他工作不到一个月，外销业务就取得了很大的成功。当然，我知道他在国外新闻界的地位，说他是牛皮大王再合适不过了。

我还记得他加入《导报》不到一周，就问我要刁的私人地址。我给了他，并询问他要做什么。他说："我想拜见他，自荐当《导报》的编辑。如果我是编辑，我可以大大改进本报。"我当然对他的自负一笑置之，因为我知道他不仅不能写社论，甚至不知道如何撰写一条正经的新闻——他仅仅是个助理校对。但奇怪的是，刁和他的英文秘书非常重视他，刁和今天的许多中国领导人一样，认为外国人在教育和工作经验方面必然优于中国报人。

贾尼施就是这样的人。因此，他转投山西而不受良心的谴责也就不足为奇了。在回答我关于他个人对 3 月 23 日事件的反应时，他说："我为什么要担心？我相信蒋介石将军在北方已经完蛋了。据我所知，南方绝对没有机会在北方东山再起。"山西当局接管报社的消息一直保密，多年来似乎没有人知道该报纸改变了它效忠的对象。这可能是因为我们仍然尽力避免报纸专栏中出现明显的宣传报道。在这里必须强调的是，洪德先生和我首先都是新闻记者，当你聘请真正的新闻记者为党报工作时，就会发现他们很难将报纸作为纯粹的宣传品。

第九章 话说辛博森

《正报》的事讲得太多了，现在让我说说辛博森先生是如何出现的。他对国民党怀有强烈偏见，对一切与该组织有关的个人和事物都有强烈的仇恨，这是可以理解的。首先，尽管他在上海度过了他的少年时代，并一直雇佣一名宁波厨师，但他像大多数在北方的外国人一样，讨厌南方人，尤其是广东人。有趣的是，在北平长期居住的南方人，也不爱自己的乡亲，并希望尽可能长时间地居住在古都。尽管我们经常抱怨北方仆人，但北方人的性格却有助于增进我们的荣誉感和公平感。因为北方人比他的南方弟兄更和气，更谦恭有礼。那些更早与西方文明接触的人，逐渐疏远了中华文明中的善良和值得保留的东西。例如，在北平和天津，购物是一种真正的乐趣。一走进北方人开的商店，就会发现自己受到全体店员的尊重和礼貌接待，即使你看了全部商品后什么也不买。但有多少中国人在上海购物可以享受如此待遇？虽然我对上海并不陌生，我学生时代大部分时间都在那里度过，但不喜欢在那里购物，哪怕是大型的中国商店。其次，辛博森先生显然是在一种不公正的氛围内工作的。他觉得他过往的 15 年里竭尽所能地帮助了中国。在中日所有的争议中，他总是站在中国一边。在东京，他被认为是在华外国人中最激烈的反日分子。1915 年，袁世凯称帝，他为民国而战。1921 年，他前往伦敦并在工党议员中游说，要求废除英日同盟。无论人们如何评价他在这方面的活动，所有公正的中国人都会同意，他在很大程度上促成当时的英国政府决定不再维持英日同盟。后来在华盛顿和纽约，他鼓动反对试图垄断对华借款的新财团。他的活动曾经一度让某些人难堪，财团精神领袖拉门德先生（Thomas Lamont）被迫为自己的组织辩护，还故意称辛博森先生为“那个辛博森”。

从 1912 年到 1922 年，辛博森先生一直担任历届北洋政府总统的顾问。因为他是外国人，并且拿北方政府的工资，不管私下怎么想，他不能不支持北方的事业。事实上，即使所有中国观察家都看到奉系领导人注定要失败时，他仍然是北方事业的坚定支持者。北京政府被推翻，南京不仅拒绝他复职，而且不支付拖欠的工资。这增加了他对南京政府的仇恨。是谁将辛博森先生介绍给阎锡山元帅的仍然是个迷。毫无疑问，他长期以来一直对领导的位子垂涎欲滴。1929 年 12 月，一群外国报社记者前往太原采访冯玉祥元帅，辛博森先生让其中的一位给这位国民党领导人带信。当然，带信人从未想到这封信涉及他本人。但在离开山西前，冯的英文秘书告诉这名记者，辛博森先生建议冯掌管《导报》，并指定带信人取代洪德先生。

返回北平时，记者非常惊讶，并对辛博森先生直言。这表明辛博森先生早在 1929 年就想将南京管理层从《导报》赶走。1930 年 3 月下旬，山西和南京决裂，辛博森先生在华北协和语言学校一间挤满了中外人士的屋子里做了一次演讲。讲完蒋阎关系破裂的原因后，辛博森先生暗示，山西当局可能会控制天津海关，以作为战争之用。当时很少有人意识到这是辛博森先生在提醒山西统治者。至少在辛博森先生来《导报》担任编辑的两个星期之前，刘先生一次又一次地就更换洪德先生的事咨询我。他抱怨洪德先生对他的编辑职责漠不关心，说不值得每月付他 600 元，还说他社论写得很差，没法引起读者的兴趣。然后他问我，在解除洪德先生职务之后，我是否愿意负责新闻编辑，而他会找李治先生（Sheldon Ridge）撰写社论。一直以来，我对这个建议犹豫不决，但我明确表示，如果刘先生发现无法留用洪德先生，我会在过渡期间帮助他。我的立场是这样的：我是通过洪德先生的介绍才加入《导报》的，尽管偶尔会有一些小分歧，我也不爱看他写的社论，但如果赶他走，我会对自己忘恩负义的行径愧疚。因此，每次刘先生提出更换洪德先生时，我都希望他等到局势明了之后再说。

如果没记错的话，大约 4 月 22 日晚上，刘先生在办公室打电话给我，说山西当局已任命辛博森先生为编辑，将在两天后到任。然后他解释了辛博森先生是如何通过山西的外交处处长朱鹤翔先生被介绍给阎的秘书长贾景德，再被推荐给阎锡山元帅的，以及阎锡山如何回复，说辛博森先生可以作为《导报》的新编辑。刘先生进一步补充说，我将继续担任新闻编辑，因为辛博森先生了解我和我的工作。

我的直接反应是意外和遗憾。让辛博森先生当《导报》的编辑太屈才了。遗憾的是，管理层一直试图将他要来的消息对洪德先生保密，后者还以为自己的职位是安全的。我回想起《正报》在前一个月关闭时如何对待其雇员。我问自己，洪德先生是否能得出这样的结论：日本老板总是比中国老板更好地对待外国雇员？但是，我毕竟不是《导报》的负责人，为这与己无关的事操心又有何用？

4 月 23 日早晨，我正在编辑室忙着工作，听说辛博森先生来了并担任编辑。洪德先生很快也来了，并怀着感恩的心接受了既成事实。他进去拜见辛博森先生。辛博森为自己顶替了洪德的职位表示歉意：他渴望恢复顾问身份，如果他能有所做为就有很大机会官复原职。他对编辑收入不感兴趣，事实上，他甚至愿意从自己的口袋里掏钱。

洪德先生说，尽管他与报社的合同已经过期，但合同规定，如果报社要免除其服务，应该提前一个月通知他，否则应该支付他一个月的工资。管理层同意了，这让洪德先生非常满意。

贾尼施先生和我先后被召集到辛博森先生的办公室开会，听取我们未来的打算。辛博森先生希望我们像与洪德先生合作一样与他配合。辛博森先生说他已经知道到目前为止贾尼施是兼职工作，以后会和他单独谈，然后结束了谈话。

毫无疑问，在辛博森先生担任编辑之后，公众对《导报》有山西背景的猜疑消失了。他的第一篇社论充满了斗志，随后是大约六篇的系列文章，追溯了内战的原因和有关议题。他攻击蒋介石将军，以及王正廷和宋子文，引发了原本对南京政府漠不关心的地区对山西方面的反击。

首先，辛博森是宣传员，他的声誉也来源于此。对他而言，他不在乎刊登明显错误的报道会不会让《导报》失去读者的信任，只要能让人们议论这个报纸，他就满意了。在他当编辑的头几天里，就成功地实现了这一目标。

如果说辛博森是比洪德更好的编辑和宣传家，那么作为一名报人，这个年轻的美国人超过了年迈的中国通。他曾经做过几家英国报纸的记者，虽然在1922年到1925年之间，他负责《东方时报》。辛博森先生不是从新闻界底层打拼上来的，而他对现代新闻学的理解非常肤浅。事实上，他从未自诩为记者，总是认为自己是文学家。他不止一次地告诉我，如果我想在世界上声名鹊起，一定不能满足在报社工作，应该尝试写书。

他文笔辛辣，但写作速度不快。他总是在家里手写社论，然后让打字员打出来。他意识到了《导报》的“热门话题”栏目的价值，经常把外埠报纸的剪报发给该专栏。他只是偶尔撰写一篇社会活动报道。我记得有一次他让我报道法国使馆游泳池的落成仪式，虽然我告诉他当天出席的外交官我基本都不认识，而他更有资格撰写报道。除了在第一周，他邀我报道华北协和语言学校的美国访问教授关于“中国的邻居——苏俄”的演讲，辛博森先生从未提出过我们应该报道当地的活动。事实上，他似乎对此不感兴趣。

他总是说报纸是战争的工具，在他作主编的40天时间里也的确如此。可能他从一开始就认为我对山西方面并不热情，但如果是这样的话，他应该把这个发现藏在心里——后来我确定他传达给了外交部的人——并尽力把我转变为盟友。有一天晚上，我正在值班，他来询问当天是否有重要的军事情况，得到我否定的回答后，他开始和我闲谈欧洲和美国的新闻界。他说欧美所有的报纸都是以党派为基础的，同中文的报纸一样，他们的新闻专栏和社论也有党派色彩。很自然，他希望我支持这种观点，但我的回答使他吃惊。简而言之，我说中外党报之间存在着差异；在英国和美国，政府允许反对派报纸与当政机关并存，而在中国，只有政治争议中的一方——通常是掌权的一方——能够在本地媒体发声。因此，他那个类比不适用于此地。

我与辛博森的第一次冲突发生在两周后。一天午后不久，刚刚完成早上工作，我准备去国闻报社，他兴奋地走进我的房间，说河南联军俘虏了二万名敌人，"我刚去过李服膺将军的司令部，他让我看了一封电报，宣布了这一重要的胜利。我们必须发一份号外。"

我对此表示怀疑，尤其是仔细阅读了早上的中文报纸，没有发现任何迹象表明双方在前线有激烈冲突。但是，我也没有反对，毕竟我只是个新闻编辑。我离开前说，如果《国闻》也得到同样的消息，我会争取获取更多细节。

在国闻报社，我了解到如果真有二万名南京士兵被俘的事，李将军不会不告诉中文媒体。我马上打电话给贾尼施先生，说我不能确认辛博森先生消息的可靠性，而且在我看来，在这种情况下发号外是不可取的。在说这话时，我没有别的动机，只是防止报纸报道后立即被证明是错误的。但宣传家辛博森先生却以完全不同的眼光看待这件事。显然贾尼施告诉他我曾经在电话里说过的话，他叫我从《国闻》一回来就去他的房间里见他。他怒气冲冲地说，他对编辑部负全责，不允许任何人对他的报告产生怀疑。我解释了我的立场，并补充道，他是编辑，自然有充分的自由来刊发他想要的东西，我只是把我在《国闻》听到的消息传给他，无论对报社还是他，我都没有任何恶意。然后，他嘟囔说他把中国当成第二故乡，自义和团事件以来，他一直受到来自敌人的人身威胁，但他还活着。他在那个场合的态度说明，他不关心外界对他充当阎锡山元帅宣传代理人的看法。当然，二万名南京士兵在陇海铁路被俘的消息完全是捕风捉影。在协和医学院看到号外的人把它当作一个大笑话，许多人把它从布告栏上撕下来。辛博森先生认为发号外是难以抗拒的诱惑，而且他还对应该把号外发给谁有相当与众不同的想法。该报在北平约有一千个订户，严格来说，所有订户都应该获得一份号外，但由于一些莫名其妙的原因，辛博森总是多印二百份，发给外国酒店以及协和医学院、北京俱乐部等外国机构。很难说他是不是认为外国人比中国读者更容易上当受骗，但是结果并非总是令人高兴的。没有人对报纸通过号外让他们了解战争的日常进展表示感谢，反而相当多的中国人写信给编辑，询问为什么他们没有收到号外，以及分发号外的原则是什么。不言而喻，这些询问得不到答复。

大约在这个时候，外交处处长朱鹤翔博士制定了每周五在外交部大楼接受外国通讯员采访的制度。我非常确定朱博士的灵感来自辛博森。他每天两次去见朱，他会法语，所以对朱非常有用。朱是从布鲁塞尔回国的学生。如果关于他的一份生平介绍是可信的，那么此人拥有杰出的学术经历。多年来他一直与中国外交部门有联系，在旧外交部担任参事。1928 年，北京政府被南京政府推翻时，他丢了工作。他又在阎锡山元帅的平津司令部找到一份工作，后者于 1928 年 6 月占领了这里，并找了四位语言专家作为他的秘书。近 20 个月里，朱一直处于沉寂状态。

1921 年，我第一次见到他，当时他作为太仓地区的领导，与顾维钧博士共同主持召开一个邀请了太仓、嘉定、宝山和崇明贤达的晚宴。他是宝山人。我对他印象很深：如此年轻就担任外交部秘书。我叔叔总是说他法语有多好，但我不懂法语，而外交部秘书几乎没有公开展示法语的机会，所以我无法衡量他的水平。我也知道他能听说英语，但不能写。简而言之，我对他的印象是，他是那些留学生中的幸运儿之一。由于他们不寻常的学历，因此比本土大学毕业生具有优势，不用从底层开始工作。由于我自己的经历，我倾向于认为他们是“幸运儿”，是中国特殊环境的产物。在欧美，录取公务员不看重学历，哲学博士必须像硕士一样从底层干起。生活中有许多事情只能通过经验获得，然而，成功的人可能已经上过大学。例如，我在北洋大学的时候，我自己定了任务，每天阅读大学图书馆里所有的外文报纸。在我大一的时候，我很满意看到我的第一次新闻工作取得了成功。从那时起到我1920年毕业，我经常给天津英文报纸撰文。当我进入《华北明星报》工作时，我自然而然地做好了充分的准备。但这是幻觉吗？我在报社实习时写的报道，比美国报纸上常见的稚嫩报道要好，但是我也有很多次一个好报道也写不出来。我在把中文报纸的内容翻译成英文时也会遇到困难，虽然这个工作看起来似乎容易。即使是现在，有了十年的经验，我仍然不认为自己胜任所有工作。我可能是一个特别笨的人，但我相信许多像我一样从基层爬上来的记者都经历过我早年的磨练。

有鉴于此，我认为任命朱先生为外交处长是个重大错误，这并不奇怪。他是一个诚实的人，公职生涯清白，但对于一个需要懂外国人心理和宣传技巧的职位，仅仅诚实是不够的。他知道自己在这方面的缺点，所以急切地希望从辛博森先生那里获得建议。他不能写英文，而把任务委托给从哥伦比亚大学毕业的T. Y. 董先生。董于1919年通过考试进入外交部。和其他许多人一样，董在1928北京政府被推翻之后失去了工作，但他本人没有过失。因此，董先生和朱博士都有控告南京的理由，他们从来没有漏掉每周向媒体发通报。蒋介石将军和王博士遭到了特别的谴责，然而最重要的是，这样能否重获同盟的信任。

一位著名的英国工党议员曾经说过，真相是两国战争的第一个牺牲品。可以说一切内战也是这样，负有宣传之责的人首先要做的就是把所有可能有利于对手的事实压下去。另一方面，为了打击敌人，任何抹黑对手的手段都会被采用。占领一小块土地，经过被控制的媒体放大就成了大胜，相反的消息就被压制。一个人从小就被教导诚实是优良的品格、撒谎是不可饶恕的罪，那么在上次内战中双方利用各自媒体的宣传方式实在令人作呕。我不止一次几乎就要辞职以示抗议，只是因为知道这可能会给我带来更多的麻烦，这会让我公开地被指责帮助对手，最终我不得不重新考虑我的决定。

与辛博森先生密切合作的朱博士和他的助理发布的报道显然是错误的，许多人想知道他们是否为阎锡山元帅服务。起初这些报道无疑获得了关注——耸人听闻的报道和声明总是这样——但后来真实性出了问题，如报道经常说英美烟草公司和上海的其他外国公司向国民政府提供贷款。即使这些报道碰巧包含一些真相，人们也不再阅读官方公报。联盟的崩溃当然有很多原因，但我倾向于认为，朱博士管理下的外交处比其它的机关更能疏远驻华外交官对阎和冯的一切同情。随着战争的推进，辛博森先生对《导报》社论和新闻专栏的控制越来越强。他喜欢向下属发出书面指示，虽然他一个头条都没写过，但他经常对我们写的报道说三道四。发现我对联盟的事业漠不关心，他就开始重视贾尼施。贾尼施显然很聪明，他觉得自己不应该在中国人手下工作，便尽一切可能取悦辛博森，诱使他把我从新闻编辑的位置上赶走。他终于成功了，5 月 1 日我收到辛博森先生的一封信，说从 6 月 1 日开始，贾尼施先生将与我一同在新闻编辑部工作，我们二人轮流管理报纸。这意味着当他值夜班时，应该对当天发布的新闻完全负责。尽管这个制度有可取之处，但事实并非如此。一份报纸有两个新闻编辑就会造成麻烦，特别是二人能力不同。贾尼施不懂中文，无法从中文报纸翻译报道，而且他无法全面报道外国人的活动，尽管他总是试图证明他是一名训练有素的新闻人，结果是我经常被迫做更多工作。这显然是不公平的，我们拿一样的薪水，但我得在晚上做份外的工作。也许因为我愚蠢地相信这个世界上有正义和公平竞争，所以当时感到委屈和不满，觉得没有比和能力低的人受到一样的待遇更令人痛苦的了。

但是，我必须说：不管贾尼施先生如何讨好他，他对贾尼施的豪言壮语不应存在幻想。事实上，他认为贾尼施只是打字员，而且从未要求他写东西。另一方面，他经常对我说，我不仅仅是一名记者，还应该致力于文学创作。他认为新闻头条的写作仅仅是一种苦差事，一旦他成功地控制了报社，我就应该获得自由。应该提到的是，在这一点上与在某些圈子的大众认知相反，辛博森先生在《导报》的一个半月中，从未完全对报纸负责，他有时给我的印象是，他对屈居刘先生之下心存不满。

他相信我比贾尼施先生能力强，有很多的事实可以证明。当辛博森被阎锡山元帅任命接管南京当局的海关时，他要求我和他一起去天津。此事值得一提。接管海关一事很久之前就已经计划好了。至少此前两周，辛博森先生就在《导报》发文，暗示争议即将解决，尽管没有任何事情可以证明这一点。我与他的关系明显改善，特别是因为我和贾尼施之间的分工使我的能力得以凸显出来。一天早上我收到他的一张纸条，祝贺《导报》头版的出色版式和结构。6 月 13 日下午，我正忙着《国闻》的工作，接到了贾尼施的电话，他告诉我，辛博森先生刚刚被阎锡山元帅任命为顾问，并且他将不得不离开北平去石家庄看望联军的指挥官。然后他说，辛博森先生希望我找到泰勒先生的地址，因为他希望泰勒在他缺席期间协助我们，泰勒在前一个月提出过工作申请。

那天下午，我在报社没有看到辛博森先生，这显然是因为他正在忙着与外交处的官员接洽。晚上，我像往常一样去上班。大约 10 点钟，他来了。我恭喜他高升。他说："孙先生，我希望你下周一早上去天津找我。我会派车到车站接你，然后把你送到利顺德大饭店，你可以当天回北平。车票我负责。"我被这个邀请吓了一跳，特别是他拒绝告诉我第二天早上去天津的目的。最后我说会去，但他须和贾尼施安排，以便我下周一晚上不需要工作，并补充说当天坐火车往返京津两地，我的身体吃不消。他欣然同意，说他会给贾尼施留一张纸条，要求周一晚上不让我上班。然后我们讨论了一些一般问题，如军事形势和中国不稳定的就业状况。我问他，等他走了谁写社论？他说还没决定。我说可以让高孟奇先生写。他立刻说他只是一名记者，不能写社论。在这方面，我可以说，尽管辛博森先生对此表示否定，但他对作为记者的高孟奇颇为忌惮。我还记得有一天下午，他把我叫到办公室，激动地说，他听说高孟奇先生决定在天主教会的支持下办一份具有竞争力的报纸，并问我是否知道任何关于这方面的消息。我回答说没听说，虽然辅仁大学已经从正报出版社购买了三种排字机，但我认为没有人会蠢到在这个时刻为他投资开展报纸业务。他抗议说，这个消息来源可靠，并坚持要求我立即调查，因为“我们必须把这份报纸扼杀在摇篮里”。

事情发生后不久，高孟奇先生致函编辑部，准备发在通讯栏中。我觉得，这是一次完全无害的沟通，与恢复北平繁荣的问题一样。但辛博森先生看到了一些阴险的东西。读完之后，他说高孟奇先生一定另有图谋：“我不登它，给他寄回去。”他立即写了几行字并将信寄回去，但我找不到辛博森先生不发表这封信的借口。

现在再回到海关的事情。我本已经同意周一早上去天津，但回到家后，又决定将行程提前一天，这样我就可以在星期天拜访天津的一些朋友。第二天，我乘坐早上 8 点 30 分的火车出发。我和辛博森先生在同一节车厢，我告诉他我比计划提前了一天。他把我介绍给了外交处的一位法语秘书，辛博森先生大部分时间都在和他谈话。当然，我丝毫没有想到辛博森先生正在干一件 48 小时后使中国的聚光灯都对准他的事。

在我们离开天津站之前，他告诉我，他希望在星期一下午12点30分在利顺德大饭店的大厅看到我。周日下午我在大华饭店再次见到他，他正与几位中国官员热烈地交谈，我确信他们正在讨论第二天接收海关之事。他没有注意到我，他们在自己的房间里吃中饭，而我则在另一房间里。

星期一早上，我拜访了在天津海关工作的堂弟瑞槐，他正好不值班，邀请我去吃午饭。由于我与辛博森先生的约会定于下午12点30分，而那时刚10点，我们决定步行前往维多利亚路。我们在戈登堂待了大约半个小时。由于在午饭之前仍有充足的时间，堂弟建议我们去海港参观一些外国船只。我们首先去看了一艘日本船。在那里，他的一位同事在他耳边低声说，海关大楼已被山西当局接管，辛博森先生被任命为专员。我对这个信息的准确性毫不怀疑，我现在开始明白为什么辛博森先生要求我来天津，他此行的目的是什么了。

在前往餐厅的途中，我们经过海关大楼，看到新政权宣布任命辛博森先生为税务司、陆宗舆先生为海关监督的公告。我在指定时间前往利顺德大饭店，但辛博森直到1点才在阿灵敦（L. C. Arlington）先生陪同下回到酒店。阿灵敦先生曾在海关和邮政部门工作，现在靠退休金生活。辛博森先生看起来非常高兴，说他和被南京任命的贝尔（Bell）上校发生了不愉快，但他最终赢了。帮助接收海关的阿灵敦先生以不屑的态度提及贝尔，并赞扬辛博森先生的勇敢和机智。辛博森先生特别高兴，因为刚刚由北方统治者阎锡山元帅任命他的职位，恰好是他的父亲在1909年担任过的。他随后递给我一份他的个人履历，并要求我在第二天《导报》有关海关事务的报道中使用。然后，他支付了我的火车票，要求我在下午坐快车赶回北平。我按他要求去做了。

辛博森先生担任了三个半月的税务司职务。在此期间，他曾就与《导报》有关的一些问题给我写过两次信。我没有像美国同事那样立刻给他回信、毛遂自荐继任主笔职位，我回复他时也从未提出这个问题。他不止一次向管理层以及外交处承诺，他每周至少会为报纸写一篇社论。我到北戴河度假，除了8月第一周的一篇文章，他从来没有能够履行这个承诺。我在此并没有批评他的意思，因为我意识到他在那些日子里，重组新的海关人员会有多么忙碌。

虽然辛博森先生对贾尼施先生并不抱任何幻想，没有理会他没完没了的要求，但毫无疑问，他发现此人可以成为《导报》的工具，他曾试图控制他。贾尼施是4月[①]被任命为主笔的。辛博森发现我太独立，不利于他的目的，也对山西当局的事漠不关心。9月中旬，他对我采取了一种公开敌视的态度。他让海关的秘书卡尔（Carr）给《京津泰晤士报》写信，否定《国闻》的英文报导工作，并暗示该机构隶属于国民政府。这引起了我的愤慨，我在回信中直言我对那封信和作者背后操弄者的看法。他没有回复。但现在回顾此事，我不禁想到他对与我有关机构的诬陷，完全是受了贾尼施的影响。贾尼施在被《导报》解雇后立即赶到了天津，抱怨说，我要对他的突然被解雇负责。

当山西方面在9月失败时，许多中外人士认为辛博森会逃离中国，特别是鉴于他接管海关的行动引起了中国各界的强烈反响，导致南京政府写信给英国外交大臣，要求驱逐此人，并对他插手中国内战一事进行审判。但大家完全错了，他像往常一样履行职责，除了奉系政府的代表外，他拒绝将海关交给任何人。更有意思的是，他亲自前往沈阳面见张学良元帅。从他写给少帅的信可以看出，他肯定会尽力说服少帅让他留任。他的许多朋友都认为这是他的一个重大政治举措：他只会将海关移交给奉系政府

① 原文如此，疑有误。——译注

正式认可的代表。他去奉天，没有得到那里的支持，反而使人们认为他是个投机份子。

10月份，他倒在刺客的枪口下。我是第一拨给他写信表达同情的人。无论对他的私人感情如何，我都觉得他是一个有勇气的人。他曾很好地为中国服务过，通过暗杀来对付他，是能想象的最卑鄙手段之一。毫无疑问，许多不喜欢他的中国人将他肉体和精神上受到的折磨——这种痛苦从他脊椎严重受伤到一个月后伤重不治一直伴随着他——看作是对其“罪行”的报应。直到一个月后，他的“罪行”得到惩罚。但我有理由相信，当3月至9月这六个月引发争议的事件热度消退后，人们能够更冷静地看待这个人及其行为时，他会获得更多的称赞。还有许多人不相信他只留下了9000元，其中包括山海关的避暑别墅。他们指出，他曾担任中国政府顾问超过15年，每月至少挣1000元。他两次被政府派往国外，中国政府委托给他两笔资金，以影响外国舆论支持中国。还有他在三年多时间中一直牢牢控制着张作霖元帅的报纸《东方时报》。人们断言，他不是那种会错过牟利机会的人。他们无法理解的是，凭借自己的能力和对英语、法语、德语、意大利语和中文的掌握程度，他选择住在中国，并支持这个国家的事业，反对其他所有国家，包括他自己的祖国——大不列颠。对于那些愿意如辛博森先生那样做事的外国人而言，说他只是为自己的行为付出生命还不够，因为愿意像辛博森先生一样做的外国人真是凤毛麟角。事实上，辛博森先生的命运表明，他做的是一项吃力不讨好的工作，因为不仅要考虑自己同胞的敌意，还要考虑所在国人民的敌意。

辛博森先生是一个不安分的人，喜欢战斗。他对中国政治很感兴趣，并参与派系冲突。他不是他的批评者经常说的为了自己或本国的利益想混水摸鱼的人，因为他本质上是一个党派式的人，无法抗拒参与中国各种政治冲突的冲动。他被他在过去30

年里所服务的人们憎恨、开枪打伤，虽然当时人们对国际化思维有相当多的讨论，但仍然会站在自己国家的立场思考，而不相信外国人应该关心另一个国家的事务。如果他是中国人，接管海关的行动就会和中国人在 3 月份爆发战争时夺回京津政府控制权一样备受瞩目。1921 年，辛博森先生在伦敦游说英国议员，反对延续英日同盟，因而为中国做了特殊的贡献。事实上，可以毫不夸张地说，他的活动对英国政府最终决定放弃与日本的同盟起了很大作用。在生命的最后两年，他肯定对南京国民政府不满，但即便如此，那也只是个人问题而已。他认为自己对中国的贡献应该得到认可，但对方却拒绝补发他过去的工资。在类似的情况下，谁不会心怀不满呢？指责南京政府忘恩负义是没有用的，无论政府的财政状况如何，南京方面都有足够的资金聘请外国顾问，例如它能向甘末尔顾问团支付巨额咨询费。如果 1928 年夏天国民党占领这个古老城市后，还保留他作为顾问的话，那么辛博森很可能今天仍然活着，并全力以赴为废除治外法权而战。莎士比亚通过安东尼的口说："好事不出门，坏事传千里，所以让它与凯撒在一起。"此话适用于辛博森先生。

第十章　多事之秋

在辞去《导报》职位后不久，我在教会办的燕京大学新闻系找到一个兼职讲师的职位。此事有赖系主任聂士芬（Vernon Nash）先生的帮助，他是 1925 年我在《正报》工作时认识的。除了每周 4 小时教学外，我偶尔得为学院请几位报社发言人，除了 80 元课时费，我还为此得到 20 元报酬。报社的人很实际，瞧不起老师，轻视他们的工作。在来燕京之前，我也带有这种偏见。但讲了几个小时课后，我很快意识到教新闻学需要的才能与报社记者不同，要成为一名成功的教师光有在报社工作的经验是不够的。我与聂士芬先生一样至少教两门课程。有人告诉我要强调中国的新闻学，特别是北平的情况。头几个小时的授课，我利用了自己的经验，所以讲课不难；但后来，个人经验谈完了，我不得不依赖大学图书馆，那里有非常好的教科书。总的来说，学生们非常友善而且细心，大多数学生家教不错，并没有给老师带来麻烦。

我很清楚自己在教书方面的局限，能够顺利地在那里教学两年半，没有与学生发生矛盾，要归功于燕京学生固有的良好纪律，而不是我有作为老师的才干。如果我是一个不称职的老师，那么黄宪昭（Hin Wong）先生就更差了。他在密苏里大学院长威廉斯（Williams）的推荐下，于 1929 年以助理教授的身份来到燕京。他是第一个从这所大学新闻学院毕业的中国人。在此前 15 年左右，黄先生曾在华南地区报社工作，担任路透社广州地区的记者、美联社及《广州太阳报》（Canton Sun）[①] 的编辑。他带着显赫的名声来到华北报社。他看起来很平和，也不像很多广东人那样咄咄逼人。他在檀香山长大，在美国接受教育，国语说得不好，这我并不感到吃惊，但他的英语也不好。读了他写的东西，我失望之极，文中不仅充斥着语法错误，而且显示他缺乏逻辑思维、推理能力。一年后，系里开始出版一份名为《新中国》（New China）的学生刊物，他偶尔写几段社论，但写得很糟糕，我觉得任何一个低年级学生都能比他写得更好。尽管有缺点，黄宪昭先生还是一个可爱的人，他心地善良并富有勇气。早在 1920 年，在广州路透社工作时就敢于挑战权倾一时的孙中山。他误报孙中山去世，孙将他从广州赶了出来。后来在燕京，他同样无视权威，所以在 1934 年被迫离开。聂士芬先生于 1932 年因事回美国后，系里的事情就由黄先生负责。他在 1932 年《导

① 应为《广州时报》（the Canton Times）。——译注

报》停刊后，非常热心地动用学院大笔资金为公众服务，他做的很多事情对新闻学院有长久的价值。经过五年与贫困和经常性失业的绝望抗争，他去年（1939 年）1 月在香港去世。

我那时有足够的时间阅读和写报道。除了教学，我继续在《国闻》任职。在得知我已经从《导报》辞职之后，胡霖先生自愿给我提高了工资。以前，我让《国闻》的中国员工写报道，现在我自己做。我不止一次随外国记者团采访少帅，他是中国陆海空军副总司令，总部设在北平。我清楚地记得，1930 年秋天我对他的第一次采访。他在位于西城的临时司令部接待了我们。他脸色苍白，但异常聪明，这让我很惊讶。蔡元（Tsai Yuan）先生担任翻译。1932 年，在加入路透社后不久，我参加了他召开的一次中外记者会，我不但参加，还被指定给他当翻译。

虽然少帅总与媒体保持友好关系，但并非能随时接受采访。这完全是因为他经常晚上办公，黎明时才睡觉，结果无法下午 4 点或 5 点之前采访到他。他经常让访客等待几个小时。不幸的是，他的大多数副官的生活方式和他一样，结果极大地妨碍了公事。

1930 年的冬天，我受邀担任蒋梦麟博士的英文秘书。他结束了南京国民政府教育部长的任期，回到北平担任北京大学校长。我在舅舅王烈教授的劝说下，非常不情愿地接受了这份兼差。我的这位舅舅当时是校长的行政秘书。我在 1920 年就认识了蒋博士，那时他刚开始在中国教育界崭露头角。他外表冷淡，缺乏胡适博士的社交魅力和优雅。我倾向于认为他是一名政客，所以不太容易接受他。然而，我早已是他家人的好朋友，和他老派的妻子以及长子仁宇关系非常好。蒋一年后离婚。我特别喜欢仁宇，那时他是一个 18 岁的聪明小伙子，带着非常迷人的微笑。他与我的表妹王爱芬小姐订婚，但后来于 1929 年取消了婚约。

除了担任蒋博士的英文秘书，我还要教北大新生几个小时的英语。我发现北大学生的英语水平非常低，而我难以用中文跟他们解释清楚。1931 年夏天，我解除了所有与北大的关系。在 1931 年春天，我抽空为北平的华洋义赈会做了一些宣传。简而言之，在离开《导报》之后近两年，我做了很多工作，虽然雇主都没有承诺给我任何永久性的职位。

大约在 1931 年 6 月中旬，我随华洋义赈会去了一趟绥远，参加赈济委员会的年度会议和萨拉齐民生渠的竣工仪式。这是由华洋义赈会和绥远省政府联合举办的。除了义赈会的人，如主席颜惠庆博士、周诒春博士和徐博士（Y. Y. Hsu），还有一些文化名人和新闻记者作为嘉宾受邀参加了开幕式。我们乘坐专列，走了 24 小时后抵达绥远。在绥远地区，沿途经过的每个火车站，都有由县长带队的官员、警察和军乐队在月台上欢迎我们。由于颜惠庆博士曾经担任国务总理，他自然得到了更多关注，县长或军队首长会登上他的车厢表达敬意。

我们从绥远前往黄河边上的小站磴口，水渠在此汇入黄河。我们很晚才到达磴口。当时正在下雨，我们在绥远省政府特意搭建的帐篷里吃了晚餐。第二天黎明时分，我们参观了平绥铁路终点包头城。我们匆匆参观了这个小镇，并短暂地访问了交通银行分行。然后我们及时回到了磴口，参加民生渠落成典礼。仪式在露天举行，吸引了大批人群。颜惠庆博士是主持人，发言者包括绥远省政府主席李培基将军、建设厅长冯曦先生和义赈会的负责人托德。演讲结束后，大家上桥，举行了一个面向大众的运河开通仪式。一架来自北平的政府飞机在此期间飞越了磴口。

午餐之后，我们分别乘坐汽车前往萨拉齐，在那里，我们登上了等候的火车，在 5 点左右到达了归化。我没有去义赈会分配给我们的酒店，而是住在了当时名义上的绥远指挥官傅作义将军的住所。这所房子是天主教会医院的一部分，有现代化的便利设施。我和《大公报》的编辑张季鸾先生及该报记者赵恩源先生一起洗了个热水澡，然后去省政府参加了晚宴。张是傅将军的好朋友。

晚餐在省政府宽敞的餐厅举行，上了许多道菜。像往常一样有演讲，有些相当不错，有的则很糟糕。一位国民党演讲者试图谈谈孙中山博士的原则，但他说的事都是错误的。第二天早上，我们参观了绥远公园，并作为各公共机构的嘉宾用了午餐。午餐后，我们登上火车返回北平。潘博士（T. V. Pan）是山西政府参加年会的代表，曾经是阎锡山元帅的英文秘书，此次与我们同行，并邀请我们在大同停留，参观著名的云岗石窟。除了几个在北平有公事没有参加的人以外，我们都接受了邀请。

火车到达大同时已经是午夜了。潘先生提前通知当地政府我们即将到达，大同县长在站台上迎接我们。大多数人都睡觉了，无法接受他的邀请去附近的铁路小学吃宵夜，只有潘先生、张季鸾、上海《新闻报》驻北平记者沈书芳（Shen Sung-fang）我们四个人没有睡，而且很饿，因此我们离开车厢，在潘先生的带领下去了那个学校，吃了顿美味的夜宵。吃饭时，一名警察来向潘先生索取团员名单。潘先生在一张红纸上写下了颜博士的名字，其次是张先生、我和沈先生等人，并把它交给了警察。我们都未曾料到，当地县长或秘书会用它来安排第二天欢迎晚宴的座次。届时还会有很多人，包括胡惟德，他的社会地位远远高于我们三个记者。

第二天下午，我看到被邀请的人员名单时，感到有些不安，名不见经传的我竟位列第三，仅次于张季鸾先生，胡惟德先生是第六名。我感到胡知道有三位记者排在他前面，肯定会愤慨。

晚宴是在山西省银行大同分行大楼内举行的，县长亲切地向我们致以诚挚的问候。晚餐开始之前，我溜进餐厅，看看座位的安排，确认了我的怀疑：我坐第一张圆桌子，旁边是颜惠庆，张季鸾与沈先生在另一桌的荣誉席位上，胡先生在沈先生的旁边。

在漫长的晚餐中，两者看起来都很不舒服，胡先生觉得主办方没有公正地以他的社会地位和年龄对待他，他那时已经 70 岁了，而沈坐在尊敬的同桌旁不知所措。晚餐后，我开玩笑地对沈和张先生说，负责向地方官员提供名单的潘先生是新闻界的好朋友。

我们早上参观了著名的云岗石窟。云岗位于大同以西约 10 英里处，骑驴或者坐车都可以到达。多亏大同的军队为我们一行提供了三辆汽车，使我们能在不到半小时的时间里就到达了。许多地方被大雨冲刷，路况糟糕，所以在车上并不舒服。

在路上的所有不适，我们都从对精美佛教石刻的审美愉悦中得到了补偿。一位西方人说，在为数不多的真正古代著名石刻中，云冈石窟经历了"岁月的狂风暴雨"。

公元五世纪北魏王朝的统治者修建了该寺，经过近一个世纪才竣工。从北魏时期的记录可以看出劳工的数量，记载表明在建设期间云岗有 4 万户工匠。这里曾经有很多洞窟。当年有近十个石窟寺，但现在只剩下一座石佛寺经受住了岁月和风雨的冲刷。

我们首先去了石佛寺旁边的石窟。一尊高约 60 英尺的巨大的石佛被无数用坚硬岩石雕刻出来的佛像包围着。我沉浸于想象雕刻这些造像所需的大量劳动和时间。这样的工作只有凭借北魏皇帝和臣民的宗教热情才有可能实现，那是佛教席卷全国的时代。现代统治者不敢尝试类似的事业，否则会招致灾难。

我想拍照，但是洞穴太暗，我的相机太差。其它洞窟也有佛像。很多洞窟外面没有任何建筑，佛像暴露在公众视野中，空气让它们严重褪色。在我们光顾之前，破坏者捷足先登，很多佛像都没有了头。

游览了整个山崖之后，我们回到了石佛寺，悠闲地参观。我们穿过了许多庭院，看到不少佛像，这些佛像比其它洞穴中的保存得好。毫无疑问，寺庙封闭的石窟会完好如初。大同当时的驻军指挥官赵将军已经在寺的东边建造了一座别墅，但不对外开放，我们就没有去。我们在石佛寺吃了午饭，下午早些时候回到了大同。

大同是个带城墙的小城镇，从城市的一头走到另一头不超过30分钟。在铁路附近的公共浴室沐浴后，我和其他几个人一起乘坐人力车游览了这座城市。我们在城市的郊区参观了一座寺庙，应是大同的名胜之一。在回来的路上，我们参观了另一座以龙壁闻名的寺庙。

在与县长共进晚餐后，我们开始回程，第二天下午抵达西直门。

一个月后，我再次踏上行程，这次是和华洋义赈会总干事章元善先生一起到上海，终点是汉口，目的是对8月初发生、后来波及整个华中的长江洪水进行调查。我知道委员会邀请我，显然是想表达对我过去工作的赞扬，借此给我一个免费去汉口的机会。我被安排陪同章先生和朱庆澜将军——著名的社会活动和慈善家——飞往汉口。飞机是由国民政府安排的。我到达上海时，日程还没有安排好，我打算在上海等几天，但章先生建议我利用这段时间去崇明探望年迈的父亲。我最初不想接受，但后来同意了。我预计在崇明最多待几天，但被台风耽搁了三天，因此错过了飞往汉口的飞机。从某种意义上说，我很高兴能够回到崇明，这是我最后一次见到父亲，他一年后去世了。

我的岳父于1929年病重，此时似乎已经康复，虽然仍像以前一样骨瘦如柴。为了减少开支，他已经离开法国租界，搬到南岛，租住在一个非常肮脏的地方。当司机黄瑞把我放在岳父居住的巷子口时，我根本无法相信自己的眼睛，以为地址搞错了。我问一位正在外面洗衣服的女人，她说地址是对的。这所房子至少有三个租户。我觉得这个地方没法住人，而对岳父和姐夫来说却非常合用。他两个是瘾君子，希望能够避免警方的注意。我和他们待了大约四天。

在回北平的路上，我在南京短暂停留，与徐谟、吴南如等人重续友谊。我在首都的第一个晚上，是在电话局工作的叔叔王子春家度过的，因为我没找到吴先生的住所。自1925年以后，我从未见过他。他当时要去英国，已被任命为中国大使馆的一等秘书。第二天，我们在一起。在我出发前往北平前，徐先生邀请了一些南洋中学和北洋大学的老朋友共进午餐。午餐后，蔡顺利（Tsai Shun-li）先生和徐太太送我到下关车站。

1931年整个夏天，满洲地区爆发的一系列事件让中日关系日趋紧张。首先是万宝山事件。日本人从中国人那里租了一块公共土地，被吉林省政府收回。接下来是朝鲜的反华暴动，数百名中国人被杀，财产遭到破坏。如果没有日本媒体的挑唆，这些都不会发生。中国人对这些暴行通常的回应是抵制日货，这种做法在长江流域很普遍。最后是中村事件。一名日本军官以农业专家在满洲地区旅行时被杀。日本人怀疑中国军官是凶手，而中国人则否认知道被杀者的行踪，说此人是被土匪杀害的。从随后事态的发展来看，事情非常奇怪，尽管日本媒体在九一八事变发生前几周因为不满中方对中村事件的处理，已经对少帅和南京政府发出了严重警告，可是中国媒体和当局没有认真对待。的确，国内有更为棘手的问题占据了他们的注意力，长江在汉口等地决口，华中地区数百万人无家可归。因此，在具有历史意义的9月18日晚上，政府和公众对事变的反应都一样：在一个极度痛苦的时刻，日本至少应对它的邻居遭受了几十年一遇的洪水表示同情。

事变的简讯最初于9月19日上午由路透社从沈阳传达到北平，路透社从沈阳得到了简短的消息。另一个报道来自东京，还有来自伦敦的评论。像往常一样，这件事的中文报道至少晚了10个小时。事实上，正是我翻译了中文版本，交给了少帅的宣传官沈能毅先生，并将它交给当地的外国记者。

北宁铁路局长高纪毅先生是张学良的人。在他的配合下，沈先生立即组织了一个中外记者团去沈阳。沈先生邀请我参加，也让我邀请愿意加入的外国记者。像合众社、美联社和路透社这样的英美主流媒体都没有接受，他们都说留在北平更好。最终只有两个外国人参加，是《每日新闻报》（Daily Telegraph）的高孟奇先生和《纽约时报》的马丁·萨默（Martin Sommers）先生，后者正在北平进行为期一年的工作。

除了我自己，还有十多名中国记者，大多数是本地报纸和新闻机构的记者，但也有一些外地记者。两个头等舱由该铁路的部门负责人胡鸿猷先生管理，他受铁路公司委托负责照顾中国记者。胡先生是一位留美归国的学生，英语很棒，他尽一切可能为记者提供方便。

火车在下午 6 点离开前门，旅程平安无事。第二天早上，到达满洲的门户山海关。虽然我认识所有同行的中国人，但很难和他们打成一片，他们很容易因我是英文记者而当我是个外人，另一方面，我没有对他们的能力抱有太高期待，他们中的大多数人没有接受过大学训练，从事新闻行业不过是为了饭碗。

火车在山海关停了很长时间。许多人下车透气。我们试图从铁路工作人员那里了解沈阳的最新情况，除了几辆难民火车已经过去之外，他们什么也不知道。到目前为止，确实没有什么值得报道的，但我们一行中的一位坚持要向北平发一份联合电报，报告我们到目前为止调查到的情况。我说发这种电报是荒谬的，因为消息来源不可靠，但他得到其他人的支持，还是发了。

现在，此人凭借他硕大的体型在中国新闻人中获得了些名气。他体重超过 200 磅，看起来很笨重，脸上留着婴儿时期得过天花的痕迹。他被认为是北平中文报的奇迹之一。直到我们的火车到了山海关，他一直处于兴奋状态中，但我注意到之后他的态度很快就改变了，他不再高谈阔论，经常会怀疑我们能否到达沈阳。他会询问途中遇到的来自沈阳的旅客：中国人前往那个城市是否安全。

早在我们到达沟帮子之前很久，他就变得非常杞人忧天，并试图影响他的同事不要前行，应该折返北平。他激怒了我，因为我决心到沈阳亲自看看。我与他争辩说，如果第一波天津记者可以早于北平同行到达沈阳，我们没有理由不能到那里。但他说中国记者访问日军占领的城市很危险，坚持要我们回程。

最后，胡先生让此人和他的同事们离开停在沟帮子的火车，允许他们乘坐另一列火车返回北平。我和另一位代表《上海时事新报》的记者继续前行，但当我们到达了大虎山时，胡先生警告说，如果我们继续向东走，他不能保证我们的安全。于是我们被迫放弃到沈阳的计划，返回北平。

九一八事变之后，事件迅速发生了变化。根据不抵抗政策，国民政府呼吁国际联盟迅速采取行动，并敦促日本从沈阳撤军。这一要求未得到满足。当时很少有中国人意识到后来此事会变得多么严重。媒体和知识分子讨论的主要话题是中国应否根据日本外相币原男爵提出的五项提案直接进行谈判，其中包括签订互不侵略协定、取缔反日宣传和抵制日货行动。我认为建议很合理，但除了提出此项建议的《大公报》之外，所有中文报纸都表示反对。一些报纸甚至要求南京向日本宣战。

九一八事变爆发后，北平学生非常忙碌。学生罢课，还派代表团到南京敦促政府坚决抗日。几天来，北平和南京之间的铁路完全陷入瘫痪，学生占用了所有车厢，除非火车能把他们免费送去南京。这一事件在外国人圈子中引发了带敌意的激烈批评，尤其是暂停交通给那些打算前往上海乘坐轮船的外国人造成了极大的困难。

不可否认，世界舆论对沈阳的事态完全无动于衷。南京政府急于废除治外法权和收回租界的所谓革命，疏远了所有在华外国人的同情。英格兰刚刚脱离金本位，处于多年来最严重的金融危机中。美国仍然处于萧条的阵痛。中苏外交关系在1927年破裂后尚未恢复。法国虽然也是太平洋地区的一个强权，但全部注意力集中在国内事务上。实际上，这是日本侵犯中国的最佳时机。

日本对沈阳的占领扩展到南满，之后是北满，随着日内瓦的诉讼拖延，我开始相信除非被更强大的力量赶出去，日本人不会放弃既得利益。当滨口首相领导的自由派民政党政府被推翻，政友会的犬养毅先生继任，更加深了我的这种认识。像大多数同事一样，在这次国难中我为国家尽了一点绵薄之力，通过本社英文报道，发布了各公共和教育协会关于满洲问题的宣言。1932年春，我为北平李顿调查团主办的月刊《新中国》（New China）撰写社论。我准备了一本小册子，从北平和天津的几家有代表性的中国报纸上挑选了一些关于满洲问题的社论。在调查团抵达北平时，小册子的副本被分发给所有成员。小册子得到国闻新闻社胡霖先生的全力支持，但资金来自东北外交研究会执行秘书王卓然先生。

我忘记了具体如何认识王先生的，但当时他似乎已经和胡霖先生关系很熟了。我没有告诉他我会为李顿调查团准备一本小册子，但有一天，他去了印刷厂，当他看到后立即提出要资助出版。胡霖先生接受了提议。后来，王先生让我翻译了许多从中国人的角度看满洲地区各种问题的小册子，说要付我钱。我在晚上翻译，真诚地相信我正在为祖国尽义务。我永远不会是个好商人，我不肯放下尊严询问工作报酬，我认为王先生会给我一笔合理的酬劳。等了将近两个月后，王先生给我寄了一张50元的支票，并附上一封感谢信，信中表示委员会因财务困难，不能多付我钱。我惊呆了，想退回支票，但我再次天真地相信了他。但我决心从此再也不理他了。

1932年7月我加入路透社不久，王先生再次与我联系，要求我翻译另一本关于满洲司法行政的小册子。显然他曾经找调查团的很多人翻译，但由于其中有相当多的法律词汇，这些人翻译不了。我告诉王先生我在路透社很忙，没有时间，而且在翻译之前我得做一些研究工作。我以为此事到此为止，他可以悄无声息地走了，令我非常惊讶的是，当我于9月从南方返回后，他仍然恳求我翻译，我再次拒绝了。但有一天，我从后门离开路透社时，T. Y. 林先生挡住了我，交给我这本小册子，请我翻译。我受了感动，同意了，但从没得到报酬。几年后我在当地一家咖啡馆遇到了林先生，他问我翻译酬劳是多少，我说我没有得到一分钱，还在等待付款。他感到惊讶和抱歉，说这笔钱已被王先生收入囊中。从那时起，每当遇见他时，我都躲得远远的。

1932年夏天，调查团在访问期间收到了数百封有关满洲问题的信件，我为李顿调查团秘书处做了一些翻译，并提供了摘要。我在英国驻中国领事服务处的默思先生领导下工作，由于他懂中文，英国政府把他借调给调查团。我忘了是谁建议我做这项工作的，但我记得很清楚，调查团的中国秘书吴先生面试我时，我告诉他我不是留学生，但我相信我能胜任这个工作。当时他不相信。他更加惊讶的是看到我携带了便携式打字机，直接在上面翻译了一封信。我完成工作的速度比许多用笔翻译的留学生要快得多，我必须说我得到了慷慨的报酬。

我见到了所有五位调查委员，但对李顿勋爵的印象最深。他瘦骨嶙峋，带有一种安详平静的尊严，更激发起人们对他的判断和正义感的信心。以他命名的报告中，每一页都印下了他正直个性的烙印。

由于我的英语能力，我被选为京津记者采访团五位代表之一，负责采访调查团并提交请愿书。我们与调查团成员谈了不到10分钟，《益世报》的罗隆基博士担任我们的发言人。

第十一章　在路透社当社长

1932年5月的一天，李顿调查团访问北平，我受邀在北京饭店拜访远东路透社总经理张雪楼（C. J. Chancellor）先生。对邀请的目的我略有耳闻，因为当时盛传一个谣言，说张学良元帅通过他的宣传顾问沈先生“买通了”路透社北京分社。沈先生推荐我为中国社长，但我自己也不确定像路透社这样一个典型的英国机构是否会将北平站社长委托给中国人，这可是史无前例的事情。此外，虽然我从事英文新闻工作已有12年，并且成功地将《国闻》英文新闻提升到与路透社及其他在北平的外国新闻机构相当的效率和准确度，但我没有管理外国新闻社的经验。

我不是非常想和张雪楼先生会面，因为我已经对他的目的有了一些了解，我对离开后《国闻》的前景感到不安。确实，订户少，《国闻》英文报现在处于困境。在一个打字员的帮助下，大约6个月来我独挑大梁，我已经把它当作养子，因为我是首席编辑和经理。它在北平的外国通讯社中赢得了立场独立和观点准确的声誉。《国闻》总裁胡霖先生是一位非常优秀的搭档，对我很有信心，在英文报道方面给了我很大的自由。他是一位体贴而慷慨的雇主，例如，在1930年秋天，由于政治变化，我辞去了《导报》的工作，他主动增加了我的工资，我对此十分感激，除了这有助于弥补我因辞职遭受的经济损失外，还暗示了对我境遇的同情。

但另一方面，我在《国闻》的前景并非一片光明。虽然胡霖先生于1926年重组《大公报》，但他的关注点仍然在《国闻》的北平分部。这是他最初于1921年在上海创立的，不过现在他也不那么关心了，而且中央通讯社在国内新闻领域的优势日益明显，《国闻》的财务状况难以为继。事实上，如果不是在《国闻》的中国员工也为《大公报》工作，那么胡先生早就关闭《国闻》了。他决定暂时维持该报，虽然他不止一次向我暗示，他可以尝试出售报社并用所得款项供我出国 6 个月左右。从这个一再重复的暗示中，我感觉到像《国闻》这样的私人新闻机构的好日子已经屈指可数了，但他还在乎我未来的福祉。从这个角度来看，张雪楼先生的邀请作为一个弥补的办法，为我很快就会面临的困境找到了一条出路。

我在北京饭店的大堂见到了张雪楼先生。我必须承认，他给我留下了非常好的印象。他是前巴勒斯坦专员之子，毕业于剑桥大学，他在去年 27 岁时成为路透社远东地区的总经理，是这个职位有史以来最年轻的人。他说话轻声细语，体型纤弱，但非常聪明。他来到华北，中国报界十分赞许他在剑桥的优秀学历。中国报人圈也流传一个说法：他非常同情中国，不同于他的许多顽梗不化的前任，那些人对年轻中国的抱负不屑一顾。当我见到他时，他亲切地向我致意，并称赞我的英语和我作为一名报人的经历。然后他问我是否会加入路透社的北平办事处。我回答说，如果有空缺，我应该很高兴这样做。要说明的是，此时我并不知道他后来要给我代理社长的职位，并且我认为当时的代理人埃文斯（P. D. Evans）先生会继续留任，我只是担任中方社长而已。如果没记错的话，我们在这次见面中没有提出工资或其它的问题。张雪楼先生显然打算利用这个机会审视我，把录用条款放在以后谈。我给他留下的印象是，我已经为最终进入路透社做好了准备。

不久之后，张雪楼先生离开了北平，给我开 300 元的工资。我的回复是，每月必须达到 400 元，因为我当时从《国闻》获得 200 元，作为燕京大学新闻系的兼职讲师挣 100 元，而且我很有希望在市里的一所公立大学中再获得一个教职。张雪楼先生没有直接回复我。我拜见了沈先生，显然张雪楼先生一直把商讨的情形告诉他。他说张雪楼先生会同意我的要求。张雪楼先生已回上海，据了解，他原本计划于6月再次来北平与我讨论条件，但由于在上海有紧急事务无法前来，所以派来了助手詹姆斯·考克斯（James Cox）先生。考克斯先生于6月下旬抵达北平，并于一天早上在东长安街6号路透社大楼与我签了合约。我仍然记得当他问我是否可以提供铺保时我的愤怒，他还说路透社的所有中国员工都得提供这种保证。我回答说美国人、中国人和日本人从未要求我找商铺或个人作保，如果我的新雇主坚持这一点，我就不签合同了。看到我的坚持，他最终放弃了。这对我来说似乎是一个初步的胜利，但事实上并非如此，因为除了工资问题之外，我签的是一项强制合同。简而言之，合同规定，每月工资400元，我必须负责以下事项：处理收到的报道，本地新闻报道，发出电报，保管书籍，照顾工作人员和路透社大楼。总之，我必须做我的前任埃文斯先生所做的一切，除了外交使团，那项职责委托给麦克唐纳（M. C. McDonald）先生。麦克唐纳的官方头衔是路透社的外国通讯员，月薪200元，但他占用了路透社大楼。名义上他在我之下，但如果真是这样，我和公司签订的合同就没有意义了。另一方面，麦克唐纳先生的合同明确规定，除了负责外交使团，他还应就编辑送来的消息和办公室的日常工作向我提出建议。这似乎表明他与我平起平坐，我无法控制他。这种状况导致我们之间产生了相当大的摩擦。

1932年7月1日上午，我作为路透社在北京的社长开始履行职责。因为已经有几个月不用上早班了，我心中非常欢迎这个新的早班安排。但是最初的几天，我不得不像往常那样继续我的《国闻》英语报道，我还没为胡霖先生找到替补。胡非常不情愿地允许我离开，但要我为他找到继任者。我终于成功说服了燕京大学新闻系代理主任黄宪昭先生。他也是一位声誉卓著的前报人，他负责这项工作几个月，直到燕京新闻系最早的毕业生之一卢祺新（David Lu）先生从美国回来接替为止。然而，黄明显是个外行，在他的管理下，新闻报道逐步恶化，订户逐渐流失。《国闻》英文报道迄今为止最坚定的支持者《北平时报》（Peking and Times）是第一个取消订阅的。该报的编辑庞尼尔（Punnell）先生在一封停购信函中说，主要原因是由于我已经离开，该报未能保持先前的高水平。卢先生回到北平后就被任命为负责人，但由于他不得不将大部分时间用于燕京大学的教学工作，所以尽管他的表现要比黄先生好得多，但也是无力回天。报纸维持了几个月，当胡霖先生发现我没有回来的希望时，便决定停刊。停刊之前，他写信给我表示遗憾，说报纸成败都在于我。这封信深深地伤害了我，并在我们之间造成了暂时的裂痕，但后来我们又成了很好的朋友。

含泪回顾从1920年9月1日开始我在《华北明星报》的第一份工作，直到1938年3月1日离开路透社，这段时间超过了17年。我可以毫不犹豫地说，我从未像1932年7月1日至8月5日的五个星期担任路透社的北平负责人那样努力。9月下旬和10月初的三个星期，麦克唐纳先生去牛庄报导两名英国人被土匪绑架的事件。我在路透社工作的第一个月，像牛一样工作，尽最大努力证明自己值得张雪楼先生的信任，并希望我最终能晋升为正式社长。如果我没有意识到这种志向，那是因为我无法控制的原因。

在继续叙述我从执行社长职位上被取代的情况之前，我要说一些日常工作，这些工作对我的健康造成了严重的影响。8月6日得知亲爱的父亲在崇明去世，我急忙离开北平。那时我正处于精神崩溃的边缘。每天上午9点开始工作，有关昨夜消息的电报已经送来，需要排版，并在10点钟送出。没有打字员，我必须亲历亲为。我还不熟悉电报中使用的代码，所以头几天我花了很多时间处理电报。有疑问时，就咨询麦克唐纳先生，正如我之前所说，他也是我的顾问。10 点钟，报道送出后，我浏览一些主要的中文报纸，看看有什么值得发给上海的消息。几个月前，上海办事处获得了新订户《大美晚报》，自然急于在下午 1 点钟付印之前为新顾客提供满意的服务。出于这个原因，张雪楼先生要求所有路透社的外埠记者，都要通过电报向上海方面发一两条新闻，以备《大美晚报》之用。早上通常没什么新闻，所以我得从本地报纸“抄”一些消息。上午，一连串的电报从上海发到办公室。这些消息必须再次加版和印刷，以便在中午交付投递。我通常在 12 点多回家，匆匆吃完午饭就回到办公室，编辑本地新闻并发送电报。这两个服务都在 4 点钟一起送到当地的订户手中。过去的报道对本地新闻关注不多，篇幅大约有两页，主要是关于中国的政治和军事新闻，大部分都是由一家中国新闻机构提供的。该机构每月只需 15 元，每天下午 1 点左右打电话到办公室。当我与张雪楼先生讨论加入路透社时，我说我会尽力改善这项服务，但在路透社工作的第一天，我发现我承担了一项特别困难的任务。一方面，该新闻机构在下午早些时候通过电话提供的大多数新闻都不可用，也不完全可靠；另一方面，该机构委托给我们打电话的人时常联系不上，有时我疯狂地找他，因为报道必须赶上下午 3 点 30 分的快车送到天津，这样才能在同一天送到我们的天津订户手中。在《国闻》，几乎所有的地方和政治新闻都是由报道人员收集的，在路透社，我不得不依赖一个不太可靠的中国新闻机构的工作人员。当然，我有中国信息员，但是我被束缚在日常琐事上，无法自己出去获取新闻。下午 4 点之后有一个短暂的喘息，但我不得不留下一个小时左右，与上海总经理通信、撰写新闻以及记账，做与办公室运作有关的许多事。记账这个工作特别困扰我，让我度过了许多不眠之夜。我从未做过这个工作，现在得在一个庞大的分类账中计入每一项支出和收入，并在月底平衡账目。当时这似乎是我最困难的工作，于是我写信给上海，表示我可能无法胜任这部分工作。月末，总经理写信给汤姆森公司并要求他们帮我处理账目。最终，这项工作被委托给该公司，后者可以获得固定报酬。5点之后，我设法回家休息，但由于李顿调查团的存在，北平又是一个非常重要的新闻中心，突发消息、上海方面命令我跟进新闻的电报、调查故事的真实性或对立新闻社传播的消息，这些都会打断我短暂的休息。无论如何，我都得赶回办公室，查询并联系上海。8点钟，我再次回到办公室工作，直到当天上午10点工作结束，最后一次发出电讯。这样的状态持续了五周，星期天也不能放松。即使在星期天下午和晚上，我也不能完全自由，因为随时可能发生事情。我不得不给办公室的跑腿伙计留下我行动的消息，这样当他们收到上海发来的电报，或从某人那里收到了一份重要的新闻线索时可以与我联系。如果我能被允许住在办公室，麦克唐纳先生再多一点合作精神，而不是在他的屋子里生气，以试图证明我的能力不够，履行这些多种职责就会容易很多。

回顾在路透社的前五周，我比以往任何时候都确信，我被任命为代理社长，仅仅是因为路透社从张学良元帅那里获得了每月3000元的补贴，需要做出一种感激的姿态。这个职位从来就不是永久性的。对于一个英国新闻机构的领导权落在中国人身上一事，麦克唐纳先生比任何人都感到惊讶。他不得不一度兼职作《泰晤士报》的北平记者。我必须说，在最初几天里，他非常乐于助人。但随着时间的推移，我开始注意到他不再像我在《国闻》工作时那么友好，他试图搞破坏，并谋求由他担任执行经理，而不是帮助我工作。在前五个星期，他从未提出免除我的晚班，每当我提到工作繁重时，他就反驳说，根据他与公司的合同，除了报道调查团的消息和给我编辑的新闻提建议，他不需要做任何事情。毫无疑问，他并不喜欢现在的安排，经常在与朋友的电话交谈中表达对我的不满。我相信他也曾写信给张雪楼先生，试图在背后诋毁我。然而，最让我感到恼火的是，他会抓住每一个机会给我挑错，这充满了恶意，而不是为了提高工作效率。我在路透社的前五周内压力很大，工作如此繁重，语法和打字的小错是不可避免的，也是情有可原的。如果严重的错误改变了电报中句子的含义时，改正是应该的。有一次我把“草坪”（lawn）拼成了“法律”（law），没有人会认为我不知道这两个词的区别，但麦克唐纳却让整个版面作废。

然而，尽管有这些摩擦，我对他的尊重也大不如前，但还没有闹翻。1929 年我认识他时，他正在北平休假，并与香港报社的前同事田伯烈先生住在一起。这个留着厚厚的小胡子、看上去 50 出头的男人打动了我。后来得知他只比我大三岁时，我非常惊讶，尽管我看起来更年轻。他是苏格兰人，在外国报社中享有盛誉，是一个特立独行的人。他对年轻中国的抱负表示同情，但也像其他英国人一样势利。根据他自己的标准，他是一个尽职尽责的员工，但工作相当缓慢，有时过分挑剔。当重大新闻爆发时，他很容易激动，更糟糕的是，他的紧张情绪很容易传染给其他员工。

麦克唐纳先生终于等到把我赶走的机会来了。8 月初，我收到父亲去世的消息，不得不马上赶回崇明。上个月的晚些时候，我正在路透社忙着工作，收到了家里的来信，说父亲突然患上了痢疾。他的病情引起了我严重的不安。虽然他年纪不算很大，刚 63 岁，但身体并不强壮，并且由于对家庭事务的过度悲观而衰老了很多。得到他患病的消息之后，我度过了最焦虑的一周，虽然希望他能尽快好起来，但我有一种奇怪的预感：他的生命接近了终点。8 月 6 日，我收到了继母的电报，告诉我父亲去世，并命令我快点回来。作为家里的长子，我有责任回去，虽然我在路透社工作还不到六周。我立即致电张雪楼先生请假，并建议麦克唐纳先生在我缺席期间代理工作。后来我从上海的考克斯先生那里得知，张雪楼先生有点恼火，原本有意拒绝，但还是不得不准假。事实上，鉴于我在路透社的经历，我希望他拒绝，这样我就可以辞职并回到《国闻》。

我和妻子带着四个大孩子回到崇明时，父亲已经入殓四天了。多年来我第一次屈从于情感，走到了他的灵柩前。我们在许多事情上存在分歧，缺乏那种由同情和共同观念所产生的理解。他上过私塾，没有接受过现代教育，他对我寄予厚望，并打算让我学土木工程。我于1915年冬天从南洋中学升入北洋大学学习法律时，他十分失望。也许他从不相信我在法律方面有多少天赋，但我毫不怀疑他暗中希望我学法律后，最终能进外交部门。当我决定在毕业后从事新闻工作时，他的希望破灭了。我有一种隐约的感觉，父亲从来不甘心我将新闻作为自己终生的事业。尽管在他生命的最后几年，当他看到我比我在外国接受教育的兄弟、叔叔做得更好时，他内心深处的反对开始软化了。他总是悲观的，经常沉溺于自国民党执政以来作为地主的不幸遭遇。由于意识到第二任妻子仍然有三个儿子需他抚养，而且自1928年（南京国民政府成立之年）以来他的年收入一直在逐渐减少，他就更加忧郁了。几年来，我一直每月汇约50元补贴家用，虽然这有助于减轻他的负担，但他的心情未见好转。在去世前的几年里，继母不得不在一名女仆的协助下料理所有家务。尽管父亲尽可能地节省开支，但他从来都不是吝啬鬼，他总是为当地的慈善机构做贡献，虽然有点勉强，但从来没有一次要求我多给家里寄钱。1929年他过了60岁生日。1932年初夏，我写信请他来北平，但每次他都以健康状况不佳拒绝，真正原因在于他不想给我增加负担，因为他知道我已经有一个庞大的家庭需要抚养。

父亲在过去几年中一直感到满意的是，1930年，我的弟弟——继母三个孩子中的老大——从一个很一般的中学毕业后，应我的要求来到北京，并通过我的努力进入税务专门学校，毕业后可以当海关职员。此外，我承诺为他提供四年的学费。后来他进入海关总署工作。父亲过世时他和另外两个弟弟、妹妹陪在床边。

我回来后立即安排葬礼。因为在北平还有事情，我在崇明不能超过三个星期。征得继母的同意，我决定在父亲去世后的第三周的前半周举行葬礼，次日下葬。父亲生前已经购买了家族墓地。我还决定葬礼只用一天，而不是按当时的习俗持续三天。我打印了一份简单的讣告，而没有像通常那样精心编写死者生平。按照习俗，死者会被描绘成一个美德的典范和一个注定要在地方和国家历史中被铭记的模范公民，他儿子的成就（如果有的话）也要被详细记录下来，以显示父亲的教育如何优秀。我因没有在这方面履行孝道，而受到了亲友的责难。但是知道父亲厌恶被人奉承，我确信他只希望举行一个简单的葬礼，以最奢侈的方式下葬，大操大办，有违他的本性。

葬礼于 8 月 18 日举行，第二天早晨下葬。休息了两天后，我们前往上海住了一晚，然后去南京短暂访问了徐谟夫妇。我们受到了徐和吴南如夫妇的盛情款待——我们多年未曾谋面。老朋友争先恐后地招待我们。路透社在南京的记者赵敏恒的善意和好客让我特别感动，他曾是记者和全球路透社兄弟会成员。赵先生小我 5 岁，毕业于清华大学，在密苏里大学新闻学院学习。在美国取得了辉煌的学术成绩后，他于 1927 年回国，加入《导报》，当时柯乐文先生担任编辑兼总经理。我是在那一年认识他的，但当时我为竞争对手的报社工作，没有机会聚在一起，加深了解。1928 年南京国民政府成立后，他加入了外交部，但不久辞职，成为路透社记者。为了表彰他在中央通讯社和路透社协议谈判中的贡献，路透社每月从中央通讯社领取一万元。赵先生于去年冬天被任命为路透社远东社长。他是中国最有能力的英文记者之一，也是路透社的高级中国员工。据说他的薪水很高，让南京所有中国报人羡慕不已。他对我的能力充满信心，并说我将成为路透社中国分部里担任高级行政职务的三名中国人之一。在我们返回北平之前的那个晚上，他和妻子在国际俱乐部招待了我们。

我们于8月30日回到北京。离开了三个多星期，经过一天的休息后，我回到了路透社的工作岗位。我立即感觉到麦克唐纳先生对我的态度发生了变化。他试图表明在我离开的三个星期里他十分劳累，并且显然已经成功地在我缺席的情况下说服张雪楼先生，说现有的制度不起作用，且他应该成为经理。他告诉我张雪楼先生在威海卫度假，几天后我会看到办公室的新变化。

几天后，张雪楼先生抵达北平，对我丧亲之痛表达了同情。之后，他说办公室将全额支付我8月份的工资，尽管我说可以放弃三周工资以支付麦克唐纳。然后他补充说，鉴于我在管理账目方面有困难，他可以让麦克唐纳先生负责，直到欧理渥（Frank Oliver）先生明年1月回北京。这对麦克唐纳先生来说无疑是一次胜利，对我来说是一种失败，我曾认真地表明我希望最终能晋升为正式经理。几天之后，我在拒绝新的任命和回到《国闻》之间摇摆不定，但最终决定留在路透社，因为《国闻》的状况在此期间已经恶化到无可挽回的地步。而我仍然坚持几乎幼稚的信念，即如此庞大的路透社将能够为我提供更多样化的培训和更好的就业保障。

张雪楼先生在北京待了大约一个星期，在此期间，我在东兴楼餐厅为他接风，目的是将他介绍给本市的主要中国记者。出席的有中央新闻社的潘仲鲁先生和《世界日报》的成舍我先生。麦克唐纳先生和为路透社服务多年的中国记者冯志坤（Feng Chih-kun）先生也出席了。张雪楼先生坦诚的态度和迷人的个性给大家留下了良好的印象。他还告诉大家他是如何加入路透社的，并且在与弗雷德里克·琼斯（Frederick Jones）爵士成为南非路透社社长的相同年龄荣膺远东社长。

晚餐花了我大约 30 元。冯先生曾在当地分社工作超过 14 年，并熟悉办公室的运作，同意报销小额现金作为“交际费用”，我可以留下账单作为报销凭证，但我拒绝接受这个建议。后来我了解到，麦克唐纳先生和欧理渥先生都享有每月报销交际费用的特权，并且把钱都花了。我的另一个发现是，麦克唐纳先生作为临时代理人每个月收入 500 元，比我担任同样职位时多 200 元，此外还拥有路透社大楼的住房、交际账户和月津贴、雇佣人力车和北京俱乐部的会员资格等待遇。

因为有了这些特权，与我做执行社长的头五周相比他的工作容易得多。他对我的工作成就感到脸红，立即建议我像往常一样继续日常工作，除了我每周三个晚上工作之外。此外，他不需要当会计，那个工作以每月 70 元的价格委托给了汤姆森的本地分公司。

第十二章　李顿调查团报告

从新闻的角度看，9 月是一个相当繁忙的月份：张宗昌将军在济南火车站被暗杀，月初李顿调查团出发，月中土匪在牛庄绑架两名英国人。最后提到的事件使所有其他新闻黯然失色，因为一男一女两个人质的情况很糟。三个多星期以来，他们的命运占据了伦敦和大英帝国所有报纸的头条。为了充分报道这个故事，张雪楼先生命令麦克唐纳先生前往牛庄。

麦克唐纳先生离开北京三个多星期，在此期间，我全权负责北京路透社的工作。前路透社员工、现任美联社和《曼彻斯特卫报》记者田伯烈先生为我们联系调查团。虽然我在路透社的最初五周一直很忙，但回顾这三个星期的经历，感到非常自豪，并认为这是我的新闻生涯非常有趣的时期。在不到三个月的时间里，我第二次拼命投入，编辑收到的消息，给上海发送消息。10

月的第一个星期天，上海通过电报向北平发送了著名的李顿调查团报告摘要。自调查团离开以来，公众对报告的兴趣与日俱增，随着发布日期的临近，现在热度已经被提升到沸点，但在其发布之前的几天内，究竟如何发布还未确定。该报告至少有10万字，任何新闻机构都无法完全传输，特别是由于外交部非常谨慎地确保在由国际联盟正式发布之前不会向媒体发送复印件。在外交部与张学良元帅总部进行了大量的电文交流之后，决定在发布当天从南京派一驾专机到北平，将中文版报告的副本分发给北平各报社。虽然本地报纸的问题因此得到解决，但路透社仍有困难，因为分社的复印设备有限，本地分社的订户无法等待英文版由飞机从南京送达。经过和上海电报磋商后，我最后收到的消息是，摘要将在发布当天下午发送给北平。

我周日早上去了办公室，清理了所有隔夜电报并处理本地新闻，在办公室吃了午餐。下午2点，李顿报告的“故事”开始分段到达，每接到一部分我就制版。没记错的话，整个报告至少要用20版，因为第二天早上的《北平时事日报》将其报纸的全部七个专栏都用于刊登路透社的摘要。路透社的消息比用飞机传送的早了三个小时。《北平时事日报》和《京津泰晤士报》都发表了社论，对路透社在向北平和天津传送摘要方面所做的宝贵工作给予了肯定。

那个令人难忘的日子并不因报纸送出而宣告结束，因为我还忙着增加电报的内容，来自上海的要求是：“用500字报道对李顿报告的反应。”一开始我很吃惊，自问如何采访中国官员和当地报社朋友，让他们就尚未看到的文件谈谈看法。如果我引导他们，就必须说很多话，这在当时显然是不可能的。当时我打算在动笔之前采访一些中国人，让他们谈谈想法，以我后来的工作经验看这实在太天真了。从那以后，我看到一些外国记者，据说他们是一些出色的报人，在他们与任何“权威人士”接触之前，就先在打字机或纸上写出被采访者的反应。如果我更了解规则，就可以先起草一个500字的信息，而不与其他任何机构接触。然而，我向少帅身边的人和我的报社朋友打了很多电话，并询问他们对报告的反应。从前者我没有得到任何满意的答复，他们总是回答说，在仔细研究报告之前，少帅无法表达任何意见。这回答本身就是新闻。时间已经很晚了，我仍然无法得到任何重要的消息。后来情况更糟了，晚些时候，南京的赵敏恒先生就中国政府的反应传达了一个简洁的报告。我感到羞辱并受到打击，并且想要以某种形式的信息去满足上海方面。我拜访了当时《大公报》经理兼编辑胡霖先生，问他次日该报社论中的态度。他淡然以对。我依据这些观点在午夜后不久给上海发了一条报道。回到家时，从早上8点就开始值班的我已经疲惫不堪，筋疲力尽了。

第二天一早，我又赶回办公室浏览早上的中文报纸，准备关于中国回应的第二条消息。这是一篇长篇电报稿，来自所有主要报纸的社论。当天晚些时候，我通过电话成功地联系了胡适先生，他亲切地谈了对报告的看法。在这次采访的基础上，我向上海提交了一条报道，被上海的《字林西报》刊载。不久之后，我收到了詹姆斯·考克斯先生代表张雪楼先生的来信，称赞我在这三个星期内“坚守岗位”，并告诉我他曾写信给汤姆森和公司，要他们在10月底向我支付100元的额外奖金。我非常高兴，这份不请自来的奖励表明我的工作得到了上海方面的一些认可。值得注意的是，在我为路透社工作的五年中，这是唯一一次获得奖金。

第十三章　中央社与路透社的协议

麦克唐纳先生没有等两名英国人质获释，就在10月中旬从牛庄回来了。他称赞我在他缺席时的出色表现。正是在这个时候，我第一次了解路透社的商业惯例，说得委婉些，我很受震撼。8月份在南京期间，我听到了赵先生讲路透社和中央社之间正在进行的谈判，后者将接管路透社的北平、天津和汉口分社并出售给中国报社。显然协议在10月底或11月初达成。大约在这个时候，中央通讯社北平分社社长潘仲鲁先生来办公室看我，询问订阅路透社外文报道的中国报社的数量，以及每家的订阅金额。我不记得当时是怎么回复的，但几天后，麦克唐纳先生告诉我，他收到了张雪楼先生的一封信，现在不要向潘先生透露任何信息。这使我进退维谷，因为潘先生一直向我打探消息。公道地说，我认为他必须知道订户的数量以及向他们提供服务的条款，否则他将在接管后不知所措。如果没有张雪楼先生的指示束缚，我当然可以向他提供必要的信息。更糟糕的是，潘先生是我的朋友，我们都认为相互应该密切合作，虽然我们属于两个联盟新闻机构。但是，如果我告诉了他，就会违反张雪楼的指示。我对整个事情感到非常不安，并且总是想知道张雪楼先生要对潘先生隐瞒这些信息的原因。

事后，我不知道潘先生对我的看法，他肯定很生气，因为他后来在争取当地报纸通过中央通讯社预订服务时遇到了相当大的困难。直到五年后，中央通讯社才能向这些报纸收取以前路透社收取的每月40元的费用。直到今天，我仍然不知道张雪楼先生禁止我向潘先生提供信息的动机。我能想到的唯一解释是，张雪楼先生不希望中央通讯社了解路透社从中国报社和私人订户那里得到了多少钱，以免中央通讯社发现他们多收了中国订户的钱。

当时我被告知在中央通讯社接管路透社的服务后，分社将不得向任何报社或私人用户透露消息。我相信双方就此达成了协议，但奇怪的是，一年之后，上海方面又指示我以每月100元的价格，为平津的两家报社提供独家信息服务。我成功地让《晨报》和《大公报》订购了这种所谓的专属服务。麦克唐纳先生祝贺我为办公室带来了一些额外的收入，但这是一年前就计划好了的事。

第十四章　欧理渥到来

11 月份，我与麦克唐纳先生的关系更加紧张，他似乎变得更加专横和懒惰，把与调查团无关的工作都丢给我。他经常在午餐后小睡，3 点钟后才回到工作岗位，而此时距离 4 点钟排版和把报纸交给订户只有不到一个小时。有一天，我险些失控，要和他吵架，所幸没有发生冲突。但是，我向张雪楼先生投诉，以辞职相争，还给赵敏恒先生写信求助。他们都报以同情，向我保证麦克唐纳先生的统治不会持续太久，欧理渥先生将于 12 月底来到北平，出任路透社北平分社的代表。张雪楼先生还说，他相信我能与欧理渥先生融洽相处。

因为需要在天津逗留以便更新合同，并与路透社的天津代表乔治·门德（George Mende）先生接洽，欧理渥先生比妻子晚一天，在圣诞节前两三天抵达北平。欧理渥先生对北平并不陌生，1926 年他作为 P. D. 埃文斯先生的助手来到这里，1929 年短暂担任过经理。那年在他东城的家中举行的拍卖会上我们相识，他年轻的外表和利落的举止令我吃惊。

虽然我在他手下工作了三年多，开始了解和欣赏他的许多优良品质，但他在很多方面仍然是一个谜。他出生于农家，没有像张雪楼先生那样受过大学教育，他纯粹凭借能力，从英国一家郡级报社脱颖而出，成为远东路透社的骨干之一。他很有效率，办事麻利。他曾经告诉我，在上海，他曾在两个多小时内完成了 18 个电报模板。近距离观察了他三年，我相信，对他来说，在打字机上编写新闻电报稿就像是孩子的游戏。他同样可以快速起草电报，直接提交给上海或伦敦。与麦克唐纳先生和埃默森

(Emerson)先生相比，他可以在几分钟内写出重要的信息。他的效率和速度的确令我惊讶。

此外，他也是一个尽职尽责的人，从来不占助手的便宜，并随时准备全力投入工作。像他的大多数同胞一样，他认为路透社是世界上最好的新闻机构，尽管他对该组织中许多同事的评价很低，这听起来有点矛盾。我总觉得他自认为是远东路透社社长的最佳人选，但自己的能力从未得到伦敦总部的充分认可。

欧理渥先生虽然博览群书，但同情心有限，不能将两者很好地融合起来。他非常害羞和保守，将他的朋友圈限定在北平的外国记者和外交机构的一些成员中。与麦克唐纳先生不同，头衔和财富对他没有任何吸引力。他是最不愿意在鸡尾酒会上浪费时间的人，对于传教士和基督教青年会的领导，也表现出极度偏见，几乎是仇恨。一位曾在内蒙古的瑞典传教士是个例外，1933 年夏天欧理渥夫妇在那里度过了三个星期，这位传教士招待了他们。

欧理渥先生抵达北平后不到两周，山海关爆发了冲突，后来发展成中日在热河和长城以南地区的敌对行动。此前两周，欧理渥先生非常努力地工作，每晚都在办公室呆到很晚。我尽力帮助他，但感到有些困难，因为张学良元帅的宣传主管沈先生选择直接向外国记者而不向我提供信息，尽管我在与少帅保持密切关系的外国通讯社工作。这意味着欧理渥先生每天下午必须自己去沈先生的住所打探战况。

由于张学良已成为路透社最有价值的订户，而沈先生是一位非常聪明的宣传代理人，此时来自路透社的关于热河的信息应该尽可能有助于少帅的军队为热河的防御做准备，这不足为奇。正如现在众所周知的那样，日本人不费吹灰之力就开进热河，尽管该省很容易保卫，但汤玉麟将军的军队以及万福麟将军麾下的东北军并没有抵抗。然而，张少帅担任副委员长的军事委员会北平分会每月提供给报社的 3000 元补贴起到了一些作用：他失败得狼狈不堪，结果报纸把他描述成一个受害者，而不是罪人。

与此同时，我在路透社的工作受到更多限制。2 月初，欧理渥先生启动了翻译服务，我们共同负责。多年来，路透社的本地报道会分发给平津地区的订户，服务几乎是免费的，现在欧理渥先生的计划是将新闻翻译服务与本地报道结合起来，并将合并后的服务以合理的价格出售给报社和私人订户，从而带来足够的收入来支付我每月 400 元的工资。我一直不安地期待着这个新的冒险行动，特别是因为欧理渥先生坚持认为翻译服务的最低产量必须是 15 个模板。他多次提到了鲍静安（Pao Chin-an）先生在上海以类似身份所做的出色工作，希望我效仿他。

在推出翻译服务后的第一周，我得到了欧理渥先生的大力协助，似乎成功在望，因为有他的倡议，以及我决心向上海的同事证明我的能力。尽管每周我还值三个夜班处理从上海来的电报，然而一旦翻译和本地报道工作启动，它就成了我自己的工作。但是，必须说每当白天在使馆获得任何消息或在北平发生重大事件，欧理渥先生也参与其中。

外国人对北平新闻的兴趣，随着热河的沦陷和张学良元帅离开而消退。长城以南的冲突一直持续到 5 月，但随着 5 月 31 日《塘沽停战协定》签订而停止。我对少帅的离开记忆犹新，它像一道光照在驻北平外国记者身上，让我们看到他们的所作所为。兵败热河后，少帅在保定见到了蒋介石委员长，提出辞职，向全民谢罪。为了平息民愤，蒋委员长别无选择，只能同意，并任命军政部长何应钦将军担任军事委员会北平分会代理委员长，由黄郛任政务整理委员会委员长。在这些知名人士到来之前，少帅必须离开。

有好几天的报道都是关于少帅将前往上海准备访问欧洲和美国的消息。一天清晨，我接到记者的电话，张已经乘坐私人飞机前往上海。我立即赶到办公室告诉欧理渥先生，然后我们试图与沈先生联系，看看他是否可以确认这个消息，但无法联系到他。欧理渥先生随后打电话给一些外国记者，他们说收到了类似的报告，但没有得到确认。然而，包括几位外国记者在内的一些人实际上看到一架飞机飞过南苑，朝东南方向飞去。

显然，欧理渥先生的信条是宁错勿迟，所以他立即向上海和伦敦发出了消息，结果导致上海总部兴师问罪。到了下午和晚上，越来越多的迹象显示，少帅根本没有离开北平，早上在南苑上空出现的飞机，目的是为了分散公众对这位败军之将的注意。然而，上海的中国官员和少帅的外国朋友认为报告属实，下午早些时候就前往机场等候。傍晚时分，路透社从上海发出一条消息，报道了少帅未能出现在机场，令等候人群大失所望。

我碰巧值夜班，向欧理渥先生传达了这个消息。我认为，我和欧理渥先生已经不再怀疑少帅还在北平的事实了，我很想向他建议另外发一封电报纠正早上提交的不实消息。但也许是因他在通讯社工作方面比我更有经验，或是因他认为不否定自己更好，他向上海起草了另一条信息，试图给少帅的活动注入一些不确定性，但拒绝承认张早上并没去上海。

少帅实际上在第二天早上乘飞机前往上海。但就欧理渥先生而言，这与张在前一天早上离开并无太大不同，反正他不管了。后来我了解到其他记者采用了与欧理渥先生相同的策略，因此他并不是唯一一个坚持宁错勿迟的记者。此时，我结识了刚刚从上海调到北平的合众社记者山上先生，他是个身体强壮的 30 岁出头的人。山上先生曾在南京和上海工作过，并可以接近北平所有重要的日本新闻来源。他的英语说得相当不错。与大多数同胞不同，他非常坦率，也好沟通。作为消息最灵通的日本驻北平记者之一，他后来对欧理渥先生，特别是路透社在报道日本新闻方面给予了大力帮助。事实上，路透社通过他第一个获得了《塘沽停战协定》签署的消息及协议条款。我们之间建立了一种温暖的友谊，一直持续到1936年他去世。

第十五章 削减补贴

第一次加入路透社的时候，我只是模糊地意识到路透社通过张雪楼先生和中间人沈先生的努力，才从张学良元帅那里获得了补贴，而且我被任命为执行经理，充分证明路透社对中国人的善意和同情。但由于我的任期不超过五个星期，而且首次薪水是不在北平期间支付的，我无法搞清补助的金额，以及哪些是张雪楼先生所谓路透社的服务订阅费，也不知道付款方式。因此，前面提到路透社从军事委员会北平分会得到3000元，其实是我在加入路透社将近九个月后才发现的。

这个发现的过程非常曲折，当时离少帅去上海、军事委员会北平分会委员长何应钦将军来北平不久。法国留学生、军事委员会北平分会外事组组长沈祖同先生打电话到办公室，碰巧我接了电话。沈先生要我告诉欧理渥先生，路透社的补贴不受影响，并将继续按照何将军的新制度支付。沈先生还要欧理渥先生改天打电话给他。后来我从欧理渥先生那里了解到，沈能毅先生在跟随他的长官离开之前做的最后一件事，是告诉新来的沈祖同先生继续向路透社支付每月补贴。

虽然现在已经澄清了补贴的来源，但金额究竟是多少我还是一无所知。5月的一天，我忘记了确切的日期，我在燕京时期的学生凯利·周（Kelly Chow）拿着一份文件走进办公室，他在去年夏季加入了委员会的外交部门。他告诉欧理渥先生，由于何将军担任委员长之后采取的裁员政策，路透社的补贴减少了25%。然后，他向欧理渥先生提到减少的数字，并相应地付了款。当时我认为付的是全年而不是一个月的款，因为我无法相信每月的补贴是3000元。必须承认，在我为路透社工作的五年八个月里，我从来没有去争取补贴；我不知道是不是欧理渥先生认为这样有损我的尊严，所以我有幸不需要去争取，但两年后我的堂弟孙瑞槐加入路透社后告诉我，欧理渥先生曾多次让他负责收取补贴，并将支票存入银行。他确认减少后的补贴金额为2250元，欧理渥先生收取了5%的佣金。这项补贴继续支付，直到1935年秋天军事委员会北平分会取消，宋哲元将军在北平上台，成立了冀察政务委员会。[①]（1933年）5月31日《塘沽停战协定》签订后，北平政务整理委员会委员长黄郛将军和何应钦将军仍然忙于清理所谓滦东非军事区，但北平的情况变得平静了。从外国公众的角度来看，华北暂时淡出了新闻视线。

第十六章　张敬尧被刺

1934年[②]夏天，唯一有新闻价值、让我记忆犹新的事件是湖南前督军张敬尧将军在六国大饭店被暗杀。一个星期天下午，大约3点钟，我接到了路透社办公室听差的电话，说欧理渥先生希望我调查一则消息：一位住在六国饭店的中国客人早上被暗杀了。我立刻去了饭店，在前台采访了一位中国人。他证实了我已知的信息：一名中国人在11点后不久被一名身份不明的人用左轮手枪击毙，伤者在被送到德国医院之前就断气了。他还说，死者王某已经在酒店住了好几天。

暗杀事件发生在使馆区的一家外国酒店，这一消息值得电告上海，但如果暗杀事件重要而且恶劣，那会有更大的新闻价值。事实上，已经有人怀疑酒店登记册上出现的名字是化名。我就此

① 冀察政务委员会成立于1935年12月。——译注
② 应为1933年。——译注

询问了前台，他随口说他听到有人说被暗杀的是张敬尧将军。我本来应该跟进，但不知怎地，我忽视了，赶到办公室发了一个电讯到上海。欧理渥先生当时不在。当晚中国的晚报都刊登了这则新闻，但不能确定被害人，都说此人姓王。早报也没有别的信息。我基本上认为此人的身份是一个永远无法解开的谜。当欧理渥先生接到上海办公室的询问说，美联社有电报称被谋杀的男子是湖南前督军张敬尧将军。他给我看了电报，并要求我向在中国报社的朋友询问。我联系了两家晚报社，得知死者已被确认为张将军，但中国当局对此保持沉默。

我把所有信息都传给了欧理渥先生，他显然对遭到对手哄骗而懊恼，拒绝发送任何可能证实事件进展的消息，反而报道说中国官员不愿意发表讲话，并一口咬定被害人姓王。据我记忆所及，直到更多事实浮出水面、证实死者就是张敬尧将军时，他依然拒绝认错。

值得注意的是，刺客一直未被绳之以法，案子悬而未决。然而，人们普遍认为，这起谋杀案是由中央政府的特务所为，其根据是张将军投靠“满洲国”，阴谋推翻北平政府。虽然就该案而言，无论如何都应当被谴责，但没有人浪费眼泪或同情死者，因为他统治湖南时劣迹斑斑，对该省人民遭受的苦难负有责任。

第十七章　辞去路透社的工作

1933 年 7 月，欧理渥先生休了三个星期假，带着妻子去内蒙古。缺席期间，麦克唐纳先生代理他的职位。虽然我在路透社工作已有一年，并且像欧理渥先生一样需要度假，但我没有提出申请，我以为去年 8 月父亲去世我有三个星期未上班，因此今年没有假了。三个月后，我从欧理渥先生那里得知，路透社有一项不成文的规定，外国员工每年有三个星期休假，而中国员工无权休假。

回顾这一时期，我必须说我已经开始适应新工作了。翻译和本地报道已经取得了成功，并带来了足够的收入以支付我的工资。我与欧理渥先生的关系非常融洽，虽然我有时对他的管理感到不快。我必须每天翻译15版、为本地新闻编写4版，特别是在新闻少的那些日子里。没有任何迹象显示我会在短期内会离开这里。因为预期能在北平长住并与路透社建立稳定的工作关系，夏天早些时候，我们将从1922年一直租住的房子进行了大修，不过仍然缺乏现代卫生设施。

然而，安全感并没有持续多久。四个月后，张雪楼先生在从伦敦返回上海后便开始着手人事变动，包括将考克斯先生从上海调到东京，由欧理渥先生接替。对于考克斯先生来说，这实际上意味着降级和下放。他为远东路透社工作了20多年，多年来一直是上海站的第二把手，现在不得不去一个全新的地方，可在那里他没多少熟人关系。另一方面，欧理渥先生的职位变动代表了他的胜利，他对高级同事一向评价不高。

张雪楼先生从英国返回不久，欧理渥先生飞往上海，有理由相信他在做出这一改变时有相当大的发言权，因为他与我的谈话已经有一段时间了：考克斯先生为一方，张雪楼先生和欧理渥先生为一方，两造的分歧已经形成，最终导致摊牌。从一开始，欧理渥就站在张雪楼先生一边，他比考克斯先生更依附于张雪楼先生。

大约在12月中旬，欧理渥先生回到北平，继续担任路透社北平分社代理。他在上海待了不到12个月的时间，发现伦敦不会按照他的想法让他当远东路透社的二把手，便决定回到气氛更融洽的北平。1937年他留在北平，以便攒八个月假期回英格兰休假。1939年，他去了华盛顿。

虽然欧理渥先生的晋升并不令人吃惊，但他回到北平的时候，我很意外地得知我也要在次年春天转职到上海。他简单地告诉我，伦敦总部一直反对每月向中国经理支付400元，从明年开始，北平办事处将重组，以减少开支。他进一步说，在我转职到上海后，可以作为编辑加入新闻室。他强调说，到目前为止，没有任何中国人能加入新闻室，对我的任命是一种荣誉，也是对我能力的认可。我自然感到受宠若惊。由于欧理渥先生没有提到在我去上海之后是否会加薪，而那里的生活成本比北平高得多，我恳请他给我一点时间考虑再决定。

经过仔细考虑，在没有相应增加工资的情况下转职到上海的问题立刻变得令我不快，并且困难重重。我在上海度过了六年半的少年时光，虽然我自己也是南方人，但我从不喜欢那个地方的中外居民。这种偏见也许可以轻易克服，但上海生活成本高昂。那时我已经有七个孩子，其中六个在上学。在北平，我没有感受到抚养他们的压力，这里的中小学学费比上海少得多。此外，我住在距离美国教会经营的三所优秀中小学不远的地方，所以孩子不用寄宿。我估计我在北平的生活每月花费250元，比在上海花费400元更舒服。另一个困难是，我在上海的朋友很少，会完全迷失在新的环境中。

出于这些考虑，我不能去上海。但与此同时，张雪楼先生通过欧理渥先生告诉我，拒绝去上海意味着辞职。我无法辞职，因为我当时没有兼职，找新工作也不容易。我真的陷入了困境。我试着回到前一个冬天我在燕京放弃的教学工作。我写信给那里的新闻系主任聂士芬先生，问我有没有机会做兼职讲师，他礼貌地拒绝了。总之，他说学院有巨大的经济困难，但如果我能从中国报人那里募些钱，他会很高兴让我来教书。

我写信给其他朋友，虽然所有人都表示同情，并希望我留在北平，但没有人能保证我的工作机会。我必须下定决心，并以某种方式向欧理渥先生表达我的决定。最后我打算同意去上海，但必须推迟到明年2月，这样我至少可以在三个月内找到一份新工作。欧理渥先生同意了。其实我从来没打算去上海。

1930年我经历了九个月的折磨后从《导报》辞职，此后我与《导报》的继任者《北平时事日报》的管理层几乎没有联系。这并不奇怪。当时《导报》掌握在阎冯联盟的手中，我在1930年夏天撰写的一系列社论，使我被视为与国民党为敌的批评家，而国民党控制着《北平时事日报》。《北平时事日报》于1932年夏天开始发行后不久，当时的常务董事刁作谦博士要求我做一些翻译工作，尽管我已经加入了路透社。我非常不情愿地接受了这个提议，因为第一我没有多少时间做额外的工作；其次，我还没有忘记《导报》管理层待我的不公。事实上，只要我在路透社担任全职职位，就永远不会考虑给《北平时事日报》工作。即使我面临转职到上海或离开路透社的选择，我也认为《北平时事日报》仅是我最后的选项。后来我加入《北平时事日报》，当中出力最多、最应该感谢的是中央通讯社北平分社社长潘仲鲁先生。我在去年秋天认识他，尽管我没有向他提供有关路透社向中国当地报纸提供服务的必要信息，但我们仍然是好朋友。一天下午，我给他在东城的办公室打电话，讲了我的困境。我说我已经收到了明年2月去上海的命令，但如果我能在《北平时事日报》找到一份工作就能留在北平。我请他找《北平时事日报》的经理张明炜先生，询问是否有编辑空缺。当时的编辑人员似乎已经超编，我后来却成功获得了职位，肯定是由于潘先生的鼎力推荐，以及张先生对我能力和之前在报社工作经验的认可。

接受潘先生面试的几天后，我被告知报社有一个翻译的空缺，工资每月250元。据了解，这是兼职工作，而且我必须每周工作三个晚上。我非常满意，因为它为我的其他工作留下了充足的时间，尽管这意味着我的月收入减少了150元，但确保了《北平时事日报》的工作。12月初的一个下午，我告诉欧理渥先生，我决定从路透社辞职。我坦率地解释说，我不能以400元的工资住在上海，而且由于公司无力支付更高的薪酬，我别无选择，只能辞职，在北平找工作。我还告诉他，我已经在1935年[①]1月1日获得了《北平时事日报》的职位。

欧理渥先生对我的辞职感到有些吃惊。片刻思索之后，他问我是否愿意以兼职的身份保留与路透社的关系。他补充说，他将从1月1日开始减轻我的夜班职责，让我专心致力于翻译和报道本地新闻的工作。此外，我要随时向办公室报告被中国方面封锁的消息，工资是250元。毫无疑问，与我作为一名全职员工相比，这意味着减少了150元，但实际上，由于我从《北平时事日报》获得额外的250元，实际能多得100元。但是，我坚持认为我必须享有和外籍员工一样的待遇，每年有权享受三周假期，否则宁愿辞职。欧理渥先生暂时同意了，后来从上海发来的一封信中确定他接受了我的要求。

第十八章　兼职路透社

在欧理渥先生去上海时，麦克唐纳先生回到了路透社。这并非完全出乎意料，因为在北平的四位英国记者中，唯有他能被欧理渥先生和张雪楼先生接受。一年前，他曾在北平代理路透社经理，并与欧理渥先生保持着非常友好的关系。尽管我们之前的关系紧张，但至少我对他重新加入并没有感到不安。首先，我几乎不担心他会把办公室里的所有日常工作抛到我肩上，因为我的工作现在已明确定义为每天翻译和提供本地消息。此外，有理由相信，在移交工作之前，欧理渥先生告诉了麦克唐纳先生期望他做什么。欧理渥先生可能警告他不要占助手的便宜，因为在1934

① 应为1934年。——译注

年他负责时，我们的关系非常好。

1934年1月，北平办事处与我堂弟一起开展了商业服务，堂弟担任助理。他已经失业近两年了，当欧理渥先生提出想找一个人协助麦克唐纳先生组织商业服务和电报时，我提到了我的堂弟，但直到在麦克唐纳先生掌权后几周，他才有机会得到这份新工作。作为一名铁路管理专业的毕业生，他在京奉铁路管理局当了不到一年实习生，之后去海关当监察员，后来辞去了海关的职务，加入了仁立地毯公司。年轻且不负责任的他经常与经理发生冲突，结果在不到两年就被辞退。当我在路透社为他找到这份工作时，他穷困潦倒，愿意无条件接受工作。他因两年失业的艰辛和痛苦而变得更加明智，真诚地努力保住这份新工作，并取得了令人钦佩的成功。起初他月薪是100元，但不久之后就升至150元。除了商业服务外，他还要协助麦克唐纳先生和后来的欧理渥先生扩展电报业务，并每周上三次夜班。每隔一周的周日早上，他必须负责翻译和报道本地新闻。事实上，他接受了全面的训练，这对他的未来有好处，尽管他从未做过任何报道，但我总觉得他的报酬低，应该比150元更高。1938年6月，他因病辞职。

在为期一年半的时间里，我一直在为提供本地新闻报道苦苦挣扎。每月15元的工资被分给了另一名记者。在账上，这长期以来被当成订阅中国新闻服务项目的收入。当我最初加入路透社时，一名中国新闻机构的记者在每天下午1点打电话给我，告诉我他早上搜集到的新闻。我选择会让外国人感兴趣的消息并编入报纸。但正如我已经指出的那样，这项制度最令人不满。后来，另一位在北平很有名的中国记者，通过冯先生来找我，并提出要成为我们的线人，显然是他看到路透社是一家富有的新闻机构，而且有能力为记者付出高薪。但他很快就在第一个月末辞职了，因为他只拿到一张15元的支票。他一定非常怨恨，因为他预计至少能得到30元。但真的不能怪我，因为我做不了主。

意识到以每月 15 元的价格获得一名好记者是不可能的，经欧理渥先生的批准，我决定与当地的两份晚报——《世界晚报》（Shih Chieh Wan Pao）和《北京晚报》（Peking Wan Pao）交换新闻。每天下午 2 点左右，我打电话给这两家报社的编辑，从路透社的太平洋地区或外国报道中提供他们一些有关中国的消息，作为回报，他们提供给我当日上午所有的中国新闻。我的任务非常困难和微妙。由于两家晚报是竞争对手，双方都想要独家新闻，我必须最大限度地利用自由裁量权，以防止他们发现我与另外一家交换新闻。这样工作了大约六个月，我必须说路透社从中获得的收益超过了这两份报纸，因为我们每天下午给他们提供不了多少使人感兴趣的消息，而这两家报社总会给我们一些有价值的消息。

我原本打算每月用节省下来的 15 元给这些报纸的编辑和记者提供一些娱乐，我有一次请他们吃晚餐，花了大约 25 元。我后来发现，欧理渥先生和后来的麦克唐纳先生都利用我为公司省下来的钱扩大他们的私人交际基金。1934 年春季的一天，一位名叫蔡天美（Tsai Tien-mei）的中国记者带着华洋义赈会秘书长章元善先生的介绍信来到我的办公室。九一八事变爆发时，祖籍江苏苏州的蔡先生是沈阳《明报》（Ming Pao）的新闻记者。像许多其他拒绝在新政权下工作的中国报人一样，他很快就来到了北平，但既能维持生活，又令人满意的工作很难找。作为当地中国报纸记者的替补，他的生计显然陷入困境。他说明来意，我非常抱歉地回答说，路透社只能支付每月不超过 15 元的报酬，更重要的是，我们希望他不仅向我们提供每天当地的消息，还要提醒我们任何重大新闻。令我非常惊讶的是，他同意了。之后为了增加他的收入，我和《北平时事日报》的管理人员安排他当新闻线索提供员，并付给他 10 元报酬。

必须承认蔡先生忠诚地为我和路透社服务，服务的价值超过了薪酬。他会在每天下午1点到2点之间给我打电话，提供本地报道的线索。除此之外，每当有重大新闻发生时，他都会及时来电。后来几年，因为新闻稀缺，欧理渥先生坚持不管有没有新闻，我都必须至少制作4个版面，这对我来说是个噩梦。确实，并非所有新闻都是权威的，但这很难预料，特别是他只挣15元。在接下来的几年里，我发现他经常采取非常恼人的做法，即将他所能得到的所有广泛传播的流言发给我，而不核实消息的真实性。我不止一次对他大发雷霆。我的妻子经常说我对他不够体贴。但如果是这样，那完全是因为我对路透社有强烈的责任感。另一种情有可原的情况——如果可以这样说的话——就是欧理渥先生经常要我为蔡先生的错误做解释。

尽管蔡先生偶尔失误，但随着时间的流逝，他对我更有帮助。我总是有一点愧疚，觉得或多或少要为他遭受剥削负责。确实令人恼怒，每月只能拿15元的人不得不每天为我们提供中国新闻。另外当时蔡先生还在为另一个中国新闻机构工作。然而，路透社从军事委员会北平分会获得的补贴每月都超过2000元。还能想象出有什么更不公平和不公正的吗？

蔡先生曾经给路透社提供了几条独家新闻，其中包括专访国民政府主席林森先生的养子詹姆斯·林（James Lin）的妻子。林公子的风流韵事以及在美国留学期间与一位美国售货员结婚，引起了两国的极大兴趣。当消息传到中国时，人们发现他已经在上海娶了一对姐妹，其中一位当时住在北平。路透社驻上海办事处立即指示欧理渥先生找到林太太并采访她。我马上与蔡先生取得联系，蔡先生表现出了相当强的能力，不但找到了她，还获得了一个非常好的故事。这个报道没有刊发在北平的报纸上，而是电传到上海，在英国和美国的报纸上引起了很大反响。由此，我成功地为蔡先生涨了10元的工资。一年后，我又为他涨了一次工资。但他的薪水从未超过35元。当我于1938年3月辞职时，这笔钱减少到30元。

出于某种莫名其妙的原因，欧理渥先生最初拒绝将蔡先生的名字列入职员名册。就上海办事处而言，在一年中这名记者根本不存在。我不止一次向欧理渥先生指出，如果要蔡先生妥当地完成他的工作，不仅应该给他一份体面的薪水，而且我们也应该给他一个正式的职位，这样他才能利用路透社记者的优势。当欧理渥先生将蔡的工资提高到25元时，他成功地让上海总部将蔡先生的名字列入员工花名册。但蔡先生从未被允许履行他作为一名成熟的路透社记者的职责，显然是因为担心他可能利用这样一个与知名外国通讯社的联系，为自己谋利。此外，报社常向上海抱怨蔡，并建议把他从工资单上拿掉，以节省开支。只是因为我的努力才保留了他的职位，直到我辞职。后来他自动离开了。

第十九章　我是如何开始撰写社论的

(1930年) 7月初，外交处想方设法控制《导报》。有一天，刘先生告诉我，朱先生曾写信给辛博森先生，询问贾尼施、泰勒和我三个人，谁能撰写社论。辛博森先生说我们都不能。至少我对这个回复并不感到惊讶，因为我知道辛博森先生不会断绝他与报社的关系。如果他以不同的方式回答，意味着他愿意辞去在《导报》的编辑职务。

我对他的小动作感到不快。我从来没有假装能像辛博森先生那样擅长写社论，中国人很难像以英语为母语的人那样精通这门语言。其实，那些被誉为英语大师的中国人是不可能与最优秀的英国作家比肩的。如果外国人盛赞某位中国的英文作家，那是因为他们意识到自己学习和用中文写作是多么困难，因此，这种赞美很容易成为谬奖。

虽然不指望达到辛博森先生的水平，但我认为《导报》是一份中国人拥有并管理的报纸，其社论应由中国人撰写，相比那些领薪水的国外喉舌，外国读者更想看到中国人的观点。更重要的是，他们因此也会容忍中国编辑修辞甚至语法方面的错误。我还记得我曾在1921年为《北平快报》撰写社论，此事给本地外国记者带来了冲击。在纽厄尔先生担任《导报》编辑期间，我偶尔会为报社做一点工作。虽然自从高孟奇先生接班以来，我撰写社论的希望破灭了，但我相信稍加练习，就可以崭露头角。那位后来被辛博森先生赶走的洪德先生，一直对我的工作表现出善意的兴趣，他经常鼓励我尝试写社论，说机会难得，就算我不能以此获取额外报酬，学到的经验也将足以补偿我的努力。

我现在已经忘了为《导报》第一次撰写社论的标题，但是驱使我写社论的情况是这样的：根据7月初制定的安排，我们三个人每天下午轮流去外交处获取新闻和简报，所以第一周暑假前大约三天，我打电话给外交处。每周为朱鹤翔先生撰写新闻通报的杜纳（Duna）[①] 先生接待了我，激动地说有一份从伦敦发来的电报，简要总结了《泰晤士报》刊登的建议将英国大使馆从北平搬到南京的社论，并问我们《导报》为什么没有刊发。他给我看了《京津泰晤士报》的一篇社论，并说该建议荒谬，南京政府由于阎锡山和冯玉祥的叛乱而犹豫不决。我解释说，收到电报的那天晚上是贾尼施先生值班，看到电报里有一些不太讨联盟领导人喜欢的段落，他就直接扔进纸篓了。杜纳先生说，编辑部应该关注这则报告而非压制。然后，他建议我在第二天的《导报》上刊登社论，否则我就得自己写。我说社论版面已经印刷好了，现在写来不及了，况且《京津泰晤士报》的社论太长，没法刊登。我答应在第二天写一篇文章，发在次日的社论中。

回到家，我有一种强烈的冲动：要为次日的报纸写社论。是

① 后文又写作Dunn，疑有误。——译注

的，社论的页面已经付印了，但我仍然可以在头版刊发。打定主意后，我决定让这项任务圆满成功。晚餐后马上动笔，大约一个小时就写完了。我赶回办公室，把社论插在头版的中间。

第二天早晨，报纸送达读者，社论引起了很多关注，读者对作者身份有多种猜测。这天早晨，朱先生接受本地外国记者每周一次的例行采访，当被问到既然辛博森先生5月份前往天津之后《导报》没有发过任何社论，那么这篇社论的作者是谁。他没想到是我，因此说这篇社论不可能是中国人写的。泰勒先生虽认为此事与我有关，不过他没有出席采访，是从贾尼施先生那里听到消息的。当时我非常愤慨，感觉这是对我的侮辱。

然后是我两周假期的第一周。我和贾尼施先生做了安排，把我的假期一分为二，这样他可以在我休完第一周回来后去休自己的两周假。星期一，国民党在怀仁堂举行全体扩大会议开幕式，我与洪德先生和贝斯（Bess）先生等中外记者一同出席。然后我还带着家人去西山住了一周。我们住在位于卧佛寺的基督教青年会旅馆里，但天气不好，不到三天，我就决定回城，在家里休假。星期四回来后，我立即与刘先生联系，打听我不在时报社的事情有什么进展。他告诉我，外交处的人计划组织一个董事会控制《导报》，董事会将由朱鹤翔先生、杜纳（Dunn）先生、吴泽湘先生，以及刘先生本人组成。刘先生不同意，因为这实际上等于让外交部控制《导报》。在张荫梧市长的支持下，刘成功地抵制了朱先生的提议。

7月的第四周事情很多。汪精卫先生从广州来北平，事情在多方面又有了重大进展。我只担任新闻编辑，不需要写社论，但不知何故，我有一种强烈的冲动，希望发表自己对时事的看法。尽管新闻界有轻视社论的倾向，但我觉得报纸的使命不仅仅是报道新闻，还要就重大事件发表评论，我总是高度重视那些有社论的报纸。更重要的是，我一向喜欢那些能就本国和国际问题发表意见的报纸，而不是那些以不评论作为编辑方针的。这理所当然反映了我对生活和人的态度，因为我不偏爱聪明人，我喜欢的不是机会主义者，而是有明确原则的人。

我天生就对某些事物非常厌恶，有些至今不变。例如，我从未喜欢过国立北京大学——即中国人所谓的北大。这种厌恶可以追溯到1916年，当时被任命为校长的蔡元培先生让教育部废除了北洋大学的法律系，并将其并入北大。很奇怪，尽管蔡先生受到全国万千学生的崇拜，但他对我一点吸引力都没有。我承认他属于某种类型的中国学者，并且是自由派思想家，但我坚持认为，大学的高级管理者需要的不仅仅是这两种令人钦佩的品质。我当时最不喜欢的是，他在每一次政治或教育争议中都站在学生一边。我认为这种做法对纪律和权威最为不利。蔡先生在很大程度上要对过去16年里的学潮负责，这个观点也代表了大部分中国人对他的不满。

我不喜欢蔡先生的自由放任政策。我的结论可能是偏颇的：北大代表着一种对中国有害的影响。因此，我一直寻找机会在公共媒体上批评它。碰巧的是，当时从南京来的一封电报说，教育部长蒋梦麟先生卸任浙江大学校长。我觉得有机会写一篇关于北平地区大学状况的社论：现在的局面快要发生丑闻了。一年多来，三所主要国立大学中的两所，即北大和师大都由在南京任职的校长缺席管理。这对学生和老师的士气不利。没了校长的管束，学生更加放纵，老师也忽视本职工作，忙着抢课时。有些受欢迎的老师同时拥有三个教职，每月轻松收入1000元。我把这些问题都写进了6月22日的社论，并建议蔡先生效法蒋先生，放弃北大校长的职位，以便为彻底改革学校的某些管理方式开辟道路。当时我不知道这篇社论会给本地学术界造成怎样的影响，但后来有人告诉我，这篇文章严重冒犯了一个熟人，他担任三个大学英语文学系的主任。我在文章中只是笼统地描述了现状而没有提到具体人名，我不明白他为何感到受了伤害，除非我说得对。

我反感的另一个东西是国民党的一党专政。在接受了盎格鲁——撒克逊政治原理教育之后，我无法相信任何人会真心地为独裁政权工作，除非他单纯为了谋生。国民党党员和领导人对创始人孙中山先生做出的荒谬论断，和他们对那些真诚的异见人士的不宽容让我恶心。在 1928 年夏天统一国家后，将中华民国视为党的产业成为国民党演说家的时尚。在他们看来，国民党无所不能，人民并不比奴隶更好。

我不属于任何政党，也不同情刚刚被国民党取代的北方军阀，但我不能赞同以下观点：即国民党的成功源于其优于其它政党的理念。另一方面，我坚持认为，人民厌倦了北方军阀的统治，已准备好应对任何可以救民于水火的变革以及新政治秩序，所以中国人能接受国民党。

必须承认，我有一两篇文章写得不明智。这些文章严厉地批评了蒋介石将军。唯一的借口就是我被向大众，特别是外交处官员证明我能写社论的渴望控制了。从朋友来信和我听到的评论判断，大家对我还是很满意的。一年后，我从绥远回来，在火车上遇到了一位美国传教士，知道我是谁之后，他说他与通州的一所学校有联系，一年前在阅读《导报》社论时，看到了“J. C. S. ”[1] 的署名，他想知道作者是不是美国人。中国朋友告诉他，作者是一名从未出过国的中国人，他感到非常惊讶。

到 9 月 20 日，局势开始对阎冯联盟不利。几个月来，河南的战局始终胶着。从冲突一开始，蒋介石将军和他的反对者都认识到张学良将军是改变现状的关键人物，因此他们竞相派人去沈阳，向那位要证明自己是优秀政治家的少帅求助；但少帅一直静

① 即孙瑞芹。——译注

观局势发展，要确保自己能够站在最终胜利的一方。他的态度随着战局的变化摇摆，但很快南京方面在财政资源上的优势开始显现。到了9月底，很明显少帅偏向了南京方面，他支持南京并宣布派兵驻守长城，此时所有怀疑都被化解了。

叛军立即溃散。不久，在天津等候的南京代理人抵达北平，接管自3月以后被山西叛乱分子占据的各中央机关。因我曾经写过反对南京政府的文章，所以我准备好离开了。也许我应该和晋系管理层一同撤离，这样我还可以从刘先生那里得到9月的薪水，但强烈的责任感使我无法这样做。虽然我现在不再撰写社论了，但我决定留下来，直到可以将工作移交给南京方面认可的人。更重要的是，朱先生现在已经恢复对业务部门的控制，要求我再留几天，等新编辑接任后再走。他承诺，新政权会支付我9月的工资。我完全相信了他的承诺，便在9月15日左右辞了职。

但即将到来的管理层也就是国民党，从未支付我9月的工资。我提醒刁作谦信守承诺，但他说如果我只被扣了9月的工资那就很幸运了，他暗示我会因为撰写反对国民党和政府的社论被捕。

我当时自然对刁和国民党非常不满，但时间是肉体和精神创伤最好的治疗师。1932年夏天，国民党开始用《北平时事日报》取代当年初因日本人抗议而停刊的《导报》。不久，刁请我翻译一些本地中文报刊的社论。当时，李顿调查团正在北平，中国当局担心新报纸发表中国人对满洲局势的看法。我刚进入路透社工作，忙于新工作，但我觉得必须做点事情，不应拒绝刁的要求。

没有询问是否会获得报酬，我就翻译了几篇社论，都刊发在社论版面。到月底，我得到了200元。这个工作花费了我两个月的时间，但收到了三个月的工资，总计600元。我后来了解到，这笔资金是国联调查团中方委员会办公室（the Chinese Assessor's Office）宣传经费的一部分。显然，刁觉得他1930年做的事对我不公平，便利用这个机会来弥补。我们重归于好了。

六二回忆（十）

李景铭 著

民国二十六年丁丑，余年五十九岁

去岁十二月，西安事变，喧传一时，至是年元旦，始电传去年十二月三十一日南京组织军法会审，特任李烈钧为审判长，朱培德、鹿钟麟为审判官。当日审理判决，处张学良徒刑十年，褫夺公权五年。其罪名为首谋伙党，对于上官为暴行胁迫。而事实之宣布，有可证外传之不确者。其大略云："民国二十五年十一月，本会委员长蒋中正因公由洛阳赴陕，驻节临潼。十二日黎明，张学良竟率部劫持至西安，强迫承认其改组政府等主张。当时随节赴陕之邵元冲、蒋孝先、萧乃华及侍从公务人员、卫兵等多人，并驻陕宪兵团团长杨震亚等，闻变抵抗，悉被戕害。侍从室主任钱大钧亦受枪伤。又，在陕大员陈调元、蒋作宾、朱绍良、邵力子、蒋鼎文、陈诚、卫立煌、陈继承、万耀煌等，均被拘禁。当经蒋委员长训责，张学良旋即悔悟，于同月二十五日随同蒋委员长回京请罪。事变初起，奉国民政府令，交本会严办，兹经认定事实如上。"而定谳之理由则曰："张学良率部劫持统帅，强迫承认改组政府等主张，有通电可证。至戕害官员，拘禁将领，虽属部众行动，而该被告实为主动，自应按其罪责，依法处治。惟经委员长训责后，尚有悔悟，随同旋京，自应减处有期

整理者： 本篇资料由《近代史资料》编译室整理。

徒刑十年，并褫夺公权五年。”法外施仁，可谓当矣。然同时蒋委员长为之呈请特赦，亦无非念其勇于改悔也。

一月六日，中央以顾祝同为陕西军事委员会行营主任，杨虎城、于学忠撤职留任，孙蔚如为陕西主席，王树常为甘肃绥靖主任，冯钦哉为二十五路总指挥，无形中将西北“剿匪”司令部取消。但命令发表后，杨虎城、于学忠拒绝顾祝同入境，故一月上旬西安附近均有战事。但南京不能进攻西安，因进攻即有违停止内战之条件。然南京如不履行条件，西安尚可兴问罪之师，犹之《塘沽协定》仅为片面之停战耳。卒之，胡宗南、关麟征两部崩溃，奔往宁夏。红军去西安不过六英里，冯钦哉（原系西北军倾心中央者）四团消灭三团，仅余一团，中央军稍失势力。蒋介石急调张学良到奉化，思以政治解决西安问题。延至二月九日，方得顾祝同已入西安之信，陕事可告解决矣。于是十日，蒋介石向三中全会坚辞本兼各职，议决慰留，并告张学良在陕所持八项要求，声明已不赞成，只听大会察酌。中间并无“容共”抗日条款，大抵因邻国关系而隐言之也。大会仅表示能投诚者可与合作耳。

是时，论者颇不以蒋之允许“容共”为然，故三中全会乃为一根绝“赤祸”之议决文，以表明其态度。其大略云：

本党总理创立兴中会、同盟会、中华革命党以迄中国国民党，具有一贯之精神，无非企大同郅治。兴中、同盟时代，延致具有民族意识之志士。十三年改组时，则容纳共产党员个人加入。史实具在，可复按也。乃共产党人加入之后，竟食誓言，在本党掩护之下，则对本党显分壁垒，继则对本党多方分化。当时犹冀其自悔。迨国民革命军出衡湘、克武汉，乃复遮断本党与民众之联系，播植“赤化”之祸种，以谋颠覆本党建国之基础，阻扰东下沪宁之师，牵制北莫郑汴之役，演成两湖之恐怖，构成宁汉之痛史，北伐大业几致停顿。又复昌言创立红军，破坏本党干部，鼓动阶级斗争，夺取革命政权。本党为巩固党基计，不得不有“清党”之役。此共产党人自绝于本党，世人所共见也。嗣复一面鼓其邪说，荧惑青年，一面结集成队，四出骚扰，为患十余年，荼毒十数省。远之如武汉、南昌、广州、长沙之变乱，以及粤之海丰，闽之龙岩、永定，赣之吉安、上饶、永新、铜鼓、弋阳，湘之平江、浏阳、华容，鄂之沔阳、黄安、监利，豫之商城、潢川等县。“匪踪”所至，田畴为墟。又复伪立政府，致赣、粤、闽、浙、湘、鄂等省，受彼等蹂躏最久。中央有保民之责，数年以来，节节“清剿”，以我实仁，易彼残暴，相形之下，妇孺皆知。彼等自江西总崩溃后，由滇、黔、赣边境而四川，而甘、陕、宁、青、晋等省，城市农村，莫不破坏。其尤可痛心者，九一八以来，国难严重如此，全国国民悉心建设，犹恐不及，而共产党人乃乘间抵隙，肆意扰乱，于淞沪之役则猛攻赣州，长城各口之役，则猛攻抚州，危及南昌，使抗敌之师为之牵制。其他破坏国防、摧残民力之事，更变本加厉。言念及此，举国共愤。今者共产党人于穷蹙边隅之余，倡输诚受命之说。本党鉴思来日，不容再误，非彼等精诚悔祸，服从三民主义，恪遵国法，严守军人之□□，束身为中华民国良善之国民，则中央不能姑息少数暴徒，以贻人民无穷之忧戚。就目下最低限度言之：第一，一国之军队必须统一编制及号令，故所谓红军者必须取消；第二，政权亦须统一，所谓苏维埃政府亦须取消；第三，“赤化”宣传与三民主义绝不能相容，故须停止“赤化”宣传；第四，阶级斗争势须根本停止。由是观之，“赤祸”之必须根绝，乃为维护吾国家民族至当不易之大道。

自此决议文出，乃知两月来喧传“容共”之问题至此告一段落，即所谓有条件之“容共”也。然言之者谆谆，听之者藐藐。三原以北，恐已成为国共合作之区，俨然与东北“满洲国”对峙，而当局只能于纸上宣言表示态度焉耳。实际上，西北成为特殊区域，中央无可如何。此三中全会所表示之“防共”并非“容共”之态度，吾人所不敢轻信者也。至于对日问题，则亦可就三中全会之宣言窥其究竟焉。宣言云：①

> 自九一八以后，吾人于极度痛苦之中，惟有恪遵遗教，求为民族开一生路。五全大会宣言曾明确表示，谓吾人处此国难严重之中，所恃以应付危急者，亦惟有秉持总理人定胜天，与操之自我则存，操之在人则亡之二大遗训，以最大之忍耐与决心，保障我国家生存与民族复兴之生路。在和平未至完全绝望之时，决不放弃和平，当国家已至非牺牲不可之时，自必决然牺牲，抱定最后牺牲之决心，对和平为最后之努力，期以真诚［决意］转捩时局。（略）二中全会宣言【引申此意，而】更加严重［正］解释谓：“国家既处此非常之形势，吾人对内惟有以最大之容忍与苦心，蕲求全国国民之团结，对外则决不容认任何侵害领土主权之协定。遇有领土主权被侵害之事实发生，如用尽政治方法而无效，危及国家民族之根本生存时，则必出以最后牺牲之决心，绝无丝毫犹豫之余地。”二中全会闭会以后，对日交涉本此进行，其间数月往返折冲，濒于破裂者数，而固守立场，始终无变。及匪伪各军进扰绥远，则合全国之力以从事于守土御寇。西安变作，倡乱者虽欲假借种种口号为煽动人心之具，而国人屹然无所动摇，盖数年来对本党认识日深，知救亡图

① 作者所引多有错漏之处，望读者注意分辨。

存舍此实无他道也。此次全会对外方针仍当继续［承］不变，且努力以策其进行。盖吾人始终如一之目的，厥为对外求共存，即使蒙受损害，超过忍耐之限度，而决然出于抗战，然亦只有自卫之心，绝无排外之意。故牺牲之决心与和平之期望，初无矛盾。假如和平之期望犹未完全断绝，吾人固【仍】愿确守平等互惠与互尊领土主权之原则下，求其初步之解决，使匪伪失其依附，主权克臻完整。如是则两国间悬而未决之问题，颇未完全着落，而以和平方法解决纠纷之可能，始得露其端倪。此在吾国必当举国一致，于最短期间期其贯彻者也。（下言其他国际关系，主两利原则）至于对内，则和平统一，数年以来为全国共守之信条。（略）惟于此有宜注意者，和平统一与停止内战，其涵义有广狭之殊。和平统一【之目的】在集中整个国家、整个民族之力量，以排除当前之国难，且进一步以踏入三民主义之大道。（略）知此者［凡此二义］，实为和平统一之真谛。故所谓停止内战，乃谓在同一主义之下意见之分歧，不取决于武力而取决于商榷。非谓分裂国家、分裂民族之举动，亦可藉停止内战之口号，以为掩蔽而无忌惮以进行。自去岁七月以来，统一事业渐以形成，地方割据之迹将成过去。此后惟当依据和平统一之原则，以适应国防，【且以奠长治久安之局】。至于共产份子，近日虽假共同御侮之口号以相号召，然征之往事，十三年以来，扬言加入本党，以从事国民革命，而实则破坏国民革命。十六年以来，以暴动手段，危害民国，使国家对外之力量为之减削，人民无量数之生命财产为之荡析。……本党为国家计，为人民计，……必以自力使赤祸根绝，【于中国，免贻将来无穷之戚，而】永奠民族复兴之基。此当明白为天下告者也。（下言国民大会及经济统一两事，从略。）

此篇宣言出于汪精卫之手笔。汪似稍稍觉悟矣，然汪尚不知，民生主义及经济建设行之太骤，亦足以扰民。盖中国农民只有以不扰及轻税待之，自能生苏，不然者，税重役繁，未有不铤而走险者。此三中全会所表示之对外对内之态度，吾人所认为稍有觉悟而尚未彻底者也。

自西安事变发生，迄今两月有余，蒋既脱险，张亦被相当之处分，中央亦表明其态度矣。然外间尚有道其发生之原因及被难之经过，趣闻逸事，足资谈噱者，因备录之。

（一）张同亮（梅孙）谈西安事变之原因云：去岁十二月七日，蒋介石闻有人民阵线之说，召集杨虎城、张学良询其究竟。杨虎城等答曰不知。蒋怒令宪兵逮七将领，置诸法，军心震动。蒋召训话，环听者千五百人，彼此辩论甚烈，遂激成十二日之变。蒋在睡梦中，披寝衣，穿大氅，跣足而逃，跌倒岩石中，故伤足焉。遇白凤翔，曰："子杀我乎？"白曰："奉张令，宜生擒，毋死致。"因劫至西安。消息传南京。南京议救蒋法，派端纳入陕。端回洛阳，以电话告南京曰："张云，如下讨伐令，则蒋首碎矣。"南京知其怯，不堪一挞也，乃决议下令讨伐。而宋美龄大哭曰："吾夫死无日矣。"故下午又收回讨伐令。翌日，又会议，众皆嘿无一言，惟叶楚伧挺身曰："国家是国家，个人是个人，仍以讨伐为宜。东北军既恶劣，何如乘此聚而歼之。"故何应钦又向前线急进。蒋鼎文所赍蒋函，或曰伪造，为缓兵计耳。故蒋鼎文亲赴前敌宣慰，诫勿前进。翌日，而广播出，蒋已回洛阳矣。

（二）袁祚庠（序庵）谈西安事变之原因云：此次事变，起因于八千万元之款，其中有四千万系九一八前张学良托中央购械之款，又四千万元为中央积欠东北军款。宋子文两度入陕者，即清算此款也。此款已清，故蒋得安然出险，其余皆枝节问题耳。

（三）王继曾（述勤）谈西安事变之原因云：有法国人指西

安事变为家庭中之闹家务耳。盖宋庆龄主张共产主义，与宋美龄主义不合。此次西安条件乃宋庆龄所起草，而中央不一一履行，是以有军事之调动。

（四）力舒东谈西安事变之经过云：一月八日，西安开民众大会，通过议决案二十条，其口号仍是打倒蒋介石。其条件八条，除二条不能宣布外（大抵是“容共”、抗日），其余六条即如停止内战、改组政府、速开民众大会等。此盖得诸一月九日之西安广播也。

（五）杨连荣（擎天）谈蒋介石获免之原因云：蒋之获免者，赖两兔之力也。盖临潼兵变用机关枪横扫华清池，遍检尸骸，不见蒋之踪迹，索山谷间，亦无所得。嗣两兔由山洞奔走，索者始悟兔见人而逸也，故入洞，方得蒋之所在，载往西安，乃获全焉。先是军官环诘蒋，待中央军何厚？东北军何薄？蒋曰：“吾待东北军不薄，月馈饷二百八十万，无亏丝毫，何谓薄为？汝等可问张副司令。”诘张，张无以答。盖张已入私囊矣。张本有死蒋之心，见蒋日记内有一段记载中央诸人多建议裁撤东北军，而蒋以张有功民国，不可置之闲散。张以此感动，故送蒋还京云。

（六）张艺泉谈蒋介石脱险之原因云：此次之变，蒋能脱险者，周恩来力也。蒋为黄埔军官学校校长时，周为教育长，寻赴欧留学，资格在徐向前上。徐亦从事于黄埔军官学校也。现周为共党首领。蒋被劫入西安，由红军监守，张固未能入见，外传每日进谒者不确也。周由甘肃乘机入陕，与蒋晤谈四小时。蒋为其感动，议定条件六条，其详不可得闻，大略则改组政府、释放政治犯（指上海沈钧儒、邹韬奋等）、对日宣战、停止内战等。蒋意与周不同者，蒋主抗日，周主宣战也。议定，周云：“不必成立协定，亦不必签字。”盖认蒋为中国政治家，一言既出，不反食也。于是周告诸张曰：“同谒蒋而预备返京计划。”表面上则作为宋子文斡旋之结果也。不久，政治犯果释放，西北“剿匪”总司令部取消，即作为停止内战之表示，然又易以军事委员会行营，主任以顾祝同充之，是则中央向来之故智也，所以又招杨、于之不满。改组政府须俟三中全会，由汪主持，或须除去亲日分子，加入抗日分子，此亦是一难事。对外方针须由新政府定之。蒋在假中，固不问政治，而顾祝同急于入陕，战事所以发生也。

（七）王传恭（伯元）谈蒋介石遇变之情形云：曾晤杨虎城之交际科科长，转述蒋在西安被难时，由山坠落崖下，约三丈有余，被劫入城，住大楼，足无鞋袜，身穿一袖衣。杨虎城脱衣衣之，不受，卧一榻，不饮不食。杨嘱副官劝之入水浆，蒋只点首曰唯唯，而不饮不食如故。如是者三日，至端讷、宋子文入陕，谈妥条件，可以出险，始呷牛乳、鸡蛋。邵力子来访，欲闭户一谈，副官不允。蒋叱邵去，诫其后勿再来。今张在奉化，蒋禁之，使其断绝往来者，亦以示报复焉耳。

（八）李思浩（赞侯）谈蒋介石之脱险后之情形云：此次往奉化（五月间事）见蒋委员长，知在西安时，山洞中被乱枪所击，左右侍者均击毙。蒋飞跃下山，背骨受伤，现以木椅梗夹，告赞侯曰：“我是武人，已觉痛不可支，汝等文人，更不能尝此苦楚。”遇大痛时，则詈骂张学良无状。此与策六之所闻相同。策六云：“陈诚弟语人曰：‘蒋腿部受伤，返洛阳，下机时数人拥抱之，故拍照只照半身。’”杨虎城、于学忠之意在去张，而以王以哲代之。中央不履行此条件，竟以顾祝同入陕，王树常入甘，是以见拒而不纳，乃有要求张学良返陕之事，遂卒不行。

（九）王琦（景韩）谈西安事变蒋斌致死之原因云：蒋（字乃时）任西安交通处处长。当蒋委员长及张汉卿之脱险也，乃时得信最早，即偕何柱国、王以哲、孙科（字公侠）同谒杨虎城。蒋乃时不善说辞，且性轻佻，首先告杨曰：“吾辈都快一同下台了。”杨惊问故。蒋曰：“蒋、张均乘机之洛矣。”杨立见不悦色，以为乃时事前必与闻此事，乃微笑曰："下台也好。"孙公侠知势不佳，乱以他语曰："乃时，汝非好豢狗者乎？吾携有雄狗来，明日可馈汝，汝配以雌狗何如？"蒋尚不觉，乃不欢而散。四人均虑青年将校之将加害于己也。孙公侠自觅藏身之地。蒋乃时匿城楼上。惟何柱国善说辞，翌日奔赴绥靖公署，求见杨虎城曰："以僚属论，君为主任，我乃军长；以交情论，君乃老哥，我乃小弟。弟今日不提僚属，正讲交情，我愿听老大哥处分，死在大哥手中，不愿为彼辈青年所屠宰也。"杨趣入内，匿杨夫人厕中。惟王以哲好强，召集青年将校训话，告以一国领袖断无由将校加害之理，此万国之所无。吾非固不可轻举妄动也，但蒋、张二人素待我辈不薄，今际国难中，非使此二人领导不为功。言之再三，哭失声。青年将校亦感而流涕，乃各回营，以为无事矣。翌日，又求见王，夫人诫勿出见，以避危锋。王仍倔强出见，一语不合，饮一弹而亡。将校请示于杨："城楼上尚有人，如何处置？"曰："决之可也。"于是蒋乃时亦不免矣。此孙公侠出险后举以告景韩者，所言当不虚也。蒋乃时，闽人。

是年一月，余奉冀察政务委员会之聘，充经济委员会顾问。不入政界将十年矣，复为冯妇，自惭形秽。然王洪麟语余曰："此仍秀而不实，有若无也。"但余得以此略知经济合作之经纬耳。先是谈华北经济者，均由宋哲元、王克敏与日本接洽，至去年十月十六日，李思浩（赞侯）方就经济委员会主席之职。十八日即赴津，访天津驻屯军司令田代皖一郎、天津总领事堀内干城。日方提示六大纲，除航空外，一曰筑路，二曰棉产，三曰芦盐，四曰电业，五曰港湾，六曰矿山。但言大纲，未言具体何也。因驻屯军司令部第三课课长池田回国活动，资金尚无把握，故无从谈判。池田回国所请示于政府者，将创办兴中公司，主张民众经济合作，不受驻屯军限制，方能自由发展，然与驻屯军之一元化策划实相矛盾。军部为求轻而易举计，不得不略变方针。

池田在东京所活动之标准，亦不外下列各种：一曰兴筑塘沽海港，二曰疏浚海河，三曰兴筑津石铁路，四曰开采龙烟铁矿。池田略得端倪，于十一月（去年）八日由日回津。其时李思浩又赴南京，听指挥，取进止。宋哲元适于十一月四日来津嫁侄女，又与田代司令晤谈，池田亦在座，仍未谈及资金问题。未几，李思浩赴洛谒蒋毕，北返旧都，乃有一定之宗旨矣。盖蒋告李曰："人不与我谈经济，我不必与之接近，人若来谈，则我抱两利主义。"以故，李思浩回京一月，均不赴津，而日方以绥东事亟，亦无暇及此。延至去年十二月，日方始邀李赴津，续谈经济合作，不过表示日方对于绥东之事并不参加，日所关心者仍是华北经济。然因资本问题，究未能一一实现。余于是年一月十八日受聘，十九日谒李思浩致谢，与陈祝三、沈鸿昭一谈。会址即设旧交通部，乃余二十八年前供职邮传部时旧游地也。张学良曾借此为军事委员会分会，故门户焕然一新。翌日，又晤沈鸿昭，询以经济合作资金问题将如何解决乎？沈曰："侧闻日本将用庚子赔款开发华北。盖日本于一月十八日开临时阁议，外务省提出《对华文化事业特别会计法修正案》，将向本届议会提出。按对华文化事业特别会计，依庚子赔款现有三千六百万元公积金，其运用本以公债买进或以储金部之存款为限，处最近之低金利时代未免不利，因决撤去此等限制，拟于有利确实事业债券，不问其种类，择要投资，以图运用方法之扩大。然上述公积金之运用方法，预定由对华文化事业委员会正式决定。在外务省提案，第一投资，先以二千五百万买进现在大藏省保管之山东铁道，由中国还付之国库债券（年利八厘），以资将来以铁道为中心之华北'经济提携'，之发展之方针。又，公积金之残额一千一百万元，随必要而向铁道建设、矿山等之开发投资。此事如能实现，则现在因资金困难不能着手之津石铁道之建设、龙烟铁矿之开发等，均得具体化。故自华北之经济开发上观之，此次改正颇为人所注目。”鸿昭所言如此。余以素谈经济均属原理原则，而于专门技术则诚属门外汉也。又，以棉业为近今必要之图，余之表兄孙葆琦（慕韩）主改良棉种，与余屡谈及之，故余亦稍窥门径，因代拟《改进华北棉业计划书》一册，上诸李赞侯，蒙嘉纳焉。

赞侯以余勤于著作无以为酬也，乃为余介绍于河南黄河水利委员会会长孔祥榕（仰恭）。孔兄名祥柯，周自齐（子廙）长财政部时，同服务部中，与余颇相契然。仰恭职甚微，乃国民政府成立，以孔祥熙关系，一跃而膺特任之职。余以赞侯介绍，尚迟迟其行，乃六月十日接汴电，知廷杰次女病于东北大学，因决于十二日启程。十三日【至】汴，廷杰病已奄奄矣。时住河南大学附属医院，余日往视之。一日，过龙虎街九号门牌，即余甲辰年与策六方君、莼仲陈君同租为考房者。叩门询主人，有中年妇人出见，询之，曰范姓。问范妇居此几年？妇曰：“数十年于兹矣。”余曰：“子知三十三年前有李、方、陈三举子同居此而皆捷进士乎？”妇曰：“时余尚未适范氏，曾闻吾姑述此屋出三进士事。”曰：“姑健在乎？”曰：“年七十八矣。”携杖自外回，老态龙钟，耳重听。告以甲辰事，曰：“诸位贵人临行赠余金十余两，尚能记忆否？此行何自来乎？”曰：“余李姓，为视女病来也。”其姑曰：“是有余房，宜于养病。”余感其意而许之。逾数日，移女于其室。余乃奉黄河水利委员会之命，派充专门委员，兼司运输事宜。乃到差甫一旬，而卢沟桥事变突于七月七日发生。九日即闻信，而廷杰竟于是日下午一时气绝。余即督干如六弟为之殡殓，厝柩穆霭堂。

十日，余即绕道陇海路旋旧都，藉慰冰心夫人。二十六日，为廷杰女受吊事毕，而彰仪门外土地庙炮声隆隆起矣。先是卢沟桥一弹发自牟田口廉也司令。或云天津驻屯军司令田代皖一郎受伤殉难，或曰病死天津。日政府急以香月司令代之。

至事变发生之原因，则余友王亚东言之详矣。王曰：张自忠、张允荣赴日考察军政、实业、教育时，无非为“中日亲善”之预备，故得宋哲元之命令而成行。中央闻之，诘宋哲元谓：“张系特任官，何以未得中央命令擅自赴外考察？”意将易人以代，征宋同意。宋以电示张，谓：“我任冀察政务委员会一日，即当维持一日，将以见好同僚也。”然益滋中央之怒，乃为釜底抽薪计，思以刘峙与宋对调。盖中央分三路应敌，右翼委诸韩复榘，左翼委诸阎锡山，惟正面为宋哲元所梗，不听中央命令，故思以刘代之。然又虑宋之不服从也，特属冯玉祥劝诱之。冯曰：“宋虽旧部，然我在张家口抗日，彼在喜峰口作战，竟退兵夺我地盘，其行径已非昔比。”乃有石敬亭、鹿钟麟者，自告奋勇，谓可收服冯治安、刘汝明、赵登禹、张自忠各师，为我所用，则宋成孤立矣。因以公祭王金铭、施从云为名来平，招徕四师。而四师以宋待之素厚，不欲叛宋，乃宣言曰：“易宋与否，中央用人之权衡也，非师长等所能干涉。”石、鹿不得要领，徘徊津门，亦不敢回京复命。宋由是拂衣而去，请假回乐陵矣。然以此日本之外交停顿，所谓津石铁路等亦无从接洽，而陈觉生、张自忠、田代等三人密议，只要卢沟桥一弹，宋即当回津主持，此时可进行交涉也。不意卢沟桥事变一生，冯治安决战，竟以大刀队制胜，而田代与青木因此而亡。秦德纯见事有可为，电催宋哲元回平坐镇。宋乃本和平宗旨，与日周旋。此时如决战，或尚可一鼓歼敌。然日本大军未至，故亦停顿数日，由外交进行。大抵日本所提条件：一张自忠为河北省主席，二市长秦德纯免职，三组织自治政府，四共同“防共”，五华北矿业中日合办。宋哲元以任何协定须待中央复核。是时，熊斌适来平，询宋须何援助。宋见获胜略有把握，且和平之望未绝，故不急于中央军之速来。不谓迟延数日，而日本大队至矣。以此而有二十六日、二十八日之两大剧战。

二十六日之战，所谓广安门事件者是。因日本大使馆为保护居留民计，要求日兵入城驻扎。盖以卢沟事变发生于一日兵之失踪，而宛平县知事王冷斋不能负责搜查，致日兵挺然侵入宛平县城，今为防范计，自有进京之必要。宋曾通知使馆承认之，而樱井顾问必要求半夜启城门，辄与戈秘书长交涉。戈某托副官传达，副官谓宋已入睡乡矣，未能传达此旨。樱井督促尤亟，戈秘书长再事传达，而副官坚拒不允。宋闻声出视，副官引宋入别室曰："日军企图侵入京城，事势至此，惟有抗战。"于是开军事会议，秦市长主抗战，众均赞同，乃立命闭锁城门。其时日军已有一半入城，结果成为广安门事件。继而有二十八日之剧战。我所有者大刀队、手枪、手榴弹而已，而飞机、重炮、机关枪均无有也。一战而二十九军损失过半。日军见大刀队之将近战壕也，以机关枪扫之，死伤无算。时有教导团在南苑，约三千余人，授课五个月，习瞄准者仅一月，奉令死守南苑，而日本以飞机轰炸之，故佟麟阁、赵登禹与三千余之学生同殉国难。佟盖为教导团领袖也。是时二十九军虽损失过半，尚可支持，而日本恫吓东交民巷外交团谓，二十九军果不退，当以毒瓦斯轰炸平市，请外交团自觅安全之地。外交团乃代市民请愿于宋哲元，而福开森等亦代为奔走。宋曰："余有四条件，日可从者，余可撤兵。一、以张自忠维持军政；二、以张璧维持电政，以潘毓桂维持公安局。(或曰，宋仅派张璧为公安局局长，潘说张曰：'子能派余代理局长，余可代运动市长。'张许之，口头宣布，潘遂以代理局长就职矣。其实并未奉有何人之委任也。）三、日兵不入城，不放弹；四、和议俟到保定。"外交团承认担保此条件，而宋果撤兵，将军权全交张自忠。张尚思以和平处理善后，然其部下李某任天津公安局长，竟袭击日本租界，结果张亦逃走。当七月二十八日事情紧张之际，上午七时，飞机数架在空中掷弹，不辨其为中央机、日本机也。或云旃坛寺被炸，二十九军士兵均远离，未受伤。或曰日机在下，中央机在上，日机被中央机击伤二架。

余自途中遇谌厚慈校长，甫自庐山回，已三日矣。询以大局，据云十日前如决战，日军尚无多，而迟疑不决者，宋对中央有不满者二事：一、中央军不由津浦进由平津进，似将绝其后路也；二、仍遣许世英大使赴日，是中央尚有与【日】妥协之意。然至昨日（二十七日），则与中央一致抗日矣。通州、高丽营、丰台已有收回消息。丰台之作战，孙连仲力也。近则四方皆起应战，中央亦允接济。余方闻之色喜，而苏世告余曰："不然。试闻炮声，大井村、小井村尚有激战也。且外间有日人散布毒气之谣传，恐一二日内日兵入城，秩序大乱矣。"果尔，傍晚即有香月清司驻屯军司令安民之布告，由飞机纷纷散布，终宵炮声不绝。晨起（二十九日）阅报，知宋哲元径率冯治安、秦德纯赴保矣。

是日九时，谒江朝宗（宇澄），遇林少英云："李景和（孟鲁）、今村院长顷来，邀宇老往见今井武官及松井机关长，商组织治安维持会事。"于是，可更述治安维持会成立之经过焉。

先是武田熙曾浼林少英，敦劝江朝宗出而组织治安维持会。江曰："地方官负有治安之责，奚用此骈枝机关为。"以此迁延者有日。至宋哲元去平之翌日（即二十九日），今井武官、松井机关长复以此为进，谓江有三镇京师功也。江曰："吴佩孚将军负天下重望，宜请其出任艰巨，鄙人年老，无能为役矣。且张自忠尚在，负责有人，何必牵率老夫至此。"今井曰："前既三定京师矣，今何多逊为？"江曰："彼时为国内战争，双方调停较易，今乃国际战争，何从调解乎？"嗣定下午在江宅会议，决去就，而冷家骥（展麒）、吕均（习恒）、李景和（孟鲁）均列席，余因事未到。下午，偕林少英晤末次政太郎。末次曰："日人恨张自忠刺骨。张军万人在廊坊作战，不剩一人，日且欲得而甘心，尚敢就职乎？而就职亦不过数日事。"是夕炮声隆隆，而通州兵变矣。

始以为炮声不绝者，乃以大炮掩护二十九军兵士也，七月三十日晨起，始知为防御张庆余部，不许入城也。盖张庆余本系通州第一总队，前有反正之意。通州政府疑之，调出城外，驻八里桥地方。自丰台克复之情报出，张思夺殷汝耕头，献功宋哲元，故入通州，将所有日人，无论其为军士，为在职人员，并朝鲜人，无论老幼男妇尽杀戮之。日本特务机关长及中队全体覆没，不遗一人。日人乃以飞机轰炸通州，或传民政厅厅长张仁蠡、建设厅厅长王厦材死焉。通州政府全体人员及难民万余人，路行四十里，纷纷逃至朝阳门，遇张庆余部将入，城紧闭，故有由西便门入者，有不得入城者。余友冀东银行总理张志远、副经理江华（少甫）均不得入城，以此之故也。

地方情形尤为危急，乃于下午四时，又在江宅决议北平市地方维持会规约如左：

一、本会称为北平地方维持会。

二、本会目的在保持地方之安宁及人民之福利。

三、本会为达前项目的，得指导本市各机关、各法人、各团体。

四、本会采委员制，本市政府各局长、处长为当然委员。本市士绅自治团体、市商会、银行公会、文化团体各出代表若干人为委员，但各团体之委员，每团体不得超过六人。

五、本会设会长一人，常务委员八人，由全体委员互选之。

六、本会得置各事务员，其细则另定之。

七、本会经费由全体委员会议决定之。

八、本规约有不备处，得随时修正之。

又依大纲分设四组：一、社会组，二、治安组，三、金融组，四、粮食组。常务委员八人，尽中国人。余居普通委员之一。公推江朝宗为会长。江有顾虑，不允就，而冷家骥已于八月一日代理会长，在丰泽园开始办公矣。八日，江泽春（葆沧）

来云，其父已得何应钦、张继（溥泉）代表之谅解，谓宜以地方为重，可出而维持，中央不以此咎也。日方又催促至再，似难摆脱。翌日（九日），约余为佐，任以主任秘书职。余荐王炎、林少英、赖钦荣、关晓村为助，即日往见西田顾问（前山东领事）及松井机关长。西田云："北平得苟安耳。南口、天津战事正烈也。日兵入城者三千人，司令名河边，以后难题甚多，望冀察政务委员会与维持会合作，暂行维持，二个月后再看前途之发展。"武田熙亦在座。松井颇镇静有方。

十日，谒江朝宗，谈今日与日方商议数事：一、日军拟挨户检查，因私家尚有电台可通电者。又，二十九军入城者五千人，出城者三千人，恐尚有二千人藏匿城内，加以枪枝仅存七千余杆，虑有后患。江告以此举刺激民心，是求安民转以扰民，似非维持地方之意。嗣改为责成各区所自行检查。二、无名揭帖向干例禁，如有真姓名住所者，可交警察局传询，果有实据，再行讯办。三、电报须恢复，实行检查，遇有汇款定货，当力求敏捷便利。四、金票购物诸多不便，作价高则民间吃亏，作价低则日兵不愿，今宜指定银行，先兑法币，再行购物，兵民方可相安。五、平绥当先恢复，以通北口之杂粮。又指定银行，包定五艘轮船，专运暹罗之米，十日可达平津，海上勿予以阻碍。以上五项，日方均同意，闻者大慰。余乃于十二日下午到地方维持会，就主任秘书职。谒周肇祥（养庵）、冷家骥（展麒）、王毓霖（泽民）、邹泉荪等。又由谢振翮（鹏张）介绍查勋甫、牟松涛、潘寿岑、赵振华、颜众孚等，由是而冀察政务委员会取消，市长由维持会公选，江朝宗乃兼北平市市长。余且以府秘书长兼社会局局长，以此招维持会之妒忌，发生审查资格问题，继而以取缔交易办法，社会局乃与维持会发生冲突，卒以粟屋秀夫顾问之斡旋，告一解决，而余亦得专心于社会事业，竭力维持，幸无陨越。兹分言如左：

一、冀察政务委员会之取消　八月四日，张自忠聘江朝宗等八人为冀察政务委员会会员。余往谒江朝宗，询其意见。江曰："余主地方维持会应由中外合组，加入英美等国，不宜专加日本，否则由中国人民自行组织，无如听从者少，且维持会内多不更事之人，亦与地方官有碍。"拟将维持会会长与政务委员会委员一并辞谢。然中外当局皆将倚之以为重。八月九日，李思浩(赞侯)、齐燮元（抚万）均以政务委员会常务委员之资格，联袂谒江，求与合作。李托吕志琴（汉云）向江表示，愿担负财政责任，江亦唯唯诺诺而已。至后江任北平市市长，虽由维持会公选，而江请求冀察政务委员会加与聘函，以存中央之法统，且系未去之人心。政委会从之。于是政委会之印信文件统移市政府接收，政委会自是取消，而李思浩（赞侯）等纷纷南下矣。

二、江朝宗任北平市市长之经过　八月十七日，江泽春(葆沧）电约一谈。据云：冷家骥（展其）已表示，平市市长一席可让与其父，今井武官亦不固执成见，但要求维持会会长一席应让与展其，以存各方之体面。冷又遣吕志琴（汉云）来言，愿负财政局局长之任，葆沧唯唯而已。是日下午，余到维持会，知常务委员已函达冀察政务委员会及北平市各局，调取所属名单，俨然以最高行政机关资格自视矣。先是，冷家骥遣梁亚平迭次访松井机关长言市长事，松井面斥其译言之不确，故梁甚懊丧。或曰二十九军之失败，亦译者从中播弄也。宋所未许者，译者已代许之，故日人责宋以无信。松井机关长以江朝宗三辞市长，谓其高节可风，直斥冷家骥等之无耻。盖是时争市长者四人：张璧、吕均、冷家骥、潘毓桂，彼排此斥，而冷求之益力。天津驻屯军已知彼等为包办大选之人，不日且将举发，而懵懵者无知，将乘时为弋取功名计，岂不哀哉。卒之，市长一席加之江朝宗身上。八月十八日，由治安维持会发表，遣余赍函往。江长叹曰："但望由政务委员会加以委状，留中央一线之系统而不得，而香月、松井催迫日甚，亦势之无可如何也。”盖先是日本开追悼伤亡战士大会，香月司令由津来平参加，亦同意由江出任市长。回津，又电催西田顾问曰：“由维持会公推者，出于民意，最高无上，何必坚执加委之说。”江曰：“贵国人常谓中国人无组织无系统，今所云民意者，民意安在哉？余意（江自称）下顺民意，上承中央之法统，岂不更善？”西田亦谓然，故改为暂任市长，示中央战胜之日尚可派正式市长。此意政务委员会中人亦深知之，故亦不争此虚名，于是而十九日江朝宗就市长职，派余充市政府秘书长。江语余曰：“政务委员会将办结束，余（江自称）主停止办公，尚冀有恢复之一日，将文卷器具移交市府代为保管，又不知失业若干人矣。”言之太息不已。

三、以秘书长兼社会局局长之经过　初，江朝宗之意将以财政之任属余，而前任周履安局长恋恋不去。余任秘书长日，社会局局长郭贵瑄辞职，江即派余兼社会局局长，以李季思代工务局局长，陈国华代卫生局局长。二十一日，袁祚廙（序庵）代表郭贵瑄来迓余赴局就任。旋而周履安辞职，江商于余，余谢不敏，乃以恽宝惠（公孚）代财政局局长。未几而发生审查资格问题，盖维持会以未征其同意遽行发表也。王毓霖（泽民）告余曰，此不过手续问题耳，非对余资格有疑问。沈思达云：“有人告维持会常委云：工务局局长李季思曾在北京饭店设摊算命。”余以询江泽春（葆沧）。江云：“是何伤？只问其有工程经验否。若云算命，吴子玉将军岂非由天桥地摊算命出身乎？以视北京饭店，固有天壤之别，即谢康节桥亭卖卜，亦岂若北京饭店之辉煌。”言之一笑，卒以审查合格通过。余任秘书长一旬，即免兼职。大概潘毓桂（砚生）欲借债十万金以偿警察欠饷，恐余阻之，故借口日人不欲兼职之意，上言于江。江从其请，不谋于余，乃以柯兴昌（世五）分余之劳。余于是得专心社会事业矣。其所筹画实行者，如左数大端：

（一）添设市场。日本顾问提议立中日商品贩卖部，乃定以天安门为市场，江朝宗书“日中为市”四字匾额，为开幕之祝辞，诚能巧合天然也。

（二）开放演剧。有白玉霜者，奉天人也，素演《捉苍蝇》《马寡妇开店》两剧，颇享盛名。袁良时代，因得罪某要人，谓其淫词浪态，有伤风化，禁止开演。至陈继淹长公安局，白玉霜具悔过书，呈请开禁，仍不准行。潘毓桂长警局，八月间即下条开禁，一切盖受特务机关之嘱托，将以繁荣平市也。不久，有河井者，代白具呈，请予开演。江朝宗责成社会局应将淫词删改，然白之所演无剧本，无从删改，但能通知警局，注意其说白时不准加以淫词，演剧时不可流于浪态而已。

（三）审查课本。先是余友程树德（郁廷）常云，党化教育如此放任，必有秦始皇复生之一日。果而，日军入城，各家均将有青天白日旗或孙中山总理照像之书报，及内容有抗日及谈三民主义者，均付之焚如，余家亦然。余自是主张祭孔，颁行三跪九叩礼，中小学须自诵读四书五经。始而，地方维持会亦主张审查中小学教科书。其审查标准如左：一、妨碍邦交；宣传党义及孙文事项；隐含“赤化”。二、删改课本办法如下：（甲）全篇者撕去之；（乙）半篇者糊盖之；（丙）数语或数行者涂改之。三、双十节及红地青天白日旗尚可留。以上既议决矣，而日兵见警察帽章有绘青天白日旗者，批其颊曰：“尚需此为耶？”于是市府通饬禁悬青天白日旗。

（四）取缔交易。买空卖空，即所谓捣把，亦即所谓投机也，余素嫉之，故一到局，见粮价日高，即下停止期货之令。而事不利于邹泉荪、冷家骥，九月二十九日，维持会电招会议此事，冷以免余职要求江朝宗。江拍案曰：“禁止买空卖空，余首先赞成，何免职为？”余曰：“若言免职，先请冷委员退席。冷委员即买空卖空、囤积杂粮之一人，无发言资格，应回避。”余亦拍案扬长去曰："维持会如主张买空卖空可行也，余不知何法维持矣。"乃草辞呈，以去就争。翌日，维持会又开会，将此案交物质委员会研究。西田顾问未发一言，冷家骥更无可说，惟邹泉荪报告，去年红粮一石价至五元，今年由三元一角涨至四元一角，尚不算高。交易所经理李钦（介如）未发言，沈苞舫副经理欲发言，日顾问厌听，而主席目止之。最后，由粟屋秀夫顾问主张取消三个月及一百八十天长期交易，最长者一个月为限，后商展以三十五天为限，每家购货每次以二十车为限，二十车卖尽再购，每月以卖出二百车为限。如有囤积者，定罚则三种：一死刑，二有期徒刑，三罚金五千元以下。以此原则报告常委会议，主席以为死刑太重。粟屋曰军部意也，众亦无言。余以去就争定期约期交易，今得此效果，大为快慰，乃遵市长电令，复职视事矣。

（五）提倡国术。十月二日，余应国术馆馆长许禹生之招，往阅国术表演。许为干如六弟同班生，而近最精研国术者也。武田熙既为之助，余亦代请补助费，以期国术之长成。是日，余有演讲云："中国所称智、仁、勇，即外国所称智育、德育、体育也。三十年前称体育者，指西洋体操言，今称国术，乃我国固有之体操也。其实国术二字未甚适当。如美术、雕刻何尝非国术乎？若求精确之名称，应曰武术。质言之，即拳术也。太极拳集拳术之大成，发源最早，始于伏羲皇帝。秦汉多义侠，职此之由，唐宋尤盛，元末有张三丰者，传徒甚多，世称武当派者，即继少林派而起也。以派别言，复分为北派、南派；以功用言，又分内功、外功。我国儒教言静生，完全内功，盖主静也。其实静中有动。若国术，锻炼身体，似乎主动，然以意运劲，求其心气和平，又动中有静。此中微妙之理，望各校长与学生精密言之，始因此悟出阴阳、动静、内外、刚柔之理，则于心身之学思过半矣，岂仅以技击见长哉。但于兹有问题者，体育犹之西医也，国术犹之中医也，势不两立。以历史言，体育提倡在前。今日表演之地，即民国元年之体育研究会也。国术则发生于民国十七年国民政府时代，今之所称国术馆者是。现在言体育者排斥国术，言国术者排斥体育，犹之中西医之互相掊击也。国民政府在九一八后练童子军，中学行军事训练，别有用意，然余不谓然。童子何以成军乎？惟太平天国方以童子编军队，谓为小把戏，死者无算。此次南苑之役，教导团之学生死至千余人，犹之太平天国之已事也。事变后，地方维持会顾问武田熙主张停止童子军及军事训练，而均以国术代之。今日表演国术，即将择其尤者，介绍于各中小学。然体育专修馆之师范科学生，亦备教师之选也。须知体育包括全部，国术不过在体育中占一部分耳。将来如何分配功课，当另定后经通饬各中小学，加入国术一门功课。"

（六）调剂物质。调剂物质以救恤民生，为社会局之天职。而物质之中以煤、面为最要。维持会中有物质委员会之设置，每开会，余皆列席。十月六日，议购煤事，粟屋秀夫顾问云："如由开滦各处定煤，须定相当价格，以免涨价。"王毓霖（泽民）云："商人旧存之煤何妨听其照时价发售，使多得利，方能源源赴外运煤。如限以定价，煤商见无利可图，必不踊跃购货。"粟顾问云："望王委员抛却自己立场，为一百五十万人民着想，不能专为煤商图利。"王允再加考虑。粟屋又云："米面罚款若干家，闻所罚者有限，其余多由会中要人说情免罚。如此，则本会所定法律之尊严何在？作法不能自行，何以责人？望王委员转告会中某要人，与一般人同样受罚，方昭公允。"粟屋之所言，盖指冷家骥、邹泉荪等之兼营米粮商者言也。

（七）训练青年。十一月十九日，维持会西田顾问忽来电言，牟田口廉也司令拟办青年训练所，嘱局保送四人为助教，亦可同受训练。翌日，即派喻诚京、孙德威、史法镤、陈德昌同往，牟田口派木原、森田两队长接洽。大抵受训者有二百余人，一半训练军事，一半训练思想。闻其动因，牟田口在铁路沿站逮捕青年学生多人，恐其思想不纯，欲加感化。在余任内，曾经办过两班。

（八）悬赏征文。十一月二十三日，青年训练所行开学式后，牟田口约往清华大学一谈，谓人民思想不一，须悬赏征文，以觇验之。翌日，商诸山田、余村两顾问，允以教育经费余款内，腾出三百元为奖金。二十六日，牟田口又到局催促，乃拟二题示之：一、共产主义不适于中国之原因安在；二、依于如何之理由中日必须“亲善”，又宜如何中日方能“亲善”，试详之言。牟田口称为满意，谓可请维持会补助七百，以一千元为奖金。

（九）赈抚贫民。社会局最大之职务为救济，而救济事业最急者为冬赈施粥。十一月六日，与粟屋秀夫议冬赈事。粟屋主张以工代赈，不欲贫民生倚赖心。告以何妨先放妇孺之粥，妇孺盖不能工也。粟屋曰：“常闻卖报童子亦常往粥厂求食，是曷以故？”曰：“卖报不足求一饱焉，能禁其不来耶？且事变之后，收拾人心最为急务。市政府去岁支出二万金，中央赈委会支出二万金，今不能增亦不宜减。”乃就社会局所管者，拟设放粥四厂：一东直门，二崇文门，三广安门，四青龙桥。每处收容二三四千人不等，每小米一斤放三人，一千斤小米合洋六十五元。每处开办费二百元，经常费每月二百〇六元，先放三个月，约需二万六千元。中央赈委会既经停止，自不能不仰给地方维持会，而维持会之友邦顾问曰：“华北无穷民，何用施粥为。何以知之？‘满洲国’到此招工，无一应者，果系无粥可食，何不往应募乎？”告以放粥为妇孺残废老疾者设，非为强壮能工者，乃始允。饬警察局调查极贫、次贫，分别办理，并联合各慈善团体演义务戏三次，得金分交各团体，代为施放云。

（十）移辖交通。凡关于请领车牌之类，向归社会局管理。警察局以为有利可图也，乃遣日本宪兵队长大石顾问征余意见，谓将工厂检查登记及文化教育一部分并交通组［股］全部，收归警察局管辖，有无妨害？余曰：“是可商议，但关组织问题耳。”余乃于十一月十九日草具密呈，以为变更组织须另组法规审编会以审查之，乃下午付市政会议。警察局局长潘毓桂派周思靖出席。辩论多时，卒议决交参事顾问审查。而顾问徇大石之意，乃议决将交通股全部分移归警察局管辖。而二十三日余赴大石顾问所，大石尚诘余曰：“市组织法为南京所公布，尔何尚恋恋不忘南京为？”余曰：“此实尊重地方维持会也。维持会既替代中央，今如废旧法立新法，自不能不具草商于维持会，听其抉择。”而译者曰：“宪兵意在统制治安，非有所厚于警察局而有所薄于社会局。今乃非常时期，不必拘拘于法律手续，要在无形中将交通移转管辖耳。”盖是时潘毓桂欲求市长不得，拟将警察局升为警察总监，改为特任，凌视一切，拟将权限推扩。而大石顾问挟宪兵之势，听其指挥。此其故，盖可知矣。

以上所陈者，为社会局内本分之事。其时余所亟亟者，欲恢复书院之制或创设宏文院等类之机关，故于十月十日天安市场开幕之时，余与江朝宗市长参加典礼毕，同往古物陈列所，晤钱桐（孟材）所长一谈，乃发生古学院之创始焉。于是可略述古学院之经过。

是日，余与江、钱三人在武英殿会谈，江告钱曰：“此诚琅嬛福地尔，何修而至此乎？吾近忙于救济事业，不能得一时休息，将奈何？”余曰：“近谈救济者，多注意于下级穷民，而上级穷儒无人顾及，宜由两君提倡宏文馆，广罗旧科举中人，使之编辑旧书，翻成英、法、日文，为沟通中外文化计，亦以救穷儒之生计。如筹款万金，每月可礼罗二百人；二万金，则人数倍之。”钱曰：“先是本有古学院之计画。”江亦赞同谓：“将来可由黄河奖券及鸦片专卖余利提成，作为常费。”于是，十四日钱来就商于余。余主各科用总纂、修纂名称，东西洋毕业者称为翻译官，院址设传心殿，拟以江朝宗兼院长，周肇祥（养庵，时充地方维持会文化组主任）、傅增湘（沅叔）为副院长。设提调二人，以古物陈列所所长、社会局局长兼充。又设坐办一人，综理事务。十七日提交武英殿会议讨论，到者江朝宗、钱桐、赵椿年（剑秋）、杨圻（云史）、潘毓桂（燕生）、田步蟾（桂舫），而周肇祥（养庵）、傅增湘（沅叔）均派代表列席。章程通过。潘提议以科分最老者为院长，乃公推杨钟羲（子勤）充之，请赵先征同意。江、潘允担任筹款，事乃甫，呈市府立案。而周肇祥以维持会武田熙顾问意，持异议者三事：一、传心殿系公有物，不宜指供学术团体之用；二、资格以科举出身为限，未免太狭；三、古物陈列所、北海图书馆、故宫博物院、历史博物馆之收藏品，不得轻与借用。乃将原章草案修正呈府。未几，而余已去职矣，不免停顿，其详可于二十七年后再言之。

是年华北风云变色，人心忧危疑惧中，而翘首南中，是何景象。八月十五日，中日在上海激战，机弹落租界，市政府完全破坏，外间乃有政府将迁南昌之说。至二十三日始得确信，上海爆炸，死者六百余人，伤者二千余人。余友虞熙正（伯严）中弹身死，骨碎尸飞，无从寻觅，闻者伤之。由是观之，上海战事之激烈可想而知。齐之融（公颖）九月二十日自汉回来谈，在沪观战一个月，军队旅进旅退，互有胜负。至离沪时，第一防线尚未退却，而南京状况如何则无所闻。是时，以陈国光所谈，知喜多与李思浩尚在奔走和平中，拟以不攻南京为承认华北自治之交换条件，然未能得蒋介石同意，故九月下旬，日机迭炸南京，参谋本部被毁，南京政府始有迁都准备。二十四日大炸，各国公使均避居军舰内，惟俄大使在地窖下避难，未离南京。不久而南京果陷落矣。十二月十一日，程树德（郁廷）挽翁山寄云："官因北伐成功去，死在南京陷落前。"盖南京尚未陷落，而翁已千古矣。南京陷落时期，约在十二月十二三日。十四日北平得信，定十五日上午在天安门开欢祝会。呜呼！欢乎不欢。

华北既得南京陷落之信，而新政权出现之说乃沸腾焉。十二月九日，石田繁司顾问告余，新政权虽成立，而二年以内必多变化，谓余必专任社会事业，不必与闻政治也。十一日遇沈思达，谓新政权将置最高委员九人，以高凌霨、靳云鹏、齐燮元、曹汝霖、王克敏、董康、王揖唐充之，李思浩、陆宗舆在拟议之中而未决定。廖炳辉亦云，新政权将设筹备委员会，以王克敏为主席。十三日谒江朝宗市长，知中华民国华北临时政府设九委员，决以高凌霨、江朝宗、靳云鹏、齐燮元、王克敏、汤尔和、朱深、董康、王揖唐充之。高、江、齐为常务委员，轮流主席，汤为秘书长。下设四处：一曰行政，二曰治安，三曰文化，四曰法制。此外尚有李思浩、曹汝霖二人，未得本人同意。已定十四日在居仁堂举行临时政府成立典礼，仍用五色旗。届期参加者四十余人。是日发表之委员，主席仍属江朝宗，余为董康、高凌霨、汤尔和、王克敏、朱深、齐燮元、王揖唐七人。前传之靳、李、陆、曹，或则不来，或则本属谣传也。以发表之委员分隶三会：一曰议政委员会，一曰行政委员会，一曰司法委员会，寓三权并立意。行政委员会以王克敏领之，下设各部长。由是而王克敏果为华北领袖，而江朝宗不过居普遍委员之一耳。

是年，余家有可喜事，即景堃（次赣）四弟次男耀滋侄赴美学习航空之一事。八月十九日，余赴市府就秘书长职之后，遇乔平，谓将回闽，应医学专门学校之聘，并告余曰："耀侄行矣。"出示四弟邮寄近作，题为："耀儿赴美留学，卜行有期，诗以勖之。"云：

我生有远志，恨未游西瀛。非无可乘风，自误迟迟行。癸丑同被命，我与汪、林、程。癸丑岁，审计处命林志烜（仲枢）、程树德（郁廷）赴日考察计政，汪楞伯赴英，余赴法。是时汝未育，汝母腹彭亨。未忍即束装，留待见汝生。东游已先发，湖口旋兴兵。司农窘经费，一笔勾西征。转瞬星再终，汝婴今长成。此愿能代偿，我老夫奚营。声清且勿论，喜汝非不鸣。汝兄不永年，我泪犹未收。汝以学娱我，策励勤自修。家贫读无资，官为供束脩。不作第二人，此志终汝酬。公道犹有存，我焉能汝留。体健勿自恃，过勤尤我忧。诵习贵有节，薰染慎与游。技击是锻身，首戒徭学泅。勿谓我言腐，父老虑患周。家书月两三，更多吾不求。卜行诚非时，卢沟事大坏。未知上程日，能不生阻碍。始忧期太迫，今恨不速届。惘乱兼伤离，我心已破碎。愤欲咒健翮，蔽天翔虏寨。遗粪坠化弹，灭此以为快。机事有机心，汉阴夙有戒。攻守出为国，机心复何害。三年学刻楮，九年待蓄艾。盼汝靡有涯，送汝及江介。

余弟以长男有游泳池之变，故今以学泅戒其次男也。

是年，余获交刘炳寰、王琦（景韩），又与郑孝胥（苏戡）得复聚于旧都。其所谈皆有关于政治、军事、外交，亦多趣闻逸事，为外间所不知之，故分志之：

一、刘炳寰之谈话

其子浚哲，租住皮库胡同鸿兴里乙五十七号，房屋欠租年余。余访炳寰，见其老态龙钟，且婴旧疾，故不敢以欠租事询之，亦遵其子媳之哀恳也。三月二十九日，晤炳寰，知其曾任国会议员，因以民初事询之。据云：袁世凯任总统后，黄兴（克强）主张民党应休息数年，且让北洋派主政，俟训练成熟，下届选举时，再争总统未晚也。故将南京留守府取消，自己总辖之军队解散，奔赴日本，组织法政学校，如李根源等皆该校出身，后来膺方面之寄者不下二百余人。时孙中山亦在日，以老国民党不听其命令，乃改组中华革命党，容纳青红帮匪所为若用仪式，恐士大夫有不愿入彀者。孙曰："不愿入彀，即不算革命，各行其是可也。"于是两派分歧，黄气愤而奔美。

其时在北京之第一届国会属于黄派者，曰益友社，占十分之六；属于孙派者，曰丙辰俱乐部，不过十余人；属于政学会者，如张耀曾、谷钟秀、张群、杨永泰等，亦居少数。又有一派，曰民友会。不久而国会解散，帝制发生，梁、蔡崛起于西南。唐绍仪为团结老国民党计，以电招黄、孙回国。其时胡汉民、汪精卫尚在南洋。黄首回沪，民党在老惠中开欢迎会，到者二千余人。及孙自日回，欢迎者不过十余人而已。由是与北京议恢复国会，交换条件即以谷钟秀任农商总长，张耀曾任司法总长，唐绍仪任外交总长。乃甫入京，而谷、张降于段内阁，故唐绍仪至津即返沪，未就外长职。及参战事起，德国公使辛慈运动国会议员反对参战。议员非对事问题，亦非受德使之运动，实因反对段阁而反对参战也。故国会又遭解散。先是议选总统，中山威望不及克强，亦有自知之明，难以统制北洋军阀，故以陆荣廷之斡旋，仍举黎为总统，冯国璋为副总统。克强亦非不望得一副席，为将来进取地位。及闻落选，乃呕血死。

自是北京乃有安福俱乐部发生，而西南护法之说亦由是而起。上海德国总领事一闻北京参战之说，即告知德华银行。而该行有存款九十六万两，即与唐绍仪相商，谓："段阁必不能长久，公等议员岂从此休耶？且此款既不能汇回本国，亦不忍弃而之他，愿以奉赠，作诸君政治活动费。"唐曰："此不能私人授受也，吾当商诸本党同志。"因在沪与孙中山相商，电招北京之外交总长伍廷芳、海军总长程璧光，赴沪议事。伍、程到，即在环龙路中山宅会议此事，世所称四老会议是也。议席上，均谓有钱可以革命，革命须到地方去，原则上均表赞同。唐曰："有一要件，在最近时期不可提总统二字。大众能赞成，则我有办法，不赞成，则我请离席。"盖其时孙中山总统热至高也，唐虑一至广东，若与陆荣廷争总统，则大事去矣。孙心虽不悦，而口然之，于是四人相率赴粤游说陆荣廷。其时陆为两广巡阅使，而背后之推动则岑春煊（西林）之力为多。朱庆澜（子樵）时为广东省长，北京政府所任命也，辖下尚有九十余团警备队，而倾心民党，赞成护法。乃有七总裁政府之设立，而国会遂于广东开会，且议有宪法草案如是者。六年，朱既示好于民党，不出三月，孙即去之，代以莫荣新，桂系人物也。朱乃将九十余团警备队，分别交与陈炯明及夏耀南接管。夏即刘炳寰之姻亲。而陈为孙中山之嫡派，复受人挑拨，陈亦与孙分离。犹之廖仲恺，为孙嫡派，当联共时，大权独揽，胡汉民忌之，而竟置于死地。胡固亦主联共者也，但权力不及廖耳。

民国八年，徐世昌（菊人）任总统，乃有南北议和之说。北派朱启钤为代表，南派唐绍仪为代表，在沪开会，议有条件八条，大要谓：大总统仍属徐，但冠以临时二字；国会移设北京，俟再举总统时，听大众竞选，如再属徐，亦可联任。双方均拍掌满意赞成，乃电达北京，为钱能训（干承）所梗阻，谓明明是大总统，为何忽冠以临时头衔？由是会议停顿。第二次又派王揖唐南下，唐绍仪则闭门五月不见之矣。内眷虽有来往，然彼此不谈政治。时有谚云："北有东海，南有西林，看他这个东西如何统一南北。"迨十一年，徐去黎来，又恢复国会，吴景濂（莲伯）仍任国会议长，乃预备选举曹锟为总统，即世所谓贿选者是也。自是而广东护法之局结束，七总裁亦取消。盖广东财力亦有不支之势矣，且七总裁意见亦不一致也。

一日，又谈河南中原公司历史云（三月三日）：宣统初年，各省竞言新政，以筑路为要务，川粤汉铁路、沪杭甬铁路，乃政潮纷争之最烈者。于是河南人士乃有汴洛铁路之建设。先是改河南巡抚衙门为学校，一为高等学校，一为优级师范学校，同在一所。各县保送之举贡及学生计五千人，见各省政潮澎湃，乃干求校长延长暑假，期间由各生分赴各县，募捐筑路，不一月，竟得二百余万金。又请续延假期，愿由寒假补读。学校当局见民志不可遏，许之。如期竟得三百万金，公举咨议局局长杨源茂为汴洛路总办。杨，洛阳人，年二十余即入翰林，甚负时望。又公举太常寺卿刘果为帮办。刘之先人，抚苏有声，上海静安寺路有刘公生祠，至今香火未断也。不数年，汴洛铁路竟成。

未几而国体变更，袁项城执政，筹安事起，筹款为先，于是有献直鲁豫一体之说。盖筹安之费出诸国库，理由不足，若由私人捐助，出自私囊，亦虑款微，难以集事，乃议长芦盐斤加价，由直鲁豫人民负担，似为较宜。盖豫省为项城故乡，乃新天子发祥之地，其宜特别报效，毫无疑义。直鲁与豫毗邻，亦项城势力所及，将来事业有成，拱卫京畿，尤当特别待遇，且当时张镇芳为河南都督，其惟命是听，可想而知。继之者为田文烈（焕廷），又与袁乃宽（绍明）息息相通，自惟项城之马首是瞻。然鲁督则竟置不理。直督虽无遵办明文，固与河南并力进行，以集巨款。未几，又有人持异议，谓：总统统驭全国，如有大举动，应全国人民公同负担之，不宜令直鲁豫三省肩兹巨任。项城亦以为然。于是有陇海铁路借款之议，谓将盐斤加价取消，可在比国陇海铁路借款三千万元中设法腾挪，以应临时之用。由是而汴洛铁路归纳其中，同时各县仓谷余款亦曾筹出百万，备筹安之需。然据杨度（晳子）等所云，筹安会收到者不过十余万，既有陇海借款可资挹注，而提用仓谷余款之议亦停止。由是议商汴洛股款三百万金发还各县，项城并嘱杨源茂延请公正绅士督理其事，不许有丝毫弊混。但当时募捐时由学生赴乡劝募，或未给收据，或已逃亡他徙，如欲按户退还股款，势亦甚难。辗转时日，局费又虚耗过丰，实余者不过一百数十万两。由是河南人士乃相聚而议曰：既不筑路，何不开矿？

先是李文忠（鸿章）应英公司之要求，许以河北之矿权。

若广义解释则黄河以北之矿均落英人之手，丧失主权，何可胜计。于是各省为抵制计，乃改为自办，故山西有保晋公司，直隶有井陉公司，山东有中兴公司。英见华人排外浓厚，乃缩小范围，改以卫辉、怀庆、彰德为限，嗣又再缩，只以怀庆为限，即今之博野县是。于是有黄圈、蓝圈、红圈之称。在圈内者，方许英商开采。同时又有王若波（印川）者，其先人精矿业，仍倡议将焦作一半土窑联合为中原公司，以与福公司相抗。无论挖煤、运煤、贩煤、购煤，无不遭人指斥，曰是洋奴也，是售洋货也。故福公司投资五百万，无奈此民意之不可犯。何也？中原公司本由张镇芳（馨庵）都督兼充总理，时值政府解散国民党组织之国会，政府与梁启超、汤化龙接洽，在容纳两人入阁条件之下，两人不反对政府之解散国会。而二等以下人材，则由政府分配以相当地位。胡石青、王敬芳（抟沙）固国会中之铮铮佼佼者，然只算二等人材，故有人建议袁项城分发河南任用。张镇芳得袁介绍之函，正加筹画，适调内任财政总长，仍兼中原公司总理，然不能躬亲其事，乃派王、胡为书记。职虽微末，权责颇重，盖即代张行使职权也。于是与福公司议分产合销法，双方均认为有利。数年之间，赢余万，张镇芳不名一文，而王、胡则腰缠巨万矣，遂有矿权股之事发生。

河南所谓公股者，即前汴洛路之股款也；所谓商股者，即以金钱购得之股票也。其中有一百万矿权股，则王、胡留为人情之馈赠品也。如黎总统、王揖唐等及各要人均有赠送。尝忆石青曾以六万股赠吴景濂，时吴为众议院议长，先与石青在京师师范学校教育系同学。石青以政治生涯颇属危险，区区者留为同学衣食资，亦分内事也。吴斥之曰："甚感盛意，但而［尔］何人，有以河南矿权任意赠人之资格？将来是福是祸殊不可知，余不能受此傥来之物。"坚却乃止。他则可知矣。河南人以此恨王、胡刺骨，故历冯玉祥、吴佩孚、胡景翼数任，无不以此问题攻击王、胡。张镇芳亦宣言，渠在总理任内，不支夫马费一文，而纯利七千万金则均由王、胡经手。至今此账犹未清也。

张镇芳虽未得中原之利，而盐斤加价则入私者亦非少数。盐斤加价自陇海路借款即明令停止，然三省仍征收如故。此款除当局要人与闻稍占膏腴外，其余均为纲商所把持，故每逢一次政变，军阀大肆其咀嚼者，即盐商四纲总所报效也，数十百万不拘其数。国民政府成立，有以天津盐纲隐事入告者，由是逮捕四总，赴京对簿，死于狱者一人，余则以赂获免。此案至今未结，而河南人民同时反对王、胡，中原公司停顿者数年。后由河南省府派李文浩经理，今则由蒋委员长派翁文灏接充，与福公司联合为办事处，仍旧分产合销。抟沙已故，家计萧条，石青尚恢复其董事资格。然为石青计，不如早退为佳，盖豫民宿恨未消，尚有复燃之一日。中间曾将案卷移津，逍遥事外，尤招人之怒骂。今矿权股又恢复矣，又不能不服石青手腕之高。刘镇华，石青之高徒也，其所得现在地位者，完全中原公司之力。盖刘镇华在陕与陈树藩争战时，军资均出于中原公司，谓为王、胡两人之私产也，可谓为历来政客军阀之外府也，亦无不可。中原公司之历史至复杂，兹略陈其大概焉耳。

余闻是语，乃知胡石青所以加入研究系，与梁启超（任公）往来甚密。梁任财政总长，擢胡为烟酒公卖局总办者，亦无非中原公司为之媒介也。余于民初曾购中原股票五千元，后以红利加入，又得二千五百元，今则成为废纸，蠹废箧中矣。

二、王琦（景韩）之谈话

同乡林万里（白水）即死于景韩之手，故余鲜与往来，不意是年三月二十九日忽来访，与谈西安之变蒋乃时致死原因。又询以热河之役如何。王曰：有日，张学良（汉卿）忽召景韩，告之曰：“吾翻阅日记小本，见汝名字，知汝有干才，今有要事见委。”景韩曰：“敢不唯命。”曰：“委汝为高级联络员，前往热河见汤玉麟，告以吾将派兵援助，所过之地优予供给，幸勿误会。知汝善说辞，必不辱使命也。吾且告汝，援兵即孙殿英所统率也。”景韩曰：“诺。”翌日即行抵承德，入谒汤，告以前意。汤曰：“吾弟来，诸事易商，否则吾饷以闭门羹矣。”军阀口头大抵如此。景韩曰：“既如此，请召参谋长来，告以某县驻若干兵，月办给养若干。”汤一一许之。正有头绪，张汉卿委张作相为前敌总司令，张以电召景韩回平决进止。景韩询派几师归辅帅（张作相字辅臣）调遣。曰：“一师而已。”曰：“一师兵力太薄。何师乎？”“张蔚九师。”景韩自度曰：“事败矣。”盖蔚九即张作相子，张以为调遣必灵也，然乳臭未除，何必父子同时牺牲乎。故景韩期期以为不可。张曰：“奈何军令不可不遵也。”景韩曰：“由吾禀商张帅可也。”乃奔军事委员会请见。候至下午二时尚未下楼，腹饥如雷，由官厅购二鸡子充饥，仍未下楼，不得已上楼，遇张帅夫人于凤至。于曰：“王司令已回平乎？前线消息如何？”景韩曰：“不大好，有要事面禀大帅。此时大帅尚酣睡耶乎？”于曰：“吾催之下楼可也。”少顷，张晤景韩曰：“吾已派辅臣为前敌总指挥，汝知之乎？”曰：“已闻之矣。可电召辅臣来一商乎？”先是盖已约辅帅在客厅专候矣。辅帅入，景韩佯为不知者，问张帅曰：“有几师可调遣？”曰：“吾已派张蔚九师归辅臣调遣，但伊父子效力塞外，诚可谓忠孝两全也。”景韩曰：“一师兵力未免太单。”张曰：“吾之军队分配尽矣，尚不知我家事耶？”张又曰：“先派一师亦无妨。”乃各退而议组织，辅帅欲景韩为总务处处长。景韩曰：“不必拘名义，但以高级联络员为大帅效劳可也。”于是景韩又赴热，见汤老三（玉麟之弟）之炮兵队填塞山谷间，因索饷不遂，拥兵不前。外传日兵将至，景韩急恳汤玉麟以兴业银行钞票从权发饷一月，炮乃上山。而张辅帅之后援继至，设司令部于承德，如宋哲元（明轩）、孙殿英等均在前敌作战。景韩曰：“有一山头名红格拉司者，如有重兵扼守，日兵断不能长驱而入。惜乎布置未周，为敌所乘也。”又一日，景韩方在司令部陪诸将领作博簺戏，饭后，在窗棂外见卫兵纷纷背枪向后行。景韩急止之曰：“尔将何之?”曰：“已奉令总退却矣。”景韩叱之曰：“是何言者，何人之命令耶?”曰：“总司令也。”景韩曰：“止。吾请示而复行，违者斩。”卫士止。景韩入，请示张作相。告之曰：“已奉军事委员会令，命吾辈军队暂退古北口。”景韩曰：“是胡为者，岂非弃地予敌乎?”乃要张同往谒汤。汤曰：“吾亦欲行，装重已载途矣。尔欲守城，吾已印予子，何如?”景韩曰：“吾无守城责也。”乃以印交尹鸣岐保管，各自散去，而日兵数十名入据承德省城矣。

下午回拜王景韩，余又询以张宗昌致死原因。王云：张学良为图抗日，欲派张宗昌为前敌总司令，以代张作相。然仅派一师为基本，张宗昌虑兵力太单，与石友三相商。石曰：“吾有旧部，散在山东，如能召集，亦可为用。”张乃拟赴鲁一行。时景韩丁忧，回济宁原籍安葬。张宗昌以电约景韩在济南晤面。景韩因随带卫队太多，多延一日即多一日之耗，故未在济逗留，即速回平，晤张宗昌，语以故。景韩曰：“是不可行。余过济南东站时，即闻有张督办赴鲁之信，议论纷纭，似以不往为妙。”张曰：“吾有款数十万，商业银行亦应往提，为创业之资。”景韩曰：“石友三之部已由韩复榘化整为零，无可召集固矣，即此数十万之款亦难提用。何也?商业银行闭歇久矣，库中焉有余蓄乎。”张乃力争不已。先是韩复榘来平，张开盛筵招待之，且演剧以娱来宾。刘敬舆曾挽景韩劝止之曰：“国难期间，不宜出此。”张乃不听。张告景韩曰：“吾与韩联谱有年，韩此时不能不助吾一力。”景韩笑答之曰：“督办拜韩为兄，韩未必视督办为弟。吾未见兰谱之送回也。济南之行，万宜慎重。”有日，铁狮子胡同张宗昌（效坤）宅之栋梁忽折一椽，景韩即知为不祥之兆。张宴客，十三人饮酒，张发令曰拍照为纪念。景韩曰：

"何纪念之云？吾辈尚健存也。"张曰："十三人犯忌讳，明年当死一人，以符十二人之数。"景韩闻言，尤不快，因每日追随张后，防其远适。张学良、于学忠亦切嘱景韩照料之，故无论妓楼、酒馆，景韩无不随。有日，张忽一人独出，不令景韩知之。行至铁狮子胡同口，遇于学忠由警备司令部出。于询景韩曰："张督办一人踽踽将何往耶？"景韩曰："张督办已前驱，不知何往矣？"少顷，丰台电到，知张带副官一行已行矣。景韩以电告天津张之旧部，于是有参谋长一人随之赴鲁，不数日而凶耗至矣。大抵为山东督办任内枪决一人，其子孙为之复仇也。盖被决之相片尚悬于山东韩主席客厅内，则韩于此案有知情可知，谓为韩之所使则太过也。由是观之，人之死生岂非前定哉。

三、郑孝胥（苏戡）之谈话

十一月十二日，谒郑苏戡前辈。郑云："别七年矣。在'满洲国'总理任内三年，居日本亦三年有余。任总理时，各国代表多来询何谓王道主义。告以满洲一片荒土，多是穷民，今不遑谈建设与欧美媲美争强，只得将荒土徐徐培养，并设法救济穷民，使其能自谋生活。"众皆谓然，澳洲代表尤赞成，询以中国将来之问题。曰："前数年曾言，先共和，后共产，最后共管，今次第将见诸事实矣。"王述勤在座曰："目下大势，东南共管，西北共产，而华北为日本独占，以后如何趋势则不可知。"郑云："中国无领袖人物，吾亦厌闻政治，至万不得已时，或以'满洲国'皇帝兼中华帝国皇帝亦未可知。"余谓："有人云，何必又种下满汉争执祸根？"陈仲炯在座曰："五族一家，可采让贤制度，以代传子。"言至此，外宾来，余先散。

正午，叶在穆（乃颂）约中美楼饭。苏云：二十一年三月，忽有汤岗子之行，本庄繁与坂垣欲拥戴宣统为执政，宣统不悦曰："我明明白白是皇帝，如何降而为执政？"本庄等恳郑进云，暂且降尊，稍迟一二年登极未晚也。郑劝说许之，乃提军事议定书出，宣统仍拒绝。郑力言可行，且允负责。宣统乃勉令郑代签，事遂定。许以一年为期，期满即帝位，商立约为凭。本庄云：“以实心办事者，不必立约。”郑亦许之。二十二年期满，展缓一年，至二十三年三月始改帝号。其赴日答谢也，秩父宫到横滨迎接，天皇到车站欢迎，宣统均自为周旋，无失观瞻。日本臣民俱惊讶其仪表堂皇，远在日本天皇之上。日本皇后同日接见之后，广开筵席，与后同游园，挟后登石山，亲若家人，宫侍见者，无不感叹。郑言至此，眼红作欲涕状。盖谓日本人之感涕，有若沦肌浃髓者。然后临别赠以歌诗，意云：“吾园有可爱之松，今又新栽一松尤可爱。吾园来一远客，其实非客也，乃吾一家之亲人也。”宣统回满，至满站，即饬翻成中文，遍登报上，阅者知“亲善”之极矣。郑又云：“吾在日本时，感化其朝野上下者无数人，正告之曰：战争也，国际也，军备也，均无所用。但言军备之比例，各国皆足以亡国灭种，只有以王道感化人心，方能挽救。日本非速讲王道不可。”询以日本政治近状，曰：“近卫公内阁完全由林铣布置出来，明治维新人物存者寥寥。日本国内危险万状，我国对之毫不足惧。日本真能与中国‘提携’，自然能称霸亚洲，否则互相嫉视，非东亚之福也。”询以南京如何？曰：“彻底去蒋，日本之政策也。日本本拟由津浦路南下攻南京，今上海一道防线已破，可径入南京矣。”询以蒋能入川否？曰：“除奔赴美国外，只有入川一途。扑灭共产党、国民党，日本确定政策，万不能易。”又谈日本科学有突越世界之势，不唯海军与纺织将居世界第一，即飞机亦将无敌。日本飞机以九十六小时自东京直达伦敦。法国两次飞机飞渡太平洋，一至南洋坠落，一至福冈毁坏，至今尚未成功。二十四日，承其邀饮于同和堂，出示近作三律云：

松丘高拱静犹风，来揖螺洲九十翁。辽左再兴堪俯视，中原一战更谁雄。鱼台鹤庙栖魂地，赤县黄图夕照中。留得子遗能夜起，端教扶杖谒离宫。将诣北京，访钓鱼台。太夷作。

关天出处莫轻论，几度惊心入国门。独坐西山谁共语，晚来东道胜招魂。嵯峨金碧都无恙，板荡苍黔仅有存。地动天回真逼处，身谋宁狗一楼尊。此陈曾寿奉寄海藏先生至旧京作也。

袖手凄然对朔风，七年出处此心同。饥寒不学狗人态，君相难为造命功。廿稔更从明岁始，一元堪作百回雄。中原战伐浑间事，愿比香山伴晋公。此杨钟羲（子余）谢太夷先生枉教兼有所馈作也。

二十八日上午十时，偕王炎（辑亭）往东站，送其回长春，约明岁再来作一元会（谓一人醵一金为饮），不意其竟成千古，从此永别。过西直门内海藏楼，未尝不感慨系之矣。

民国二十七年戊寅，余年六十岁

是年元旦，余偕冰心及王传恭（伯元）伉俪在怀仁堂观剧，因周大文（华章）为广播电台台长，大张盛筵宴客也。

翌日，赴吴佩孚（子玉）所贺新春。子玉云："子为社会局长，须知社字意义从木从土，总要沙土能说话，然后天下能太平。教与学不同，自学校兴，专言学而不言教，是以人心风俗败坏至此。古人云：以神道设教，良有以也。欧西均重教，日本亦重教。我国自打倒迷信之说行，而教废矣。"余云："何谓沙土能说话？"吴引余入一室，即扶鸾所。是日值旧历十二月初一日，适有鸾期，孚佑及关大护法均临坛，讲人心章，颇有妙解。余亦随同跪拜。吴云："用内功，天人方能合一。历代均重此，钦天监亦司此职，时人不知，吾辈当重视之。”余窥其堂侧有一幅中堂，为师石山人所书，内有一语云：“一口吞天子”。此即扶鸾所书，亦即吴所谓沙土能说话者也。附会之者曰：“吞字寓口天之意，即谓吴当为天子也。”故吴常以皇帝自居。又云：“三民主义即三纲主义，五权主义即五常主义。何也？君为臣纲，即民权之意。君民不一体，焉能成其为君？君不必皇帝也，但为一国元首，均可称君。夫为妇纲，非民生而何？父为子纲，非民族而何？其余可以类推。”余曰：“此诚妙解也。”

逾十日（一月十日），而社会局长易人。盖新任市长余晋和（幼赓）以观光旅行社社长张水淇继余，后闻为殷同（桐生）所介绍也。然余未奉明令，仍负责如故。即日，偕秘书廖炳辉赴西郊，参加第二期青年训练所开学典礼。余市长兼所长，训话时谓：“自治之道有二：一心的自治，二法的自治。”山下司令训话时谓：“中国明末有一伟大人物曰王阳明者，尝与其门人书云：‘破山中之贼易，破心中之贼难。’今日训练之意，即将逮捕此两贼也。山中之贼即遍地土匪，汝等有自卫力即能扑灭之。心中之贼，即最近青年脑海中所酝酿之共产思想。中国近数年来所以纷扰不宁者，无非此等思想为之祟也。共产主义谓有工做者有饭吃，否则无饭吃。将人格精神、思想、宗教、智识完全抹煞，以人类为机械，为牛马，故苏俄之人类有如囚犯。此岂人道主义哉？吾愿汝等青年秉王阳明先生之训，扑灭此山中、心中之贼耳。”返寓，而免职之令已到，自是又作闲人，一场大梦醒矣。

回忆此五个月中，东开会西训话，无一事有补于国家社会，只是粉饰宣传，倾轧争夺，不成世界。盖日本自沾染欧化后，事事逐末，有如东施之效颦，今传入中国，实觉利少害多。所堪稍稍告慰者，五百中小学均开课，不绝如缕之义务教育并得以维持，七万儿童均有依归，教育经费能达八成，系统一仍旧贯；救济事业，如难民，如贫民，如文贫，如残废老弱，亦稍得沾润，各安其所；商场、工厂恢复旧观，剧院、影场繁荣如故。亲友有以余受屈来慰者，余曰：“苟全性命于乱世足矣，其他何足论哉。”事后鲍明钤告余曰：“子自知去职原因乎？”余曰：“不知也。”鲍曰：“子赴各校训话，不尝曰：爱国在心不在口乎？有以此语入当局，故去子之职，以为爱国在心者戒。”余曰：“果尔，则诚获我心矣。”

是年，余既去职，乃为三儿念滋营婚事，择吉于二月二十四日举行，即旧历正月二十五日，为余六十生辰，乃于下午三时行结婚礼，八时开戏。盖余四十生辰在上海，借徐家花园演剧一日。时经济学会同人及银行界中人如宋汉章、钱新之、张公权等为余公祝，廖廉能（劭闲）、郭燊（诗辉）为之倡，而沈瑜庆（爱苍）、林开谟（贻书）前辈均在沪，余不欲拂诸人之意而勉从之也。五十为次儿务滋续弦之期，亦于是日演昆剧以娱来宾。王冷斋、陈麟仲夫人为之倡，而阎廷瑞（泽溥）、孙鸿猷（仲山）均在京，故又循逢场作戏之例热闹一日。此次之称觞，非祝六十，亦非庆娶媳，实因余妇陈冰心夫人病十年，经中西医合治，霍然全愈，体健胜常人，心中喜悦，故从儿辈之请，斥三百金助称觞费。其戏码如左：

《得意缘》：李君世芳，叶君盛兰，毛君世来。《武家坡》：杨君连荣，孙君震颐。中间插入戏法：快手刘；相声：陈君子贞，于君俊坡；大鼓：宋大红，全秀文。《连升三级》：萧君长华，萧君莲芳。《巧连环》：叶君盛章。《群臣宴》：言君菊朋。《拾黄金》：富连成学生。《游龙戏凤》：马君连良，陆君素娟。其中以《游龙戏凤》为最精彩，观者无不啧啧称善。

不意好事多磨，至六月十日而三媳孙氏病矣。先是三儿念滋赴保定道尹公署供职，媳妇宁母家。六月十日即旧历五月十三日，为长女廷俊暖寿之辰，余往孙宅省视，知媳病已经旬，近服益仙救苦金丹，病仍未减，夜不成眠。翌日回家，为其姑祝寿，以此日益沉重。至十六日，延陶震东诊治，定为肺痨，不治之症，姑以地骨皮、青蒿退热。翌日，陶谢绝，乃延蒲伯扬打针。蒲曰："肺部全烂矣，毋容住院。"十九日，媳呼余曰："可备衣衾，媳辜恩，不复起矣。"呼其兄妹俱来伴宿。二十一日，延协和医院吴陶民及王大夫来诊。王云："此病久矣，肺部全烂，无希望矣。"六时，媳又呼余入室，神识尚清。十一时，哭声起，知气已绝。询其母妹，谓口中声声念念滋不置也。翌晨，为之入殓，厝柩广慧寺。七月四日，在寓受吊，如去岁廷杰次女故事。逾月，即祔葬于先慈坟侧，余盖常抱死者入土为安之意也。

媳已无救，至七月二十七日而长女廷俊大病。王洪林来诊，谓肝旺冲肺症，颇复杂，宜清心化痰退热为上。余自入市购药，药铺拥挤不堪，盖是年天气不齐，病人甚多也。未几，而八弟之侄艺滋亦病。余友钱桐（孟材）病经旬且无救。廷俊幸赖马中行之医眼，孙彦科之医脚，卒服老德记红色补血药水而获愈。然入冬余又大病，得气管炎症，中医诊无效，乃于十二月二十一日从彦科言，入德国医院诊治。薰者，薰擦者，擦涂者，涂射者，射嗽者，嗽饮者，饮无所往不施其术，无非消气管之炎也。如是者一周，热度由三十八度五降至三十六度零，至二十八日始出院。而咳声不断，卒又服萧龙友之药，始断声焉。

是年，余既罢官，而家人迭遭死丧病患，家运之不顺可知。至以国运言之，北有临时政府，南有维新政府，最后又发生联合委员会，似政治上稍告一段落。然而，徐州、汉口相继陷落，中日争端益烈。识者或为中日谅解之谈话，或为和平统一之提倡，结果未生大效。于是日本政府乃有对华院设置之计划，而余亦厌弃仕途，从事古学，乃有古学院之筹备，稍定基础，日与旧都人士相盘桓焉。兹分述如左：

一、临时政府成立之经过

临时政府原成立于去冬，至一月二十二日，余与周秀峰谈政治，始知其成立之经过。周云：此次政局之变迁者，外传以赔偿通州损失之名义付给一百二十万金，内有四十万现款。其交换条件为取消地方维持会及冀东政府，并更迭市府人员且收回行政权，缩小日本顾问权限、人数，释放殷汝耕，并以殷同为北宁路局局长，乃事后一一实行。惟殷同事未发表，故一度怏怏而离京也。二十七日，又遇余友江华（少甫）自津来谈，浙江财阀（指王克敏，叔鲁）此次来京，收复失土，盖研究之结果，将采革命手段，不效媚日者（汉奸）之所为，故取消地方维持会，取消冀东政府，免市长及各局长职，释放殷汝耕，解除日本顾问之聘，一一成功。惟殷同不免向隅，日本小顾问亦群起不平。仪我与喜多本为一气，死在旦夕间，其形状与陈觉生之死相同，故外间不无疑惑。然临时政府成立不及一年，至是年十一月间，寺内回国，杉山继任之时，乃有临时政府辞职之传说，盖以此窥探东京之意。东京此时正提倡和平，欲以吴佩孚（子玉）为华北领袖也。

二、维新政府成立之经过

三月十八日，余宴钱桐（孟材）伉俪，座有武田熙作陪。武田云："华中将有维新政府出现，二十日前后当成立，但不知置临时政府于何地耳。"果而，二十八日电传南京已成立维新政府矣。梁鸿志为行政院院长兼交通部长，温宗尧为法制院院长，外交陈箓，财政陈锦涛，司法院院长拟邀章士钊，而章不就。先是南京要人在上海新亚酒楼为筹备处，遣沈崑山、任道援、陈中孚来京，与王克敏商洽。王克敏、朱深、汤尔和主张天无二日，地无二王，一国岂有两政府之理，议论不决。南京代表邀江朝宗出而调停。江曰："临时政府权力如能及南京，自不必另设机关，如曰疮痍满地，鞭长莫及，即暂时设置机关，办理善后，有何不可？将来三条铁路如能通行无阻，再议合流，如冀东故事，亦未晚也。”议遂定。故维新政府成立时，宣言中表明此意，而王克敏贺电内有疆寄攸托一言，盖俨然中央政府自居，而视梁鸿志如两江总督焉耳。

三、联合委员会成立之经过

八月三十一日报载，临时政府、维新政府及蒙疆委员会三者将联合而产生联合委员会，再行由会产生中央政府，始未敢信以为然也。至九月十一日，王炎（辑亭）告余云：“中华民国联合会将成立矣，南京派陈箓（任先）为代表，在怀仁堂办公。十九日发表，内设总务、外交、财政三处。”适林少英来，余询其故。林曰：“是不过如天津地方维持会与北京地方维持会之合为京津地方联合会焉耳，非真联合为统一之政府也。盖南京之款有余，而北京不足。然北京准备联银券发达而南京尚未通用，故为调剂金融计，不能不谋机关之贯通。”果而成立，在懋勤殿办事。吾乡李律阁、林步随（季武）、陈杰（卓如）皆从事其中，然不过多一骈枝机关，无甚效果与作用，不久亦裁撤矣。

四、徐州陷落之经过

五月二十日，余上街，见列肆悬旗结彩，询其故，曰：“备明日祝贺徐州陷落也。”盖闻有日兵二千余人已抵徐州西城角矣。至二十二日，适逢星期，果在太和殿开庆祝大会，临时政府委员到者，惟治安部部长齐燮元（抚万）一人。齐演说云：“徐州陷落，吾国民无可庆祝，所可庆祝者，蒋政权之崩溃耳。”会毕，呼万岁者三，然其声不扬。此廖炳辉所耳闻目击来以语余者。

五、汉口陷落之经过

徐州陷落之三月，汉口又以陷落闻。先是八月十七日，余友金午峰自汉口回京来语余云：“初离汉口时，日机炸武昌，死者七千余人。居民常蛰居山洞内，党府要人仍酣歌畅舞，笙箫达旦，路局非得贿金不允输运，士无斗志，前锋将领未闻炮声先逃。台儿庄之失，日军只以六百人制四十余万之众，是岂战之罪哉？是不战而逃耳。三、四、五军与敌对仗，六、七、八军向坐视而不救，此不知是何兵法也。中央飞机尽矣，汉口危在旦夕间耳。”余闻言，惄焉忧之，武汉动摇，天下事尚可问乎？然是月二十三日，与邓萃英（芝园）谈此事，邓曰：“无伤也。蒋政权虽失汉口，犹存十三省，战事非一日所能结束。英如改变态度，蒋必宣布‘赤化’，故现极力打通与俄联络之路，由重庆筑路往西北，与西比利亚通。左手倚白崇禧，右手倚周恩来，二者蒋之灵魂也，其亲爱在宋美龄上，故曰虽失汉口，无伤也。”然外间盛传日本将以三百万人攻汉口，以一百万人攻山西，不久而汉口果陷落矣。（或云七月二十六日，日兵入汉口。待考。）

六、中日谅解之谈话

徐州、汉口相继陷落后，战地愈广，日本损失愈多。忧时之士，如佃信夫者，又复来华，游说吴佩孚（子玉）出而提倡和平也。八月二十九日，余宴之，约陈廷杰（幼孜）同年作陪。陈告佃云：“愿日本朝野能变更国策，与中国国民以自己生存及国家生存之机会，然后能谋中日两国之共荣共存。”佃云：“愿闻具体办法。”陈云：“非先定原则不必谈具体。所谓原则者，即领土主权之完整是也。”佃曰：“余所欲言者，即恕之一字。事变后，两国国民感情至于如此，大抵双方互不谅解之故。日本因事变耗费至一百万万，少年牺牲至三十万人，谓欲恢复至事变以前中日两国邦交之状态，政府虽以大度允许，其如国民何？此中国国民所当谅解日本国民之心者也。佛经有云：如来心如如其来，即心心相印之谓。最要中国人之心日本人能知之，日本人之心中国人能知之，方能解决目前困难之问题。目前问题之困难，在世界各问题中，无有困难较此为甚者也。问题既困难矣，而解决此问题尤觉困难无已。其惟实行恕之一字，庶此问题有解决之希望乎？”陈曰：“恕字以字形言之，即如心为恕。释迦牟尼尝言，饿虎来扑，欲食其肉，彼即舍肉与之；魔障来扰，欲断其臂，彼即割臂与之。此其所以成佛也。今愿两国国民各抱佛心，日本国民心之所欲者，中国国民尽量予之，如所谓物资之供给，经济之‘提携’是。中国国民之所欲者，日本国民亦尽量予之，如所谓自由、自主之类是。能如是，可谓心心相印，可谓推余之心置子之腹，可谓如如［心］为恕，可谓如来心，可谓佛心，斯困难之问题可解决矣。”

九月六日，佃君赠余竹笔一枝，因竹尖为笔，名曰太师笔。相传，唐时日僧来留学吾国者学制，归国仿之，留传至今。可知吾国唐时亦有竹笔，惜失传久矣，今竟来自海外，亦足珍也。

七、和平统一之提倡

八月三十一日江华（少甫）来，乞余代拟和平统一之通电，谓关系方面将请中国名流出而提倡，其电语中所言，但求团结于将来，不溯功罪于既往，则其含义至广，即极之与重庆言和亦无不可也。于是而酝酿数月，李志堂、张燕卿等奔走和平，将有政治筹备处之组织，或即称为和平筹备处，设置机关于旧禄米仓，意在改造政府，另推元首。每月经费由大迫机关支出，分股办事。以女伶陶默庵为交际员，月薪五百金。同乡郭养庠亦从事其中。至十一月十八日，果有所谓和平通电者出，由江朝宗领衔。余从李志堂所阅其原文云：

> 迩岁事变勃发，兵连祸结，军民伤亡之巨，地方燎原之广，远超前古，孰不恻然。惟念事已至此，大势当可已判。古称穷极必返，剥极必复，凡存悲悯，要当省念。夫爱国之心人所皆有，和平之义各具同情，当此悬崖断绠之际，宜觅解铃挽劫之方。窃敢谓，谋国者宁有孤注长掷之理，国际间亦绝无永战不止之局。缅怀斯旨，如鲠在喉，愿质国人，以为然否。朝宗等丁逢丧乱，蒿目时艰，愧乏匡才，原求无

过，只以天下兴亡，匹夫有责，国家公器，众议是崇。既值此存亡断续之秋，当合谋一致趋救之道。爰乃不辞喤引，敬贡所怀，尚祈海内明达同就此义，抒发宏论，一致声援，俾得藉此众擎，共同吁请元老出而主持，民意得以发挥，重新国是，树立中枢，本和平救国弭兵救民之旨，扫除“赤氛”，复兴邦国，建设有望，统一可期，中国之幸，要亦为亚陆之所同幸。诸惟共鉴，不尽所云。

列名者：江朝宗、陈宧、袁乃宽、张燕卿、陆宗舆、冯恕、王大贞、唐圭良、唐宝锷、万鸿图、何海鸣、王谟、余晋龢、殷同、池宗墨、姚国桢、李景明、邹泉荪、王竹林、李志堂。

是电为何海鸣手笔，似骈非骈，似散非散，盖经几人之删缀凑集也。其妙者，误袁乃宽为袁克定，而克定登报声明未闻此事，由是而攻击李志堂，谓此电出于伪造。盖此电之代价为四十万金，而李、张分肥之故，人言啧啧也。其尤妙者，将此电翻译英、法、德文，分送各使馆，而电中有“如鲠在喉”四字，管翼贤介绍一译英者译云：“有骨生在脖间。”阅者骇异，传为笑柄。此陶默庵在东亚楼席上持以告余者。

时李、张二人挟大迫机关之势，企图革命之举。王克敏勃然怒曰：“吾所一手经营之政府基础，岂竟坠坏于一二人之手耶。”于是侦骑四出，且命余晋和逮捕好事之徒。询诸军部，军部曰：“东京政府有电，令保护彼辈也。”时张燕卿辞新民会副会长，将以就和平筹备处副主任，盖以江朝宗为正主任，张佐之。王克敏见事亟，又与日本宪兵相商。宪兵司令曰：“是产生新政权民意机关也。譬如接生之妇，尚不知生女生男，如何先杀接生者耶。”王亦无如之何，乃求救于喜多。喜多曰：“须俟至东京时，与东京政府接洽后，方能解决。”果而，喜多回国，谓李志堂等挥霍太甚，于是而旧禄米仓机关停顿，大迫亦于十二月二十六日回国，李志堂之沪，而一场和平之梦渺如云烟矣。

然华北之和平运动虽失败，而南中之和平运动又见端倪。盖自近卫首相之声明出，而汪精卫一派人物离去重庆，飞往河内，将有新组织之计划。此十二月二十五日余在德国医院养疴中，段学寿（子立）来以告余者，并述近卫首相声明大要如左：一、日本无侵占领土之意；二、中国须承认“满洲国”；三、须指定地点及内蒙为日本驻兵；四、须订共同“防共”协定；五、须许日人内地杂居；六、须开发河北资源；七、日本可交还租界，撤消领事裁判权云。

八、对华院设置之计划

日本一方言和平，一方谋政治之统一。十月五日《新支那》载，日本决设对华院，即五相会议之变相。五相会议不过为议事机关，此则为执行机关，以总理大臣为总裁，陆相、海相、财相、外相为副总裁。此即后来兴亚院之雏形也。初拟现地设分局，以军特务部归并之。对华院权限办理政治、经济、文化三事，故当时于军特务部外，有总干部之组织，设在于学忠旧宅。后以军事未了，军特务部如故，而特于东京设兴亚院，北京、南京、张家口设兴亚院联络部云。

九、古学院之筹备

古学院发生于去岁，寻以余去社会局长职而停顿。至是年二月复开始筹备，又以钱桐（孟材）之变故而生挫折。及和平运动之说出，乃得李志堂之一助，经费有着，始得进行焉。余于是可详述其经过焉。

二月九日，钱桐约赴团城筹议古学院事宜，到者江朝宗（宇澄）、周肇祥（养庵）、赵椿年（剑秋）、钱桐（孟材）、田步蟾（桂舫）、杨圻云、史雷寿（葆康）、瞿益锴（兑之）、吴廷燮（向之）、杨钟羲（子余）。盖钱桐与余晋和市长、张水淇局长俱有同学之谊，劝其提倡文化，又将旧案重提，重新批准也。于是公推吴廷燮为筹备处主任，分股研究，一曰经史研究会，田步蟾主之；二曰哲理研究会，于宝（轩昂）主之；三曰文学研究会，夏仁虎（蔚如）主之；四曰金石研究会，赵椿年（剑秋）主之；五曰艺术研究会，周肇祥（养庵）主之。此处又议编辑《北京志》、筹办古学讲习所，乃因夏、瞿等主张《北京志》独立脱离团城故，事务部同人不服，藉索薪为名，与吴廷燮（向之）主任为难。至六月二十八日，吴乃愤而辞职，旋而钱桐（孟材）亦同时病矣，于是古学讲习所学生虽经考取，原定七月一日开课者，不得不延期。不谓七月十三日余到德国医院视孟材，孟材病亟，已谢绝宾客。十六日晨起，王传恭（伯元）来电，知孟材已于十四日回寓，下午二时气绝矣。呜呼！余自丧王璟芳（小宋）、张超（承之）后，已有离群索居之感，今又丧我良朋，余独何心，能不悲哉。

余于是商承江朝宗。闻筹备员会议决定吴廷燮辞主任职，以江朝宗接充，并将古学院筹备处移入救世新教会，以资节省经费，并以古学讲习所已考取学生，转学于万国道德会所办之经学讲习会，以资结束。而盘踞团城之李醒非，拒不执行。盖李保定人，一离团城，即无栖身之所，而事务主任许夔龙又无力指挥之。始余不察，亦置之不问，惟将各研究会所分认之各门源流考汇，为《古学丛编目录及凡例》，敦恳郑文轩局长、褚聘三处长捐印二百部，为分送中外人士之用，由是而和平统一之说出。李志堂来京活动，余以吴子瑜（小鲁）之介绍新识之，告以古学院停顿，丛编无从续辑，均乏费之故。志堂慨然曰："吾可月助万金，自十月为始。"余正筹拟开会报告此事，而九月二十五日，张燕卿电询何处开会欢迎新院长，余答以不知。盖志堂之款出于大迫，事为燕卿所闻，燕卿攫为己有，思为古学院院长，派其弟张仁蠡（苑卿）为总干事，以冀东政府被取消之人员尽置于其中。余以此事告志堂，志堂商诸大迫。大迫曰："江朝宗有元老资格，宜为古学院院长，即将来元老院之基础。"志堂曰："然则先令燕卿就职一日，再行辞职，让与江朝宗，未为晚也。"大迫曰："是亦可行。"于是十月二十五日开会，张燕卿辞院长职，公推江朝宗为院长，张燕卿为副院长。盖经费已由大迫送交江朝宗，张亦无如之何也。然江尚用张所拟之名单，余名列普通理事中。江告余曰："院长可让，而用人之权不可让。吾且忍气承受院长之职，徐图发展可也。"

是年，余及廷俊均以病而获全，惟夏间既丧良友钱孟材，冬间又得张广建（欣帛）老友之噩耗，殊堪痛心也。即十一月二十日，江泽春（葆沧）来云，接其妻兄龚治初函，言在蚌埠时，闻张欣帛在合肥为共产党残杀，证诸数日前其子睠西闻王揖唐所言被险消息却正符合。张为甘肃督军，积资颇富，不数年空无所有，子侄争讼，内助无人，回里料理债务，遇此不幸事。年七十余，素极俭朴，人亦忠厚，曾介余见吴佩孚（子玉）将军，尝谓余曰："与君谈一夕，胜读十年书。"别来四载，竟成千古，岂不哀哉。

京津报界革命之历史

彭佛公 著　杨光辉 整理

说明：本篇原名《彭佛公君京津报界革命之演说》，记述辛亥革命时期革命党人创办北京《国风日报》《国光新闻》和天津《国风日报》《民意报》活动之经历。文中所记史事虽失于简略，但因作者对四家报纸创办之事“均尽过义务，其历史知道最详”，所记者均为亲历亲闻，史料价值较高。该文原载于1912年10月23—25日北京《民主报》，或因该报存世较少，不易寻觅，未曾见相关研究者利用。今整理刊出，以供辛亥革命史、中国近代报刊史研究者参考。

兄弟今天演说京津报界革命历史，先将演说之宗旨及范围报告报告。

（一）宗旨。当去岁革命时代，民国尚未成立，北方同胞处专制政府之下，受前清政府压制，又在君主立宪党范围之内，希望革命成功。民国成立，谋推翻专制政府及君主立宪党，以达共和目的，必使“中华民国”四字普遍人人之脑筋中，使人人均知共和之真理，专制之恶劣，君主立宪党之腐败，赞成共和、反对立宪，然后共和目的方能达到。欲使人人知共和之真理，以推翻专制政府及君主立宪党，非用报纸之力鼓吹不可。故去岁北方

整理者：杨光辉，中国社会科学院近代史研究所副研究员。

鼓吹革命之报纸，于中华民国有莫大之功劳，与今日共和纪念会有密切之关系，故兄弟今日演说京津报界革命历史，为中华民国之纪念。

（二）范围。当去岁革命时代，京津报纸鼓吹革命最力，据兄弟所知道者有四家：在北京有北京《国风日报》《国光新闻》，在天津有天津《国风日报》《民意报》。以上四家报馆，兄弟均尽过义务，其历史知道最详，故兄弟今日演说此四家报馆革命历史，为中华民国之纪念。

（1）北京《国风日报》之革命历史

北京《国风日报》。当去岁革命时代鼓吹革命最激烈，始终如一，为北京第一有价值之报纸。初开办时，即为革命党人之一秘密机关。民军未起义以前，即怀抱革命宗旨。不过在前清专制政府范围内，受专制政府压制，未克发展。如景定成、白逾桓、相黄六、裴梓青、王赓雅、程家柽、苏廉三诸君，均为《国风报》之创办人。其开办费只五百元。当前清专制政府时代，言论不能自由，须在巡警总厅纳压［押］规洋三百元，方予立案开办。除去三百元之押规费，只余二百作开办经费。其地点在南柳巷，不过破屋数椽，办事人虽辛苦备尝，均不辞劳苦。

去秋武汉起义，《国风日报》为北方同志之一秘密机关，同志诸君往来《国风日报》及住宿《国风日报》者甚夥。每日侦探不绝于道，兵警林立，巡逻盈门，《国风日报》同人视之恬然。又每日匿名及有名信件，如段某等炸弹、手枪相恐吓及勒令停版之类，日数十起，《国风日报》同人均置之不理。当去岁革命时代《国风日报》处于专制政府之下，又在君主立宪党范围之内，极力鼓吹革命，对于君宪党极端抵抗，对于死难诸烈士、赞成共和及主张共和之军警极端表扬，发挥共和之真理，催促民国成立，推翻君主立宪党及专制政府，以达共和目的，使北方同胞得享共和之幸福，均赖《国风日报》之力。此时专制政府及君主立宪党对于《国风日报》异常注意，日日谋封禁《国风日报》。前《国风日报》在北洋陆军编译局印刷，满清政府勒令停印，声言如再印《国风日报》，即将印字局封禁。该局因系官督民办，在满清政府权力之下，不敢代印，遂改在《国民公报》印刷。满清政府又用以前手段对付，声言如再印《国风日报》，即将《国民公报》封禁。该报馆亦不敢代印。后因陆军编译局有同志在内办事，仍敢担任印刷，复移在该局代印。此时门前兵警及探访队日数十百辈，逡巡不绝，如防大敌。腊月一日晚八钟，遂由前清外城巡警总厅送来公文一件，谓奉君主立宪会会长冯男爵国璋呈请内阁转咨民政部，饬请外城巡警总厅转知《国风日报》，如再鼓吹共和，即行封禁惩办。此时版已排好，因处于专制政府及君主立宪党范围之内，恐遭不测，致机关破坏，不得已将已排好之论说及要闻全行撤去，只余告白及地方新闻登载。该警厅之公文拟次日停版，商议对付方法，兄弟与同志诸君主张仍旧出版。以此时为南北议和时代，如清政府干涉《国风日报》，可请民政府质问理由，即万一不幸，有天津《国风日报》以为后盾。将诸事布置就绪，于是月之六日又出版，其言论宗旨如故，清政府不敢干涉，卒能推倒民主立宪党及专制政府，以达共和目的。此北京《国风日报》之革命历史于民国成立有莫大之功劳，于共和纪念会有密切之关系，故兄弟今日演说《国风日报》革命历史，为中华民国之纪念。

（2）北京《国光新闻》之革命历史

《国光新闻》与《国风日报》系同一宗旨。原乙酉冬，汪兆铭、黄复生、陈女士璧君在琉璃厂组织一秘密机关，名曰守真照相馆。次年春，因谋放炸弹事泄，汪兆铭等被捕入狱，此秘密机关遂破。是年秋，陈女士等来京，租定石碑胡同房屋一所，密图再举。冬，赵君铁桥等复于延旺庙街租定房屋一所，为党人容身之地，是即《国光新闻》之出产地也。次年春，陈女士等因有事广州，遂将石碑胡同及延旺庙街两处之秘密机关合并，时由田梓琴君归自南洋，谋组织一同志机关报于北京，赵君铁桥及陈女士璧君等赞成斯举，是年六月《国光新闻》遂出版。此时同志诸君往来《国光新闻》者甚夥，颇遭清廷疑妒。八月十九日武汉起义，清廷派警兵多兵［名］驻守于社内外，田君梓琴潜往天津回鄂，《国光新闻》归陈君鹭洲及沈实甫接办。此时，兄弟与关君天僧在《国光新闻》担任鼓吹革命事务，适汪君兆铭出狱，立宪党魁杨度邀汪君兆铭发启国事共济会。其君主立宪党宗旨，谓共和目的不能达到，藉外人瓜分、外人干涉、国民程度不及、蒙藏分离之谬说，以煽惑人心，谋达君宪目的。此时《国光新闻》极力辟君主立宪党杨度等所主张之荒谬，一方面论外人不能实行瓜分、不能干预之理由，一方面辟国民程度不及暨蒙藏分离之谬说。君主立宪党因理势不敌，遂将国事共济会解散。推翻大多数之君主立宪党，俾服从共和，催促民国成立，此《国光新闻》莫大之功也。因此，颇遭清廷忌妒，侦探盈门，清巡警总厅日日访拿兄弟。清政府遂运动沈实甫将《国光新闻》卖［买］去，易名《国事新闻》，串通奸人入社，鼓吹君主立宪。此时兄弟及关君天僧均出社，兄弟则在京津等处鼓吹革命，关君天僧则往奉天、天津等处运动革命，《国光新闻》遂为社会所唾弃。此《国光新闻》之不幸，同人等所最痛心之事也。

今年春，田梓琴君北上，将《国事新闻》收回，复名《国光新闻》。此《国光新闻》前后之历史，于民国成立有莫大之功劳，与共和纪念会有密切之关系。此兄弟今日演说《国光新闻》革命历史，为中华民国之纪念。

(3) 天津《国风日报》之革命历史

当去岁革命时代，天津报纸鼓吹革命始终不变者，惟天津《国风日报》及《民意报》两家。天津《国风日报》发生于武汉起义、南省独立后。因北京《国风日报》在前清专制政府及君主立宪党范围内，颇遭专制政府忌妒，恐不能永久，又值王钟声、白逾桓等案发，津报无敢言者，相君治初愤甚，往返京津，将未被害诸同志释出后，与北京《国风日报》同人提议，在天津法租界租定房屋一所，组织天津《国风日报》，作同志起义之机关，为北京《国风日报》之后盾。其开办费亦五六百元，与北京《国风日报》相等，但不在清政府范围内，能免押规银三百元。其被清官吏设法干涉，日夜恐吓、侦探缠绕之困苦情形甚于北京《国风日报》。其言论宗旨与北京《国风日报》原是一家，故与北京《国风日报》相等。此天津《国风日报》之革命历史，于民国成立有莫大的功劳，与共和纪念会有密切之关系，故兄弟今日演说天津《国风日报》革命，为中华民国之纪念。

（4）天津《民意报》之革命历史

《民意报》发生于去年阴历冬月一号，距武汉起义仅七十余日。先是赵君铁桥由《国光新闻》出社后，南赴石家庄谒吴禄贞，密约九月十一日举兵北伐。赵君归任联络京、津、保同志内应，不意吴君先期被刺，北方党人遂大失其势力。时值汪兆铭、黄复生、罗伟章三君由狱中出，因复有京津同盟会之组织。赵君赴沪联络南方同志，图谋北事，遂购输枪弹炸药等军用品，分派同志潜送来京。时现任《民意报》事李炳英、曾访丞、黄斗寅、易倩愚、唐绥卿、胡枢垣诸君纷纷北来。此时则汉阳失守，而南京甫光复。南京停战讲和，汪君将随和使南下，赵君约曾君赴京拟办《国光新闻》。汪、李二君因《国光新闻》在专制政府范围内，恐言论不克自由，主张在天津租界另办一报以作南北转输机关，庶免清廷干涉。赵君遂偕曾君返津，于是有天津《民意报》之组织，《民意报》遂发见于天津法国租界。旋汪君偕和议使至沪，而南京政府亦先是成立，故自和议以来，南北函电交驰，无不藉《民意报》发表，使北方同胞知南北联合之真相，胥《民意报》之力也。当是时，满清政府尚未退位，北方健儿谋举义者、谋放炸弹者、谋运动各界者、谋运转军械者、谋布置秘密机关者，枪毙缢杀，不可胜计，《民意报》对于死难烈士极端表扬。甚至侦骑四出，敌探于门，而《民意报》同志毅然不顾，诛奸发覆，以催促共和成功。故法人检查《民意报》馆时，而有何懊甚、何奎元、曾九达诸君曾被捕送上海。迨共和宣布，专使北来，演出京津兵变恶剧。日人恶《民意报》之议论不讳也，而捕辱李君炳英。张方案起，夫张方案系一极不公道之事，总统府恶《民意报》主张公道太过，遂运动法人饬令迁出租界，此《民意报》最可惨之历史。中间如倡办国民捐、倡办报界联合会，以上所举之种种历史均于中华民国有莫大之功劳，与共和纪念会有密切之机关，故兄弟今日演说天津《民意报》之革命历史，为中华民国之纪念。

以上所述之四家报馆革命历史大略如是。现在民国成立，形式上共和已达到目的，精神上之共和尚未做到。且共和进化有阶级，一为国家共和，一为世界共和。国家共和目的今日已达到，世界共和目的须推翻世界之各专制与君主立宪政府，化除国界种界及一切种种之界限，成一大国政体。此事实现时虽难发生，不可不存此希望。兄弟甚愿全国报界诸君一致进行，谋建设共和政治，巩固民国基础，以达世界共和之目的，则今日共和纪念会，将来可改为大同纪念会，今日共和纪念日，将来可改为大同纪念日。此吾人最后之希望、最后之目的，兄弟愿报界同志诸君一致行者也。

孙中山营救梁钟汉电报

张振鹍 辑译

编者按：梁钟汉（1878—1959），字瑞堂，湖北汉川人。早年留日并参加同盟会。1915年参加中华革命党，在回湖北起兵讨袁途经上海时被诱捕，拘于法租界巡捕房。经孙中山全力营救，法方拒绝北京政府引渡要求，袁世凯死后被保释出狱。1949年后任湖北文史馆馆员，著有《我的革命经过》。本篇所收三通电报，具体记录了孙中山营救经过。原件系英文，存法国外交部档案馆。

致法国外交部长德尔卡塞（Delcassé）先生

（1915年6月17日下午4时5分自东京发，18日收到）

贵国驻北京公使已同意将共和政体拥护者梁钟汉自上海法租界引渡给袁世凯政府。为了正义，我恳求您干预制止。孙逸仙。

法国外交部档案，NS206卷，第15页

致法国驻上海总领事卡恩（Kahn）

（1915年6月17日下午4时50分自东京发）

请暂缓引渡梁钟汉，我正恳求德尔卡塞部长进行干预。

法国外交部档案，NS206卷，第58页

译者：张振鹍，中国社会科学院近代史研究所研究员。

致法国总统、总理、外交部长

(1915年12月19日晚9时30分自东京发，20日收到)

许多中国爱国者于举行反对帝制之武装抗议后，在上海法租界寻求避难时被捕。我以正义和人道的名义，恳请你们授权贵国领事，不将他们引渡给袁世凯政府。孙逸仙。

法国外交部档案，NS206卷，第199页

《近代史资料》总 141 号

主　　编　刘　萍
执行编辑　李学通
编　　辑　关　康
　　　　　张淑贤